はじめての
TOEIC BRIDGE®
L & R テスト
全パート総合対策

別冊解答・解説

全100問の正解一覧です。答え合わせにご利用ください。

Listening Test

LISTENING TEST														
Part1		Part2						Part3				Part4		
No.	ANSWER A B C D	No.	ANSWER A B C D	No.	ANSWER A B C D	No.	ANSWER A B C D	No.	ANSWER A B C D
1	C	11	C	21	C	31	C	41	C
2	A	12	A	22	A	32	A	42	A
3	D	13	A	23	A	33	A	43	A
4	B	14	A	24	D	34	D	44	C
5	A	15	C	25	A	35	C	45	D
6	D	16	A	26	D	36	C	46	A
7	C	17	A	27	C	37	C	47	A
8	B	18	D	28	D	38	B	48	D
9	A	19	A	29	A	39	A	49	C
10	B	20	B	30	C	40	D	50	B

Reading Test

READING TEST									
Part1		Part2				Part3			
No.	ANSWER A B C D	No.	ANSWER A B C D	No.	ANSWER A B C D	No.	ANSWER A B C D	No.	ANSWER A B C D
51	Ⓐ Ⓑ ● Ⓓ	61	Ⓐ Ⓑ ● Ⓓ	71	Ⓐ Ⓑ ● Ⓓ	81	● Ⓑ Ⓒ Ⓓ	91	Ⓐ Ⓑ ● Ⓓ
52	Ⓐ Ⓑ Ⓒ ●	62	● Ⓑ Ⓒ Ⓓ	72	Ⓐ Ⓑ ● Ⓓ	82	Ⓐ Ⓑ Ⓒ ●	92	Ⓐ Ⓑ Ⓒ ●
53	● Ⓑ Ⓒ Ⓓ	63	Ⓐ Ⓑ ● Ⓓ	73	● Ⓑ Ⓒ Ⓓ	83	● Ⓑ Ⓒ Ⓓ	93	Ⓐ Ⓑ ● Ⓓ
54	Ⓐ Ⓑ ● Ⓓ	64	Ⓐ Ⓑ ● Ⓓ	74	Ⓐ ● Ⓒ Ⓓ	84	● Ⓑ Ⓒ Ⓓ	94	Ⓐ Ⓑ Ⓒ ●
55	Ⓐ ● Ⓒ Ⓓ	65	Ⓐ Ⓑ Ⓒ ●	75	Ⓐ Ⓑ Ⓒ ●	85	Ⓐ Ⓑ Ⓒ ●	95	Ⓐ ● Ⓒ Ⓓ
56	Ⓐ Ⓑ Ⓒ ●	66	Ⓐ Ⓑ Ⓒ ●	76	Ⓐ Ⓑ ● Ⓓ	86	Ⓐ ● Ⓒ Ⓓ	96	Ⓐ Ⓑ Ⓒ ●
57	Ⓐ Ⓑ ● Ⓓ	67	Ⓐ Ⓑ ● Ⓓ	77	Ⓐ ● Ⓒ Ⓓ	87	Ⓐ Ⓑ ● Ⓓ	97	● Ⓑ Ⓒ Ⓓ
58	● Ⓑ Ⓒ Ⓓ	68	● Ⓑ Ⓒ Ⓓ	78	Ⓐ ● Ⓒ Ⓓ	88	Ⓐ Ⓑ Ⓒ ●	98	Ⓐ ● Ⓒ Ⓓ
59	Ⓐ Ⓑ Ⓒ ●	69	Ⓐ Ⓑ Ⓒ ●	79	● Ⓑ Ⓒ Ⓓ	89	Ⓐ Ⓑ ● Ⓓ	99	Ⓐ Ⓑ ● Ⓓ
60	Ⓐ Ⓑ Ⓒ ●	70	Ⓐ Ⓑ ● Ⓓ	80	● Ⓑ Ⓒ Ⓓ	90	● Ⓑ Ⓒ Ⓓ	100	● Ⓑ Ⓒ Ⓓ

1.  M He's putting on a hat.

彼は帽子をかぶっているところです。

(A)　　　　　　　(B)　　　　　　　(C)　　　　　　　(D)

  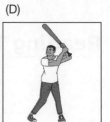

2. W Drawing a picture.

絵を描くこと。

(A)　　　　　　　(B)　　　　　　　(C)　　　　　　　(D)

3. M Some toys in a box.

1つの箱の中のおもちゃ。

(A)　　　　　　　(B)　　　　　　　(C)　　　　　　　(D)

 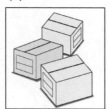 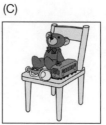 

L
PART
1

1. 正解 **(C)**　　　　　　　　　　　　　難易度 ▰▰▰ 難

1人の男性が帽子をかぶっている動作が現在進行形で描かれた (C) が正解です。put on ～ は「～を身に付ける」。(A) は1人の男性がバスに乗り込んでいる (get on a bus)、(B) はボールを投げている (throw a ball)、(D) はバットを握っている (hold a bat) 動作が描かれています。hat と bat の発音が紛らわしいので、気をつけましょう。

〈パターン**1**〉

L
PART
2

L
PART
3

2. 正解 **(A)**　　　　　　　　　　　　　難易度 ▰▰▰ 難

draw a picture は「絵を描く (ペイントではない)」で、Drawing a picture. は動名詞を用いた名詞句です。(B) は写真を撮っている (taking a picture) 動作。(C) は絵を壁に掛けている (hanging a picture) 様子が描かれています。(D) は絵を見ている (looking at a picture) 様子です。

〈パターン**1**〉

L
PART
4

R
PART
1

3. 正解 **(D)**　　　　　　　　　　　　　難易度 ▰▰▰ 難

some toys (いくつかのおもちゃ) を in a box (箱の中の) という場所を表す前置詞句が後ろから修飾していて、Some toys in a box. で名詞のかたまりとなっています。1つの箱の中にいくつかのおもちゃが入っている (D) が正解。(A) は1つのテーブルに数冊の本が描かれていますが、箱もおもちゃもありません。box を books と聞き間違えないようにしましょう。(B) はいくつかの箱が地面の上に描かれています。(C) はいくつかのおもちゃが描かれていますが、おもちゃがある場所はイスの上 (on a chair) ですから正解ではありません。

〈パターン**2**〉

R
PART
2

R
PART
3

☐ **4.** **W** A woman holding a piece of paper.　1枚の紙を持っている女性。
☐
☐

(A)　　　　　　(B)　　　　　　(C)　　　　　　(D)

☐ **5.** **M** A clock above a shelf.　　　棚の上の方にある時計。
☐
☐

(A)　　　　　　(B)　　　　　　(C)　　　　　　(D)

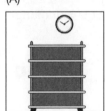   

☐ **6.** **W** They're cooking in a kitchen.　彼らは台所で料理している。
☐
☐

(A)　　　　　　(B)　　　　　　(C)　　　　　　(D)

4. 正解 **(B)**

難易度 ━━◼◼◼ 難

hold ~は「~を握っている」、a piece of paper は「1枚の紙」で、A woman がどんな女性なのかを、現在分詞を使った形容詞句 holding a piece of paper で後ろから修飾しています。(A) は1人の女性が持っているものは本で、1枚の紙ではありません。(C) は1人の女性が紙に何かを書いている様子が描かれています。(D) は1人の女性がプリンターを使っていますが、1枚の紙を持っている絵ではありません。

〈パターン 1〉

5. 正解 **(A)**

難易度 ━━◼◼◼ 難

a clock「1つの時計」を above a shelf「棚の上の方にある」という場所を表す前置詞句が後ろから修飾しています。(B) は鍵穴のついた棚が1つありますが、時計がありません。clock を lock「鍵」と聞き間違えないように。(C) は時計が掛けてありますが、ソファーの上の方に掛けてあり棚の上の方ではありません。(D) は腕時計 watch で、clock ではありません。さらに、その場所もテーブルの上に置かれているので不適切です。

〈パターン 2〉

6. 正解 **(D)**

難易度 ━━◼◼◼ 難

cook in a kitchen で「台所で料理をする」という動作表現で、問題文は現在進行形の文です。複数の人が台所で料理をしている様子が描かれた (D) が正解。(A) は複数の人が洋服を選んでいる様子が描かれています。(B) は複数の人が食べ物の買い物をしている様子が描かれていますが、料理はしていません。(C) の絵では1人の女性が皿洗いをしています。

〈パターン 1〉

☐☐☐ **7.** M Where is Donna?

ドナはどこにいますか？

W (A) I don't have one.
(A) 私は持っていません。

(B) At two o'clock.
(B) 2時です。

(C) At the supermarket.
(C) スーパーマーケットにいます。

(D) To the train station.
(D) 駅に向かって。

- -

☐☐☐ **8.** W What are you making?

何を作っているのですか？

M (A) I like it, too.
(A) 私も好きです。

(B) Just a ham sandwich.
(B) ただのハムサンドウィッチです。

(C) At home, I think.
(C) 家でだと思います。

(D) Twenty-five minutes.
(D) 25分です。

- -

☐☐☐ **9.** M Dr. Doyle is working, isn't she?

ドイル先生はお仕事中ではありませんか？

W **(A) No, not until Monday.**
(A) いいえ、月曜日までいません。

(B) Yes, she did.
(B) はい、彼女がやりました。

(C) Let's walk back.
(C) 歩いて帰りましょう。

(D) New medical supplies.
(D) 新しい医療用品です。

- -

☐☐☐ **10.** W Why did Eric leave early?

エリックはなぜ早退したのですか？

M (A) Sure, it'll be ready.
(A) もちろんです、もう用意できます。

(B) I met them yesterday.
(B) 私は昨日彼らに会いました。

(C) He has a stomachache.
(C) 彼はお腹が痛いんです。

(D) Within 24 hours.
(D) 24時間以内です。

- -

☐☐☐ **11.** M When is your driving test?

あなたの運転試験はいつですか？

W (A) Because I ride the bus.
(A) バスに乗るからです。

(B) Oh, I'm so sorry.
(B) あら、すみません。

(C) A driver's license.
(C) 運転免許証です。

(D) Tomorrow morning.
(D) 明日の朝です。

7. 正解　**(C)**　　　　　　　　　　　　　　難易度 ▰▰▰ 難

問いかけ文は WH 疑問文。where が聞き取れれば、場所について直接・間接的に回答していない (A) と (B) は除外できます。Donna という人名を音声で聞き、(A) の中の音の似た don't と結び付けないように。Donna が現在いる場所を尋ねているので、その場所がスーパーマーケットだと伝えている (C) が正解です。(D) の方向を表す「駅に向かって」は Where is he going? のような問いかけに対する回答としては可能ですが、現在いる場所をたずねる Where is Donna? に対する応答としては不自然です。　　〈パターン **1**〉

8. 正解　**(B)**　　　　　　　　　　　　　　難易度 ▰▰▰ 難

問いかけ文は WH 疑問文。what が聞き取れれば、残りが聞き取れなくても「何？→ただのサンドウィッチです」という自然な応答パターンになっている (B) が正解だろうと見当がつくはずです。(A) は、like it (それが好き) の it が何を指しているのかわかりません。(C) は At home ですから場所について答えているので不適切。(D) も時間について述べているので、What という問いかけにはマッチしません。　　　〈パターン **1**〉

9. 正解　**(A)**　　　　　　　　　　　　　　難易度 ▰▰▰ 難

問いかけ文は付加疑問文。「be 動詞＋動詞の ing 形」の現在進行形。本冊 p.61 の Point 1 に従い、ふつうの疑問文に置き換えます。Is Dr. Doyle working?、つまり、ドイル先生が現在、仕事中か否かを問いかけています。(A) は No, つまり No, she isn't. と仕事中でないとし、(she is) not (working) until Monday. と述べ、月曜日までは仕事をしないという未来の予定を伝えます。現在進行形にはこれからの予定を述べる用法があります。応答として自然な (A) が正解です。(B) は Yes まではよいとしても、直後の she did. が現在進行形の文への問いかけとしては不適切です。(C) は working に音として似ている walk が入っているひっかけ文です。(D) も問いかけとマッチしません。　〈パターン **4**〉

10. 正解　**(C)**　　　　　　　　　　　　　難易度 ▰▰▰ 難

問いかけ文は WH 疑問文。why から、エリックの早退した理由を述べている選択肢を探します。(A) は Why? に対して、Sure という応答自体が不自然です。(B) は問いかけ文に対する応答として them が何を指すかが不明です。(C) have a stomachache は「腹痛がしている」なので、早退したことの理由として成り立ちます。(D) は理由を問う問いかけ文に対して、単に時間について述べていて不適切です。　　〈パターン **1**〉

11. 正解　**(D)**　　　　　　　　　　　　　難易度 ▰▰▰ 難

問いかけ文は WH 疑問文。when が聞き取れれば、残りが聞き取れなくても「いつ？→明日の朝です」という自然な応答パターンになっている (D) が正解だろうと見当がつくはずです。(A) は ride the bus (バスに乗る) という運転に関わる表現が使われているので、問いかけ文の driving test と関連があるように一見思えますが、When に対して Because で応答しており、意味もつながりません。(B) は謝罪の表現ですが、問いかけ文とマッチした応答になっていません。(C) は問いかけ文にある driving に似た、driver's という語が入ったひっかけ文です。　　　〈パターン **1**〉

Track 032 ▶ 036

| 問題文 | 問題文の訳 |

12. W Did you test the microphone?

M **(A) Yes, and it works fine.**
(B) Not very often.
(C) Your new phone number.
(D) A math test.

マイクの確認はしましたか？

(A) はい、正常に動きます。
(B) それほど頻繁ではありません。
(C) あなたの新しい電話番号です。
(D) 数学のテストです。

13. M We had a good time at the beach.

W (A) Five dollars each.
(B) I should've joined you.
(C) Yes, much better.
(D) Any time except five.

ビーチで楽しい時間を過ごしました。

(A) 5 ドルずつです。
(B) 私も行くべきでした。
(C) はい、だいぶ良くなりました。
(D) 5 時以外ならいつでも。

14. W What's the fastest way to the post office?

M **(A) Take Mulberry Street.**
(B) Put up a poster.
(C) By using butter.
(D) May 1 at the latest.

郵便局へはどの道で行くのが一番早いですか？

(A) マルベリー通りを行ってください。
(B) ポスターを掲示してください。
(C) バターを使って。
(D) 遅くとも 5 月 1 日です。

15. M Are there any nuts in this?

W (A) In the cafeteria.
(B) No, thank you.
(C) I'll ask the chef.
(D) OK, but only one.

これにナッツは含まれていますか？

(A) 食堂で。
(B) いいえ、結構です。
(C) 料理長に聞いてみます。
(D) 分かりました、でも 1 つだけですよ。

16. W How did you like the musical?

M (A) Neither of us heard him.
(B) It was all right.
(C) Please wear headphones.
(D) I'd like to soon.

ミュージカルはどうでしたか？

(A) 私たち 2 人とも彼の声が聞こえませんでした。
(B) 申し分なかったです。
(C) ヘッドフォンを着用してください。
(D) すぐにやりたいと思います。

12. 正解 **(A)**

難易度 ▰▰▰ 難

問いかけ文は過去形の Yes/No 疑問文。test the microphone は「そのマイクのテストをする」という意味で、マイクのテストを行ったかどうかを尋ねています。(A) は Yes、つまり「テストをした」と述べたのち、it(=the microphone) works fine (マイクは正常に動きますよ) と説明していて、自然な応答です。(B) はマイクのテストの有無について尋ねているのに、「頻繁ではない」と頻度を答えていて不自然。(C)の「新しい電話番号」も、(D)の「数学のテスト」も、マイクのテストの有無については答えていません。 〈パターン2〉

13. 正解 **(B)**

難易度 ▰▰▰ 難

問いかけ文は単に事実を伝える文です。have a good time で「楽しい時を過ごす」の意味。(A) は金額のみでマッチしません。(B) の I should've (=should have) joined you は、仮定法過去完了で、「実際はいっしょに行かなかったけれど、行くべきでした」と伝えて、自然なやりとりです。(C) は Yes までは問いかけ文とつながりますが、much better が何に「より良い」と言っているのかが不明です。(D) の any time は「いつでも」、except …は「～以外は」という意味ですが、問いかけ文の応答としてつながりません。 〈パターン5〉

14. 正解 **(A)**

難易度 ▰▰▰ 難

問いかけ文は WH 疑問文。what から始まる文で、the fastest way (最も早く行ける行き方) を尋ねています。道案内をしている (A) が正解。take は「(道など) を行く」という意味で使われています。(B) の put up…は「～を掲示する」。ポスター掲示を指示していて、道案内になっていません。(C) の by using…は「～を使って」という手段を表す言い方ですが、直後が butter となっていて不適切。(D) は締め切り日を伝えていて、問いかけに対する応答として不自然です。at the latest は「どんなに遅くとも」。 〈パターン1〉

15. 正解 **(C)**

難易度 ▰▰▰ 難

問いかけ文は there is/are を使った Yes/No 疑問文です。直訳すると「この中にナッツはありますか？」。選択肢を読むと、ある料理を指して、ナッツが原料として含まれているのかを尋ねていると推測できます。(A) は場所を答えていて不適切。(B) は No で始まり、Yes/No 疑問文の応答としては正しいですが、直後に thank you と丁寧に申し出を断っていて、自然な流れではありません。(C) は Yes や No で答えていませんが、ナッツが含まれているかどうかについて「料理長 (chef) に尋ねてみます」と答えており、自然な会話です。(D) の OK, but…という応答は問いかけ文と自然につながっていません。〈パターン2〉

16. 正解 **(B)**

難易度 ▰▰▰ 難

How do you like…? は「～はどうですか」と感想を尋ねる表現で、問いかけ文は過去形でミュージカルの感想を尋ねているので、(B) の It (=the musical) was all right. と過去形を使って感想を述べている文が正解です。(A) は him が誰のことかわかりません。neither of us…で「私たちのどちらも…ない」。(C)はヘッドフォンの着用を指示していて、不自然。(D) はこれからの行動について述べていて、感想を尋ねる問いかけに応えていません。I'd like to…は I want to…の丁寧な言い方です。 〈パターン1〉

問題文	問題文の訳

17. M Who do you play tennis with?

W **(A) Friends from school.**
(B) In the window display.
(C) Sometimes I do.
(D) My blue racket.

誰とテニスをするのですか？

(A) 学校の友人です。
(B) ショーウインドーの中にあります。
(C) 時々やります。
(D) 私の青いラケットです。

---

18. W Would you rather have Mexican or Thai tonight?

M (A) They're both right.
(B) Across the street.
(C) That's a good idea.
(D) I had Thai the other day.

今夜はメキシカンとタイ料理、どちらが良いですか？

(A) どちらも正しいです。
(B) 通りの向かいです。
(C) いい考えですね。
(D) 先日タイ料理を食べました。

---

19. M Can I help you find something?

W **(A) I'm looking for some paper.**
(B) From the top shelf.
(C) Nowhere at all.
(D) Yes, it looks great.

何かお探しですか？

(A) 紙を探しています。
(B) 一番上の棚からです。
(C) まったくどこにもありません。
(D) はい、とても良さそうですね。

---

20. W How long were you away?

M (A) A few kilometers.
(B) I missed six classes.
(C) The rest were there.
(D) Probably the next one.

どれくらいいなかったのですか？

(A) 数キロメートルです。
(B) 授業を6回休みました。
(C) 残りはそこにいました。
(D) おそらく次のです。

---

21. M Which picture should we hang on that wall?

W (A) With an old camera.
(B) I can pick you up.
(C) The one of the mountains.
(D) We're out of paint.

どの写真を壁にかけますか？

(A) 古いカメラで。
(B) あなたを迎えに行けます。
(C) 山が写っている写真にしましょう。
(D) 塗料を切らしています。

17. 正解 **(A)**　　　　　　　　　　　　　　　　　　　　難易度 ▰▰▰ 難

問いかけ文は WH 疑問文。who が聞き取れれば、残りが聞き取れなくても「誰？→学校の友人です」という自然な応答パターンになっている (A) が正解だろうと見当がつくはずです。(B) の window は「ショーウィンドー」、display は「陳列」という意味で、誰？に対して場所について答えているのでやりとりが不自然です。(C) は「時々」と動作の頻度について回答しており、これも不適切。(D) の racket は問いかけ文の tennis から連想される単語ですが、単語だけを聞いてひっかからないように気をつけましょう。　〈パターン1〉

- -

18. 正解 **(D)**　　　　　　　　　　　　　　　　　　　　難易度 ▰▰▰ 難

Would you rather have A or B? は「どちらかと言えば、A または B のどちらがよろしいですか」と丁寧に尋ねる選択疑問文です。(A) は選択をせずに both「両方」と言っていますが、直後の right「正しい」が、尋ねていることとマッチしません。(B) は場所を伝えているので不適切。(C) も、何が良い考えなのか意味が通じません。(D) は the other day「先日」、タイ料理を食べたという事実を単に伝えているだけでなく、今晩はメキシカンの気分ということを暗に伝える自然なコミュニケーションのやりとりです。　〈パターン3〉

- -

19. 正解 **(A)**　　　　　　　　　　　　　　　　　　　　難易度 ▰▰▰ 難

Can I ～? は Yes/No 疑問文の形ですが、「Can I help you + 動詞の原形？」で、「あなたが～するのを手伝いましょうか？」と手伝いを申し出る決まった会話のパターンです。(A) は紙を探していることを伝え、自然な応答です。look for… は「～を探す」。(B) は場所について伝えていますが、かみ合いません。(C) の nowhere は「どこにもない」、at all は「まったく（～ない）」で、場所の情報です。(D) は Yes/No 疑問文に対して、Yes と応え、形としては一瞬よさそうですが、it looks great と問いかけ文はつながりません。〈パターン2〉

- -

20. 正解 **(B)**　　　　　　　　　　　　　　　　　　　　難易度 ▰▰▰ 難

問いかけ文は WH 疑問文。how long で長さを尋ねています。were you away の away は「留守で、欠席で」という意味です。(A) は距離について回答してますが、自然なつながりではありません。(B) の miss… は動詞で「～を抜かす」という意味。「授業を6回休んだ」と伝えることで、自分は away だったことを伝えていることになるのでこれが正解。(C) は the rest（その残り）が何を表すのか不明。(D) も the next one の one が何を指すのかがわかりません。　〈パターン1〉

- -

21. 正解 **(C)**　　　　　　　　　　　　　　　　　　　　難易度 ▰▰▰ 難

問いかけ文は WH 疑問文。which picture で始まっているので、複数の写真の中で壁にかけるのに適した写真はどれかを尋ねています。動詞 hang… は「～をかける」。(A) は「古いカメラを使って」と回答しているので不適切。picture から連想する camera が入っていますが、ひっかからないように。(B) の pick…up は「～を迎えにいく」という意味ですが、マッチしません。(C) の the one は the picture で「山の写っている写真」と回答しているので自然な応答になります。(D) の out of paint は「塗料が不足している」という意味ですが、これも picture から連想する paint が入ったひっかけ選択肢です。〈パターン1〉

問題文	問題文の訳

22. 🇺🇸 W Should we turn here or at the next light?

🇦🇺 M (A) I totally agree.
　　 (B) Yes, it's turned on.
　　 (C) A parking meter.
　　 (D) Look at the map.

ここで曲がりますか、それとも次の信号ですか？
(A) 完全に同意します。
(B) はい、電源が入りました。
(C) 駐車メーターです。
(D) 地図を見てください。

---

23. 🇨🇦 M Why are there so many people around here?

🇬🇧 W (A) In the front row.
　　 (B) There's a festival.
　　 (C) Check the manual.
　　 (D) We went there directly.

なぜこんなにたくさんの人がこの辺りにいるのですか？
(A) 前の列にいます。
(B) 祭りがあります。
(C) 手引書を確認してください。
(D) 私たちは直接そこに行きました。

---

24. 🇬🇧 W You won't be going fishing today, will you?

🇨🇦 M (A) Yes, but next month.
　　 (B) To rent a boat.
　　 (C) Surely, all of us would.
　　 (D) Not unless it stops raining.

今日は釣りに行く予定ではないよね？
(A) はい、でも来月です。
(B) ボートを借りるために。
(C) 確かに、私たち全員がやります。
(D) 雨が止まない限りは。

---

25. 🇨🇦 M May I taste that flavor before buying it?

🇬🇧 W (A) It might not be.
　　 (B) Actually, it was a gift.
　　 (C) Here's a sample.
　　 (D) My favorite show.

買う前にその味を試してもいいですか？
(A) それはきっと違うでしょう。
(B) 実は、それは贈り物でした。
(C) これが試供品です。
(D) 私のお気に入りのショーです。

---

26. 🇺🇸 W Where did you say the storeroom is?

🇦🇺 M (A) Usually by noon.
　　 (B) For some groceries.
　　 (C) They need more space.
　　 (D) At the end of the hall.

倉庫はどこだと言っていましたっけ？
(A) 大抵お昼までにです。
(B) いくつかの食料品店のためです。
(C) もっと場所が必要ですね。
(D) 廊下の端にあります。

22. 正解 **(D)**

難易度 ━━▰▰▰ 難

曲がる場所について here なのか、at the next light なのかを選択させる選択疑問文です。
(A) は同意を伝える表現で問いかけと合っていません。(B) は問いかけ文にある turn を含むひっかけ選択肢です。be turned on で「電源が入っている」。(C) の parking meter (駐車メーター) も問いかけには無関係です。(D) は地図を見るよう相手に指示しています。直接どこで曲がるかを伝えていませんが、その判断を下すのに地図を見たら、と助言をしている自然な応答になっています。 　〈パターン3〉

23. 正解 **(B)**

難易度 ━━▰▰▰ 難

問いかけ文は WH 疑問文。why なので、人がたくさんいる理由を述べている選択肢を探します。(B) は festival (お祭り) がある、とその理由を述べているのでこれが正解です。(A) の the front row は「最前列」で、場所について述べているので不適切。(C) の manual は「手引書」という意味ですが、手引書を見て、人がたくさんいる理由がわかるかどうか不明です。(D) は問いかけ文になる there という単語がそのまま出ているひっかけ選択肢。go directly は「直接行く」という意味です。 　〈パターン1〉

24. 正解 **(D)**

難易度 ━━▰▰▰ 難

＜否定文＋肯定の疑問形＞の付加疑問文です。ふつうの疑問文に置き換えると、Will you be going fishing today? (未来進行形の疑問文) なので、これに対する自然な応答を探します。(A) は Yes つまり今日釣りに行くと言いながら、直後で but next month と矛盾したことを言っています。(B) はボートを借りるため、という目的を述べており、不自然。(C) は助動詞 would が使われていますが、問いかけ文とつながりません。(D) の unless… は「～しない限り」。冒頭の Not は We will NOT be going fishing today の NOT で、問いかけに対する自然な応答になっています。 　〈パターン4〉

25. 正解 **(C)**

難易度 ━━▰▰▰ 難

May I…? は「～してもよいですか？」と相手に許可を求める表現です。taste the flavor で「その味を味わう」。(A) は助動詞 might の後ろに be があり、何が省略されているのかが不明です。(B) は許可を求める問いかけの答えになっていません。(C) は sample (試供品) を相手に手渡す際の表現で、それを味わってもよいと許可を与えていることになります。(D) は問いかけ文の flavor の音に近い、favorite を含むひっかけ選択肢です。 　〈パターン2〉

26. 正解 **(D)**

難易度 ━━▰▰▰ 難

問いかけ文は WH 疑問文。where が聞き取れれば、残りが聞き取れなくても「どこ？→廊下の端です」という自然な応答パターンになっている (D) が正解だとわかります。storeroom は「倉庫」。(A) の by… 「～までに」は締切の時間、(B) は「～のために」という対象・目的を表しています。grocery は「食料品店」。(C) は they が何を指すかがわかりませんし、space (場所) が必要と、問いかけとはまったく関係のない発言をしています。 　〈パターン1〉

Questions 27 and 28 refer to the following conversation.

M Excuse me. Which train goes to Kensington Market?

W The one at Platform 7. It won't leave for an hour, though.

M OK, thanks. I'll go have a coffee while I wait.

●語句● □ **Platform**…「～番線」。**platform** はイギリス英語で「駅のプラットフォーム」。アメリカ英語では **track**。 □ **leave**（自動詞）出発する □ **though**（文末で）けれど □ **go have = go and have** □ **while**… ～の間に

設問	設問の訳
27. Where are the speakers?	話し手たちはどこにいますか？
(A) At a restaurant.	(A) レストラン。
(B) At a station.	**(B) 駅。**
(C) At a theater.	(C) 劇場。
(D) At a market.	(D) 市場。

. . . .

28. What will the man probably do next?	男性はおそらく次に何をしますか？
(A) Sign a form.	(A) 書式にサインする。
(B) Show a ticket.	(B) チケットを見せる。
(C) Check a schedule.	(C) 予定表を確認する。
(D) Buy a drink.	**(D) 飲み物を購入する。**

L PART 1
L PART 2
L PART 3
L PART 4
R PART 1
R PART 2
R PART 3

問題文の訳

設問 27 と 28 は、次の会話に関するものです。

男性：すみません。どの電車がケンジントン市場へ行きますか？
女性：7 番ホームの電車です。1 時間は出発しないと思いますが。
男性：分かりました、ありがとうございます。待っている間にコーヒーでも飲んでこようと思います。

〈パターン1〉

正解 & 解説

27. 正解 (B)

難易度 ━━━ 難

2 人の話者の会話です。会話が放送される前に設問に目を通すと、設問 27 では話者のいる場所が問われていることがわかりますので、場所を探るという目的を強く意識して音声を聞きましょう。train と Platform という単語がキーワードとなります。女性の The one at Platform 7. の one は train を受けていますので、「7 番ホームの電車」がケンジントン市場へ行くと伝えています。直後の it も the train を指しています。代名詞が何を指すかを正しく追っていきましょう。Kensington Market は電車で行く目的地であり、話者がいる場所ではないので、(D) の market を選ばないように要注意。また、電車を待っている間、go have a coffee と言っているので、(A) の restaurant も、現在いる場所ではありません。(C) の theater（劇場）についてはまったく言及されていません。

28. 正解 (D)

難易度 ━━━ 難

設問の先読みで、会話が終わった後の男性の次の行動について問われていることがわかります。男性は会話の最後に I'll go have a coffee while I wait. と言っているので、コーヒーを飲みに行くことがわかります。よって (D) が正解です。drink coffee や buy a (cup of) coffee のように直接言わずに、buy a drink と表現を言い換えています。(A) の sign は動詞で「~に署名する」、form は「書式」。(B) の ticket（切符）は会話に出てくる train（電車）から連想される単語ですが、引っかからないように。(C) の schedule も同様に train schedule（電車の時刻表）という表現があり、2 人の会話の流れを正しく追いかけていないと、連想や思い込みで間違った選択肢を選んでしまいます。要注意です。

Questions 29 and 30 refer to the following conversation.

🇬🇧 **W** Hello, Chris. How are you feeling today?

🇨🇦 **M** Sick, doctor. I've had a fever and runny nose for some time.

🇬🇧 **W** I see. Well, let me take a look. Can you please have a seat here so I can check you?

●語句● □ **sick** 病気の □ **fever** 熱 □ **runny** 粘液を出す（**have a runny nose** で「鼻水が出る」） □ **for some time** しばらく □ **take a look** ちょっと見る □ **have a seat** 座る □ **so I can**… 私が〜できるように

設問	設問の訳
29. What does the man tell the woman? (A) **He is not well.** (B) He was not on time. (C) He was running. (D) He took a trip.	男性は女性に何を伝えていますか？ (A) **彼は体調が良くない。** (B) 彼は時間通りではなかった。 (C) 彼は走っていた。 (D) 彼は旅行に行った。
30. What does the woman ask the man to do? (A) Check in. (B) Look away. (C) **Sit down.** (D) Stand up.	女性は男性に何をするよう頼んでいますか？ (A) チェックイン。 (B) 目をそらす。 (C) **腰掛ける。** (D) 立ち上がる。

L PART 1
L PART 2
L PART 3
L PART 4
R PART 1
R PART 2
R PART 3

問題文の訳

設問 29 と 30 は、次の会話に関するものです。

女性：こんにちは、クリス。今日の具合はどうですか？
男性：風邪です、先生。しばらく熱があって、鼻水が出ています。
女性：なるほど。じゃあ、診せて下さいね。診られるように、ここに座ってくださる？

〈パターン1〉

正解 & 解説

29. 正解 **(A)**　　　　　　　　　　　　　　　難易度 ▰▰▰ 難

設問の先読みから、音声には男性 (the man) と女性 (the woman) が出てくることが予想できます。設問では男性が女性に対し言うことの内容を問われていますので、男性の発言に注意を向けて音声を聞きます。女性が男性に具合を尋ねると、男性は冒頭で Sick, doctor. と答えていることから、女性は医者であることが明らかとなります。男性の発話には have a fever (熱がある)、have a runny nose (鼻水が出る) といった症状を伝える表現が出てきますので、これらをキャッチできるかがポイントとなり (A) が正解です。(B) の on time は「時間通りに」。男性の発話に for some time という表現が出てきており、は同じ time を使ったひっかけです。(C) の running も同様に発話中の runny と類似しており、ひっかけ選択肢です。(D) の take a trip は「旅行に行く」。

30. 正解 **(C)**　　　　　　　　　　　　　　　難易度 ▰▰▰ 難

設問の先読みから、女性が男性に対して何かを依頼するのだということがわかるので、それを意識して音声を聞きましょう。(A) の check in は「(ホテルで) 宿泊手続きをする、(病院で) 入院手続きをする」という意味がありますが、会話で女性が使っている check you (あなたを診察する) という check を使ったひっかけです。(B) の look away は「目をそらす」。女性は会話で take a look (ちょっと見る) と look を使っていて、これもひっかけです。(C) の sit down は女性の使った have a seat を言い換えた表現で、これが正解です。このように正解の選択肢が会話音声中で使用されていた表現の言い換え (パラフレーズ) となっている場合がよくあります。(D) の stand up は「起立する」で、have a seat と全く逆の動作となっています。

Track 057 ▶ 058

問題文

Questions 31 and 32 refer to the following conversation.

M Robin, I heard you volunteered to give a drawing workshop. When is it?

W Thursday evening. Do you want to come? Not many people have signed up for it.

M Hmm… I'll check when I'm done work that day, then let you know.

● 語句 ● □ **volunteer** 進んで引き受ける □ **drawing** 線画、スケッチ □ **sign up for…** ～の受講届を出す □ **I'm done work** 仕事を終える

設問

31. What will the woman do on Thursday?

   (A) Work at a store.
   (B) Lead a workshop.
   (C) Take some notes.
   (D) Ask for volunteers.

設問の訳

女性は木曜日に何をしますか？

   (A) 店で働く。
   (B) ワークショップを仕切る。
   (C) メモをとる。
   (D) 志願者を募る。

32. What is the man unsure about?

   (A) Where he wil go on Saturday.
   (B) What time he finishes work.
   (C) How he will get to a place.
   (D) When he will arrive.

男性は何について確信がないのですか？

   (A) 土曜日に彼がどこに行くかについて。
   (B) 何時に仕事が終わるかについて。
   (C) 何で会場に行くかについて。
   (D) いつ彼が到着するかについて。

L PART 1

L PART 2

L PART 3

L PART 4

R PART 1

R PART 2

R PART 3

問題文の訳

設問 31 と 32 は、次の会話に関するものです。

男性：ロビン、絵描き<u>ワークショップを引き受けた</u>と聞いたよ。それはいつ？
女性：木曜日の夜よ。あなたも来たい？ それほど多くの人は申し込んでないの。
男性：ええと、その日は<u>いつ仕事が終わるか</u>確かめて、それから君に知らせるよ。

〈パターン**1**

正解 & 解説

31. 正解 **(B)**

難易度 ▰▰▱ 難

設問の先読みから、女性が木曜に何をやる予定なのかに注意を向けて聞けばよいことがわかります。男性の最初の発話で、女性が give a drawing workshop（線描きワークショップを行う）を引き受けたと言っていますので、(B) が正解です。選択肢は Lead a workshop. のように敢えて <u>lead</u>（〜を指導する）という会話中には出てこなかった動詞を使った言い換え表現となっています。(A) の選択肢には work が出ていますが、会話中の workshop や I'm done work につられて選ばないように注意しましょう。(D) の選択肢内の volunteers も会話に volunteered が出てくるので、きちんと意味を考えずにひっかかる人がいるかもしれません。ask for…で「〜を求める」という意味。(C) は take a note は「メモを取る」という表現で、notes が複数形になっています。

32. 正解 **(B)**

難易度 ▰▰▱ 難

設問の意味をしっかりと理解しておきましょう。be unsure about…で「〜について確信がない」という意味ですから、男性が何について確信がないと述べているのかに注意を向けて音声を聞きます。女性の誘いに対して、男性は即答せずに、I'll check when I'm done work that day（その日はいつ仕事が終わるかを確かめるよ）と述べているので、それと同じ内容の選択肢 (B) が正解。<u>be done work</u> が <u>finish work</u> と言い換えられています。(C) の get to…は「（場所）に着く」、How は「どのような手段で」。(D) も When で始まり、時に関して述べる選択肢となっていますが、彼がいつ到着するかということは会話ではまったく言及されていません。

Track 059▶060

問題文

Questions 33 and 34 refer to the following conversation and poster.

W Thank you for shopping with us. Did you find what you were looking for?

M Yes—these speakers. I can connect them to my television, right?

W That's right, and if you wait till tomorrow to buy them, you'll save 12 percent.

M Really? Then I'll come back for them in the morning.

語句 □ **shop** 買い物をする □ **look for…** 〜を探し求める
□ **speaker** スピーカー □ **connect A to B** A を B に接続する
□ **save…** （金額など）の節約になる

Clearance Sale!

Thursday: 6% off

Friday: 8% off

Saturday: 10% off

Sunday: 12% off

設問

33. What does the man say he found?

(A) **Some speakers.**
(B) Some headphones.
(C) A television.
(D) A computer.

設問の訳

男性は何を見つけたと言っていますか？
(A) **スピーカー。**
(B) ヘッドフォン。
(C) テレビ。
(D) コンピュータ。

---

34. Look at the poster. When will the man make a purchase?

(A) On Thursday.
(B) On Friday.
(C) On Saturday.
(D) **On Sunday.**

ポスターを見なさい。男性はいつ購入しますか？
(A) 木曜日。
(B) 金曜日。
(C) 土曜日。
(D) **日曜日。**

設問 33 と 34 は、次の会話とポスターに関するものです。

女性：ご来店ありがとうございます。お探しのものは見つかりましたか？
男性：はい、これらのスピーカーです。テレビに接続するのですよね？
女性：その通りです、そして明日まで購入をお待ちいただければ、12% オフになります。
男性：本当ですか？　では午前中に買いに戻ってきます。

一掃セール
木曜日：6% オフ
金曜日：8% オフ
土曜日：10% オフ
日曜日：12% オフ

パターン2

正解 & 解説

33. 正解 **(A)**　　難易度 ▰▰▱ 難

2 人の会話に図表が付いている問題です。会話が放送される前に、設問と図表に目を通しましょう。図表には Clearance Sale! (一掃セール) とあり、曜日ごとの割引率が提示されていることから、お店での会話で、買い物の際の割引に関する会話だと予想がつきます。設問の先読みから、男性が何を見つけたのかに注意を向けて会話を聞くようにします。店員と思われる女性が what you were looking for (あなたが探し求めていたもの) を見つけたかを男性に対して尋ね、男性が Yes と述べているので、それに続く発言に注目すると these speakers と答えているので、(A) が正解。(C) の television は会話の中に出てくる単語で、ひっかけ選択肢です。会話の中では connect them (=speakers) to my television (スピーカーをテレビに接続する) という表現が出てきています。

34. 正解 **(D)**　　難易度 ▰▰▱ 難

冒頭の音声で the following conversation and poster と言っていて、ポスターに目をやると曜日ごとの割引率が提示されています。設問の make a purchase は「購入する」という意味で、buy と同じです。会話の中で女性の店員が「明日まで待てば、12 パーセントオフになる」と伝え、男性もそれに応じて、明日午前に再度来店すると言っていますので 12 パーセントオフになる曜日をポスターから探します。12% off と記載されているのは Sunday ですので、(D) が正解です。本冊 87 ページの Point 2 でお伝えしたように、「選択肢に書かれていない図表の情報が聞くポイント」ですが、ここではその情報は割引率ですので、割引率に関する情報が解答を得るためのキーとなっています。

Questions 35 and 36 refer to the following conversation and schedule.

M Hey, Marlene. Are you free tomorrow night to watch a movie with me?

W I'd love to, but my night class doesn't finish until seven o'clock. Is anything playing after that?

M *Space Surfers* and *Moonlight River*. The first is a science fiction movie, and the other is a thriller.

W Oh, I saw *Moonlight River* a week ago.
Let's see the other.

●語句● □ **play** 上映される □ **science fiction movie** ＳＦ（空想科学）映画 □ **thriller** スリラー映画 □ **howling**（嵐などが）うなる □ **quest** 諸国遊歴の旅 □ **moonlight** 月に照らされた

> *Howling Winds*: 5:30 P.M
> *Oliver's Quest*: 6:45 P.M.
> *Space Surfers*: 8:00 P.M.
> *Moonlight River*: 8:15 P.M.

設問	設問の訳

35. What does the man ask Marlene about?

(A) Her favorite movie.
(B) Her school assignment.
(C) Her search for a job.
(D) Her plans for tomorrow.

男性はマレーネに何について尋ねていますか？

(A) 彼女の好みの映画。
(B) 彼女の学校の課題。
(C) 彼女の求職について。
(D) 彼女の明日の予定について。

36. Look at the schedule. What film will the speakers see?

(A) *Howling Winds*
(B) *Oliver's Quest*
(C) *Space Surfers*
(D) *Moonlight River*

予定表を見なさい。話し手たちはどの映画を観ますか？

(A) ハウリングウインド
(B) オリバーズクエスト
(C) スペースサーファーズ
(D) ムーンライトリバー

L PART 1
L PART 2
L PART 3
L PART 4
R PART 1
R PART 2
R PART 3

設問 35 と 36 は、次の会話とスケジュールに関するものです。

男性：やあ、マレーネ。明日の夜、僕と一緒に映画を観る時間はある？
女性：ぜひ行きたいけど、夜の授業が 7 時まで終わらないの。それより遅い時間にやっている映画はある？
男性：スペースサーファーズとムーンライトリバーがあるね。前者は SF 映画で後者はスリラー物だよ。
女性：あら、ムーンライトリバーは数週間前に見たわ。もう一方を観ましょう。

> ハウリングウインド：午後 5 時 30 分
> オリバーズクエスト：午後 6 時 45 分
> スペースサーファーズ：午後 8 時 00 分
> ムーンライトリバー：午後 8 時 15 分

パターン 2

正解 & 解説

35. 正解 (D)

難易度 難

設問を先読みすると、提示されている schedule というのが、設問 36 にある film のスケジュールで、イタリックで示されているのは映画のタイトルだということが予想できます。男性の発話で、Are you free（時間があるかどうか）と尋ねているのは to watch a movie with me（僕と一緒に映画を観るのに）ということから、男性は女性を映画に誘っていて、そのための明日の晩の予定を聞き出そうとしているのだと理解できます。正解は (D) です。(A) にも movie がありますが、会話の中で男性が女性の好きな映画について尋ねているわけではありません。(B) の school assignment は「学校の課題」、(C) の search for…は「～の探索」ですが、会話では学校の課題や求職は話題になっていません。

36. 正解 (C)

難易度 難

会話に図表が付いている問題で、図表（ここでは映画の上映スケジュール）にある情報で、選択肢にない情報は上演時間です。ですから、上映時間が解答を導くためのキーになることが予想されます。実際に会話を聞いてみると女性は 7 時までは授業があると言っていますので、7 時以降に上映されるのは図表を見ると *Space Surfers* と *Moonlight River* に絞られ、実際に男性もこの 2 つのタイトルを告げています。女性はこのうち *Moonlight River* はすでに見たので、the other（もう 1 つのほう）を見ようと提案しているので、(C) の *Space Surfers* が正解です。

Track **069 ▶ 070**

問題文

Questions 37 and 38 refer to the following talk.

🇦🇺 **M** Good morning. I'm Craig Parker, and I'll be leading this training seminar. Please sign the attendance sheet. It's being passed around now. Also, write down your employee number beside your name. Once everyone has done that, I'll get started.

● 語句 ● □ **lead**… 〜を指導する □ **seminar**（特定の論題に関する）研究会、セミナー □ **sign**… 〜に署名する □ **attendance** 出席 □ **pass around**… 〜を回す □ **employee** 従業員 □ **beside**… 〜のそばに □ **once**… 〜するとすぐに □ **get started** 始める

設問	設問の訳

37. What will begin soon?

(A) A tour.
(B) A video.
(C) A seminar.
(D) A contest.

間もなく何が始まりますか？

(A) ツアー。
(B) ビデオ。
(C) セミナー。
(D) コンテスト。

38. What are the listeners told to provide?

(A) A department name.
(B) An employee number.
(C) A security pass.
(D) An e-mail address.

聞き手は、何を示すよう言われていますか？

(A) 部署名。
(B) 従業員番号。
(C) 警備証。
(D) E メールアドレス。

設問 37 と 38 は、次の話に関するものです。

おはようございます。私はクレイグ・パーカーと申します。この研修セミナーの講師を務めます。出席表に署名をしてください。今、回しています。それから従業員番号もお名前の横に記入してください。みなさんが書き終わったら始めます。

〈パターン**1**〉

正解 & 解説

37. 正解 **(C)**

難易度 ◢◣◢◣ 難

設問の先読みから、何かがこれから始まる場面・状況だと推察できます。発話中の I'll be leading this training seminar. がキーフレーズとなり、話し手は研修セミナーの講師であることがわかります。その後、sign the attendance sheet (出席表に署名する) や write down your employee number (従業員番号を記入する) といった指示が続いていますが、最後に once everyone has done that (みなさんが終わったらすぐに) の段階で、I'll get started (始めます) と述べていることから、この最後の発言の後から研修セミナーが始まることがわかります。once は接続詞で〈once+ 主語 + 動詞〉で「〜が…するとすぐに」とか「いったん〜が…すると」という表現になります。(A) や (D) も催し物ですが、キーフレーズの training seminar の聞き取りに失敗すると思わず、これらの選択肢を間違って選んでしまうかもしれません。

38. 正解 **(B)**

難易度 ◢◣◢◣ 難

設問の動詞 provide が「〜を提供する」という意味だと知っていたら比較的簡単に正解できるかと思います。回覧されている出席表に各自が write down your employee number と指示されているので、(B) の「従業員番号」が正解です。仮に provide の意味がわからなかったとしても、(B) の an employee number 以外は話の中で触れられていないので正解を導くのは可能です。(A) の department は会社などの「部署」という意味で、personnel department と言えば「人事部」のことです。(C) の pass は「入場許可証」という名詞ですが、発話中に being passed around という動詞 pass を使った表現があるので、ひっかけ選択肢となっています。

Track 071 ▶ 072

問題文

Questions 39 and 40 refer to the following announcement.

w This is Radio QRN with your news. Strong winds have blown down several trees today. City workers are removing one from Jackson Avenue. The road is now closed. To get downtown, drivers should use North Street instead.

●語句● □ **blow down**… ～を吹き倒す　□ **remove**… ～を取り除く　□…**Avenue** ～大通り
□ **downtown** 町の中心部へ　□ **instead** 代わりに

設問	設問の訳

☐ **39.** Who is the speaker?　話し手は誰ですか？

☐
☐
　(A) A news reporter.　**(A)** ニュースリポーター。
　(B) A city official.　(B) 市の役人。
　(C) A delivery driver.　(C) 配達員。
　(D) A travel agent.　(D) 旅行業者。

- -

☐ **40.** What does the speaker recommend?　話し手は何を推奨していますか？

☐
☐
　(A) Staying at home.　(A) 家に留まること。
　(B) Referring to a city map.　(B) 市の地図を参照すること。
　(C) Listening for updates.　(C) 最新情報を聞くこと。
　(D) Taking a different route.　**(D) 別の道を通ること。**

L PART 1

L PART 2

L PART 3

L PART 4

R PART 1

R PART 2

R PART 3

問題文の訳

設問 39 と 40 は、次のアナウンスに関するものです。

QRN ラジオニュースです。強風で何本もの木が倒れています。ジャクソン大通りでは、作業員たちが倒木を除去中です。大通りは現在通行止めです。中心街に出るには、運転手のみなさんは北通りに迂回してください。

〈パターン1〉

正解 & 解説

39. 正解 **(A)**

難易度 ▃▃◤◢ 難

設問の先読みで話し手が誰かが問われていることがわかります。冒頭の This is Radio QRN with your news. (QRN ラジオニュースです) がそれを特定するヒントとなり、ニュースリポーターが交通の情報を伝えていることがわかるはずです。(B) の city official (市の役人) は、話の中に出てきた city workers (市の作業員) の city の部分が共通していてひっかけ選択肢となっています。(C) の delivery driver (配達員) は通行止めにより、配達のための移動に影響を受ける側ですが、話し手とは関係ありません。(D) の travel agent (旅行業者) については、話の中で通りの名前等が出てきていますが、旅行とは関係がありません。

40. 正解 **(D)**

難易度 ▃▃◤◢ 難

設問を事前に読むと、what (何) と recommend (推奨する) がキーワードだとわかります。発話者が話の中で何を推奨しているかに注意して音声を聞くと、最後の部分で drivers should use North Street instead (運転手のみなさんは代わりに北通りを使ってください) との指示があることから、(D) が正解だと判断できます。take a different route で「別のルートで行く」ということです。(A) の stay at home (家に留まる) や (C) の listen for updates (最新情報を聞く) については話の中で触れられていません。updates は名詞で「最新情報」。(B) の refer to…は「～を参照する」という意味。話の中で通りの名前や車でどこを通るべきかの指示があるので、city map につられて (B) を選ばないように気をつけましょう。なお、話の中の downtown は「町の中心部へ」という意味です。日本語の「ダウンタウン」から「下町」だと勘違いしている人が多いので気をつけましょう。

Track **073 ▶ 074**

問題文

Questions 41 and 42 refer to the following telephone message.

🏴 W Adam, did you see the bulletin board at school? There's an ad posted there. The baseball stadium has some jobs available. They need people to sell things like hot dogs and drinks. You should fill out an application.

●語句● □ **bulletin board** 掲示板 □ **ad (=advertisement)** 広告 □ **post**… ～を掲載する
□ **stadium** スタジアム □ **available** 求めることができる □ **fill out**… ～に記入する
□ **application** 申請書

設問

41. Where are the jobs available?

(A) At a school.
(B) At a post office.
(C) At a restaurant.
(D) At a stadium.

設問の訳

どこで仕事に空きがあるのですか？

(A) 学校。
(B) 郵便局。
(C) レストラン。
(D) スタジアム。

42. What does the speaker think Adam should do?

(A) Take a class.
(B) Apply for a job.
(C) Watch a game.
(D) Order a meal.

話し手はアダムがどうするべきだと思っていますか？

(A) 授業を取る。
(B) 仕事に応募する。
(C) 試合を観戦する。
(D) 食事を注文する。

L PART 1

L PART 2

L PART 3

L PART 4

R PART 1

R PART 2

R PART 3

問題文の訳

設問 41 と 42 は、次の電話メッセージに関するものです。

アダム、学校の掲示板を見た？ 広告が掲載されていたよ。野球スタジアムの仕事にいくつか空きがあるみたいだよ。ホットドッグや飲み物を売る人が必要みたいだよ。申込用紙を書くといいよ。

〈パターン1〉

正解 & 解説

41. 正解 **(D)**

難易度 ▂▄█ 難

設問を先読みすると、主語が jobs（仕事）で、where（どこに）と available（求めることができる）がキーワードとなり、仕事の空きがあるのはどこなのかという情報を探しながら話を聞くとよいことがわかります。The baseball stadium has some jobs available.（野球スタジアムの仕事にいくつか空きがある）と述べられていますから、(D) が正解です。(A) の at a school については、話の中に at school という表現が出てきますが、これは掲示板のある場所のことで、仕事に空きのある場所とは関係ありません。(B) の post office も話の中に動詞 post（〜を掲載する）があることから、ひっかけ選択肢だとわかります。話の中に hot dogs や drinks が出てくるので、(C) の restaurant を想起する人がいるかもしれませんが、レストランの話はしていません。

42. 正解 **(B)**

難易度 ▂▄█ 難

設問が少し複雑な文構造になっています。これは The speaker thinks (that) Adam should do … （話し手はアダムが〜すべきだと思っている）の do の目的語の…部分を尋ねるための WH 疑問文です。短い時間でこの設問の文構造を見抜く必要があります。話し手はアダムに対して、発話の最後で You should fill out an application.（申し込み用紙を書くべきだよ）と助言していますが、「申し込み用紙に書く」ということは「仕事に応募する」ということなので、(B) が正解です。apply for…で「〜に応募する」。(A) の take a class は「授業を履修する」ということで、話に出てくる at school から想起されるひっかけ選択肢です。同じく、(C) の game も話に出てくる baseball から想起されるものですが、ひっかからないようにしましょう。(D) の order は動詞で「〜を注文する」。これも hot dogs や drinks から想起されますが、ひっかけです。

Questions 43 and 44 refer to the following talk.

🇨🇦 M OK, we're now at the top of Saunders Tower. Let's all meet back here in front of the elevators in half an hour. To the north, you'll be able to see part of the city, including the church and library. In the opposite direction, you'll see the government buildings. I hope you enjoy the views!

●語句● □ **in front of**… ～の正面に □ **in half an hour** 30 分後に □ **include**… ～を含む
□ **opposite** 反対の □ **direction** 方向 □ **government** 政府機関 □ **view** 眺め

設問	設問の訳

43. Where are the listeners?

(A) **In a tower.**
(B) In a church.
(C) In an elevator.
(D) In a library.

聞き手たちはどこにいますか？

(A) **タワーの中。**
(B) 教会の中。
(C) エレベーターの中。
(D) 図書館の中。

44. In which direction are the government buildings?

(A) North.
(B) East.
(C) **South.**
(D) West.

庁舎が見えるのはどの方角ですか？

(A) 北。
(B) 東。
(C) **南。**
(D) 西。

L PART 1

L PART 2

L PART 3

L PART 4

R PART 1

R PART 2

R PART 3

問題文の訳

設問 43 と 44 は、次の話に関するものです。

はい、私たちはソンダース・タワーの最上階にいます。30 分後に、このエレベーター前に再集合してください。北側では、教会や図書館などがある町の一角が見られます。反対側では、庁舎が見られます。景色を楽しんでください！

⟨パターン 1⟩

正解 & 解説

43. 正解 (A)

難易度 ━━ ◢█ 難

設問の先読みから、聞き手がどこにいるか、その場所を探る必要があることがわかります。話の冒頭で、we're now at the top of Saunders Tower と話し手が述べているので、(A) が正解です。at the top of…で「～の最上部に、頂上に」という意味。(B) の church (教会) や (D) の library (図書館) はタワーから見ることのできる建物の例として話の中に出てくるのでひっかからないように。(C) の elevator (エレベーター) も話の中に出てきますが、in front of the elevators (エレベーターの正面で) は集合場所のことで、選択肢 in an elevator のようにエレベーターの「中に」現在、聞き手がいるわけではありません。

44. 正解 (C)

難易度 ━━ ◢█ 難

設問中のキーワードは in which direction (どの方角に) と the government building (庁舎) で、庁舎の見える方角に関する情報を待ち伏せして聞きましょう。the government building についての説明がされる冒頭で in the opposite direction (反対の方向には) という表現があり、この表現をキャッチできることが重要です。その直前で To the north, you'll be able to see… (北側には～が見ることができます) と述べていることから、庁舎が見えるのは北側の反対方向、つまり、南側だとわかります。このように正解となる方角そのものの表現 south は話の中には出て来ずに、代わりに別の方角 north を出し、それに「その反対側では」という説明を加えているので、この一連の説明の流れをしっかりと追っていくことで、正解を探り当てましょう。

Questions 45 and 46 refer to the following advertisement.

M Have you heard the news? The Aroma Shop has moved to a new location. You'll now find us at the Southland Plaza. To celebrate, we're offering the lowest prices on bath, skincare, and beauty products, which are all made by hand. And every day of our sale, which ends April 10, we'll close two hours later than usual. So, come and celebrate with us. We hope to see you here!

●語句● □ **aroma** 芳香、アロマ □ **location** 場所 □ **celebrate** 祝う □ **offer**… ～を提供する □ **skincare** 肌の手入れ □ **beauty products** 美容用品 □ **by hand** 人の手によって □ **than usual** いつもより

設問	設問の訳

45. What does the speaker say about the products?

(A) They feel soft.
(B) They smell pleasant.
(C) They are light.
(D) They are handmade.

話し手は製品について何を述べていますか？

(A) やわらかい手触りである。
(B) 心地よい香りがする。
(C) 軽い。
(D) 手作りである。

46. How is the business celebrating?

(A) By handing out coupons.
(B) By staying open longer.
(C) By giving out samples.
(D) By decorating with balloons.

店舗はどのように祝っていますか？

(A) クーポンを配布している。
(B) 営業時間を延長している。
(C) 試供品を提供している。
(D) 風船で装飾している。

L PART 1
L PART 2
L PART 3
L PART 4
R PART 1
R PART 2
R PART 3

問題文の訳

設問 45 と 46 は次の広告に関するものです。

お知らせをお聞きになりましたか？ アロマショップは新しい場所に移転しました。現在は、サウスランドプラザにあります。これを祝して、すべて手作りのバス用品、スキンケア、そして美容用品を最低価格でご提供しています。さらに、4月10日までのセール期間中は毎日、普段より2時間遅くまで営業します。ぜひお越しいただき、お祝いください。お待ちしております！

〈パターン1〉

正解 & 解説

45. 正解 **(D)**

難易度 ▰▰▱ 難

設問の先読みで、what（何）と <u>say about the products（製品について述べる）</u>がキーワードで、製品についてどのようなことが述べられるかに注意を向けて、音声を聞きます。話の前半は場所の移転についてで、途中から製品の特徴が述べられます。製品としては bath, skincare, and beauty products（バス用品、スキンケア用品、美容用品）が挙げられ、関係代名詞 which 以下がその説明部分です。which are all made by hand（すべて手作りです）と述べられているので、それを言い換えた (D) が正解です。handmade は「手作りの」という形容詞。(A) の手触り、(B) の匂い、(C) の重さについては言及がありません。(B) の匂いについては、お店の名前 The Aroma Shop の aroma（芳香）から想起してひっかからないように注意しましょう。

46. 正解 **(B)**

難易度 ▰▰▱ 難

設問を読むと主語が the business で、how（どのように）と celebrating（お祝いをする）がキーワードですから、お店がどのようにお祝いをするのかに注目して、話を聞きましょう。すると、we'll close two hours later than usual（いつもよりも2時間遅れて店を閉める）と述べられていることから、それを <u>stay open longer（営業時間を伸ばす）</u>という表現に言い換えている (B) が正解だとわかります。stay open は「営業したままでいる」ということ。(A) の coupons（クーポン）については言及はありませんが、hand out（配布する）という表現と、話の中の by hand の hand が重なる音のひっかけとなっています。(C) の give out…は「（ビラや飲み物など）を配る」、sample は「試供品」。(D) の decorate with…は「～で飾る」、balloon は「風船」ですが、飾りつけについては何も述べられていません。

Questions 47 and 48 refer to the following telephone message and price list.

M Hello, I'm calling from Genie's Hair Salon. My name is Stephan Rourke. You sold me a barber chair a year ago. My coworkers and I are very pleased with it. Our customers are as well, since it's more comfortable than our other two. So, we'd like to replace those. Do you have the same model in stock? You sold it to us for $239. Please call me back to let me know. My number is 555-0187. Thank you.

語句 □ price list 価格表 □ barber 理髪店
□ coworker 同僚 □ be pleased with… ~に満足している
□ as well 同様に □ replace… ~を取り替える □ in stock
在庫がある □ call … back ~に折り返し電話をする

Barber Chairs	
Model	**Price**
Mobility Plus	$167
Luxury Five	$195
Deluxe Star	$239
Booster Top	$251

設問

47. According to the speaker, what are the customers pleased about?

  (A) A chair is comfortable.
  (B) A salon is tidy.
  (C) A service is free.
  (D) A barber is talented.

設問の訳

話し手によると、客は何に満足していますか？

  (A) 椅子が快適であること。
  (B) サロンが小綺麗であること。
  (C) サービスが無料であること。
  (D) 理容師が敏腕であること。

48. Look at the price list. Which model did the speaker buy?

  (A) Mobility Plus.
  (B) Luxury Five.
  (C) Deluxe Star.
  (D) Booster Top.

価格表を見なさい。話し手が買ったのはどの型ですか？

  (A) モビリティプラス。
  (B) ラグジュアリーファイブ。
  (C) デラックススター。
  (D) ブースタートップ。

L PART 1
L PART 2
L PART 3
L PART 4
R PART 1
R PART 2
R PART 3

問題文の訳

設問 47 と 48 は、次の電話メッセージと価格表に関するものです。

こんにちは。ジェニーヘアサロンからお電話差し上げています。私はステファン・ローク
と申します。御社から 1 年前に散髪椅子を購入しました。同僚も私も大変満足しています。
私たちのお客様も同様で、それは他の 2 脚よりも快適だからです。そこで、これらを取り
替えたいのです。同じモデルの在庫はありますか？ 239 ドルで販売していただいた型で
す。折り返しお電話頂けますか。私の電話番号は 555-0187 です。よろしくお願いします。

散髪椅子	
型	**価格**
モビリティ・プラス	167 ドル
ラグジュアリー・ファイブ	195 ドル
デラックス・スター	239 ドル
ブースター・トップ	251 ドル

〈パターン **2**〉

正解 & 解説

47. 正解 **(A)**

難易度 ━━ 難

設問を先読みすると、主語が customers（顧客）で、what（何）と pleased about（〜
について満足している）がキーフレーズとなっているので、顧客は何に満足をしているか
という情報を探りながら、聞いていきます。My coworkers and I are very pleased
with it の it は直前の a barber chair を指しており、同僚も私も散髪椅子に満足して
おり、そのすぐ後ろに Our customers are as well（顧客も同様です）と述べられて
いることから、顧客は散髪椅子に満足をしていて、その理由として、since it's more
comfortable と快適さが挙げられています。よって (A) が正解です。(B) の tidy は「きち
んと片付いた」、(C) の free は「無料で」、(D) の talented は「才能のある」ということですが、
サロンの綺麗さやサービス料金、理容師の技量については言及されていません。

48. 正解 **(C)**

難易度 ━━ 難

図表問題なので、Look at the price list. という指示があります。図表の情報のうち、
選択肢にない情報は散髪椅子の各型の価格ですから、価格が正解を導くためのキーワード
である可能性が高いと推測して、音声を聞きます。同じ型の散髪椅子を購入したくて、そ
の型は 239 ドルだったと述べていますから、価格表で 239 ドルと提示されているのは (C)
の Deluxe Star であるとわかります。

Track 081 ▶ 082

問題文

Questions 49 and 50 refer to the following talk and checklist.

🏴 w OK, after the restaurant closes, we always clean the kitchen. As new staff, you'll use this checklist. The dishwasher is now on. It'll finish in a few minutes, and after that you can put the mugs and plates on the shelves. In the meantime, go ahead and do the next item on the list. But we always mop the floor last. And since some syrup spilled by the fridge, mop that area twice. All right—please get started.

●語句● □ checklist チェックリスト　□ dishwasher 食器洗い機　□ on 作動して　□ mug マグカップ　□ plate 皿　□ shelves 棚 (shelf の複数形)　□ in the meantime それまでは　□ go ahead and do… どうぞ～してください　□ item 項目　□ mop… ～をモップでふく　□ syrup シロップ　□ spill こぼれる　□ fridge 冷蔵庫　□ twice 2回

Checklist

- ☐ Wash dishes
- ☐ Put away dishes
- ☐ Clean counters
- ☐ Mop floors

設問

49. Look at the checklist. What will the listeners do next?

(A) Wash dishes.
(B) Put away dishes.
(C) Clean counters.
(D) Mop floors.

設問の訳

確認リストを見なさい。聞き手たちは次に何をしますか？

(A) 食器洗い。
(B) 食器の片づけ。
(C) 調理台の清掃。
(D) 床のモップ掛け。

50. Where did the syrup spill?

(A) Next to a dishwasher.
(B) Near a refrigerator.
(C) From a plate.
(D) Onto a shelf.

どこにシロップがこぼれましたか？

(A) 食洗器の隣に。
(B) 冷蔵庫の近くに。
(C) 皿から。
(D) 棚の上へと。

設問 49 と 50 は、次の話とチェックリストに関するものです。

いいですか、レストランが閉店したら、必ずキッチンの清掃をします。あなたは新しいスタッフですから、この確認リストを使ってください。今、食器洗い機が動いています。あと数分で終わりますので、そうしたらマグと皿を棚に戻します。<u>それまでは、リストの次の事項を進めましょう。</u>ただし、<u>床のモップ掛けは必ず最後にやります。冷蔵庫のそばでシロップがこぼれたので、その場所は 2 回モップ掛けしてください。</u>それでは取り掛かってください。

> **チェックリスト**
> ☐ 食器洗い
> ☐ 食器の片づけ
> ☐ 調理台の清掃
> ☐ 床のモップ掛け

〈パターン2〉

49. 正解 **(C)**　　　　難易度 ▰▰◤ 難

図表問題なので、Look at the checklist. という指示があります。リストを見ると4つの項目が記載されているので、それにざっと目を通しておき、音声を聞きます。指示文では聞き手が次にやることが問われていますが、話し手は棚に片付けるマグや皿などの食器洗いが終わるまでは、<u>go ahead and do the next item on the list（どうぞリストの次の項目をやってください）</u>と指示していますので、リストの3つ目の項目として挙げられている Clean counters の (C) が正解です。(B) の put away…は「～を片付ける」という意味です。

- -

50. 正解 **(B)**　　　　難易度 ▰▰◤ 難

設問を先読みし、シロップのこぼれた場所がどこかを探るつもりで話を聞きます。話の中で some syrups spilled by the fridge と述べていますが、前置詞 by は「～のそばで」、<u>fridge は refrigerator を短くした言い方</u>ですから、これを言い換えている (B) が正解です。(A) の next to…は「～の隣」、(C) の from…は「～から」、(D) の onto…は「～の上へ」という意味です。

問題文　　　　　　　　　　**問題文の訳**

51. The sports center is _____ on holidays.

そのスポーツセンターは休日は閉館である。

- (A) closer
- **(B) closed**
- (C) closely
- (D) closest

- (A) 形 close の比較級
- **(B) 形 閉まった**
- (C) 副 密接に
- (D) 形 close の最上級

52. _____ Angie was asleep, the doorbell rang.

アンジーが眠っている間にドアベルが鳴った。

- (A) Until
- (B) Because
- **(C) While**
- (D) Unless

- (A) 前 ～まで　接 ～するまで
- (B) 接 ～だから
- **(C) 接 ～する間**
- (D) 接 ～しない限り

53. More emergency _____ will be delivered tomorrow.

明日、さらなる緊急支援物資が配達される予定です。

- **(A) supplies**
- (B) supplied
- (C) suppliers
- (D) supply

- **(A) 名 支給物（複数）**
- (B) 動 供給された supply の過去形・過去分詞形
- (C) 名 供給業者
- (D) 名 支給物（単数）

54. Ms. Griffin fixed the copier _____ yesterday.

昨日、グリフィンさんは自分自身でコピー機を直した。

- (A) hers
- (B) her own
- **(C) herself**
- (D) her

- (A) 彼女のもの（所有代名詞）
- (B) 彼女自身の
- **(C) 彼女自身で（再帰代名詞）**
- (D) 彼女の（所有格・所有代名詞）

55. Kenny forgot _____ butter for the cake.

ケニーはケーキのためのバターを買い忘れた。

- (A) buying
- **(B) to buy**
- (C) having bought
- (D) to be bought

- (A) buy の動名詞／現在分詞
- **(B) buy の不定詞**
- (C) having+buy の過去分詞
- (D) buy の受身の不定詞

51. 正解 **(B)**　　　　　　　　　　　　　　難易度 ▰▰▰▰ 難

close は見た目はまったく同じでも形容詞 close（近い）と動詞 close（〜を閉める）があり、選択肢の形を見た時点で、(A), (C), (D) は前者から派生した語、(B) は後者から派生した語だと大きく2つに捉えます。英文の主語は The sports center（スポーツセンター）で、on holidays（休日には）という時を表す副詞句があることから、その間に入るのは「やっていない」という表現が入ると考えられ、(B) が正解です。 is closed で「閉まっている」という受け身の表現です。　　　　　　　　　　　　　　　〈パターン **1**〉

52. 正解 **(C)**　　　　　　　　　　　　　　難易度 ▰▰▰▰ 難

選択肢の語は前置詞または接続詞で、パターン3です。文構造に注意を払いながら、英文を見ると、空所の後には Angie was asleep と「主語＋動詞」からなる節が続いているので空所は前置詞ではなく、接続詞です。英文の従属節「アンジーは眠っていた」と主節「ドアベルが鳴った」をつなげるには「アンジーが眠っている間に」という意味となる (C) が最適だと判断できます。be asleep で「眠っている」、rang は動詞 ring（鳴る）の過去形。(A) until（〜するまで）は前置詞としても接続詞としても使われる語です。　　〈パターン **3**〉

53. 正解 **(A)**　　　　　　　　　　　　　　難易度 ▰▰▰▰ 難

選択肢はすべて supply に由来する形の異なる語です。文構造を見ると、More emergency ___. までが主語部分で、will be delivered が動詞部分となっています。よって、主語部分は全体で「より多くの緊急支援物資」となり、空所には名詞がくるはずですから、(B) は除外できます。動詞部分が受け身で、主語部分は「配達されるモノ」になるので、人を表す (C) も除外します。(A) supplies と (D) supply の違いは複数形か単数形で、主語は「より多くの緊急支援物資」ですから複数形 supplies (A) が正解です。　〈パターン **1**〉

54. 正解 **(C)**　　　　　　　　　　　　　　難易度 ▰▰▰▰ 難

選択肢はすべて her に由来する形の異なる語句です。英文の文構造を見ると、空所前の Mr. Griffin fixed the copier は「グリフィンさんはコピー機を修理した」、空所後の yesterday は「昨日」で、空所部分がなくても英文として成立しています。選択肢を見てみると (C) herself（彼女自身で）が副詞として fixed（修理した）を修飾することができるので、これが正解です。動詞 fix は「〜を修理する」、copier は「コピー機」で、photocopier または copy machine で表すこともあります。　　　　〈パターン **1**〉

55. 正解 **(B)**　　　　　　　　　　　　　　難易度 ▰▰▰▰ 難

選択肢はすべて動詞 buy（買う）に由来する形の異なる語です。英文を分解して考えていくと、主語が Kenny で動詞が forgot となっているので、空所以降が動詞の目的語、すなわち、名詞のかたまり（名詞句）となります。動詞 forget は目的語として動名詞と to 不定詞をとることができますが、動名詞のほうは「〜したことを忘れる」、to 不定詞のほうは「〜するのを忘れる」と意味が異なります。英文の文脈を考えると、意味が自然につながるのは to 不定詞のほうで、(B) が正解です。(D) も to 不定詞ですが、受け身の形になっています。忘れたのは主語の Kenny ですから、受け身では意味が通じません。〈パターン **1**〉

Reading

PART 1

問題文	問題文の訳

56. At Galaxon Electronics, we are _____ updating our range of products.

(A) continue
(B) continues
(C) continual
(D) continually

ギャラクソン電機店では、製品の取扱範囲を継続的に更新しています。

(A) 動続ける
(B) 動 continue の三人称単数現在形
(C) 形継続的な
(D) 副継続的に

---

57. Helen met _____ Jeff to discuss their history assignment.

(A) at
(B) for
(C) with
(D) from

ヘレンは歴史の宿題について話し合うために、ジェフと会った。

(A) 前～で
(B) 前～のために
(C) 前～と
(D) 前～から

---

58. Channel 9 will be _____ a series of French films.

(A) showing
(B) shows
(C) show
(D) to show

9チャンネルではフランス映画の連作が放映されます。

(A) show の現在分詞
(B) show の三人称単数現在形
(C) ～を放映する
(D) show の to 不定詞

---

59. Lucille will study abroad if her parents _____ .

(A) support
(B) send
(C) welcome
(D) approve

ルシールは、もし両親が賛成したら留学するつもりだ。

(A) ～を支持する
(B) ～を送る
(C) ～を歓迎する
(D) 賛成する

---

60. My interview is next week, _____ I need a tie.

(A) why
(B) then
(C) if
(D) so

来週面接があるので、ネクタイが必要です。

(A) 副なぜ
(B) 副それから
(C) 接もし
(D) 接だから

56. 正解 **(D)**

難易度 ━━━■■ 難

選択肢はすべて動詞 continue (続ける) に由来する形の異なる語なので、文法的側面からアプローチします。主語部分が we で、動詞部分が空所を含む are _____ updating(更新しています)、目的語にあたる部分が our range of products だとわかります。動詞部分は現在進行形で、意味も自然につながっていて、空所に入るのはさらに情報を付け足す副詞だと推測できます。(D) continually (継続的に) が updating (更新している) を修飾して「継続的に更新している」と自然に意味がつながるためこれが正解です。 〈パターン1〉

57. 正解 **(C)**

難易度 ━━━■■ 難

選択肢 (B) for は前置詞としても接続詞としても使われるので、パターン3の選択肢に前置詞と接続詞が混ざっているパターンと考えられますが、英文の文構造を考えると、空所に接続詞は入りませんので、選択肢はすべて前置詞です。英文後半の to discuss their history assignment は目的を表す to 不定詞を使った副詞句で、「歴史の宿題について話し合うために」という意味になっており、Helen met _____ Jeff は「ヘレンはジェフと会った」という意味になると意味が自然につながります。よって (C) が正解です。動詞 meet は「〜と会う」という他動詞としても使い方もありますが、ここでは「会う」という自動詞として使われているので、前置詞 with といっしょになっています。 〈パターン3〉

58. 正解 **(A)**

難易度 ━━━■■ 難

選択肢はすべて show に由来する形の異なる語です。英文を分解して考えると、主語部分が Channel 9、動詞部分が空所を含む will be …、その目的語部分が a series of French films だとわかります。空所の直前に be 動詞があり、意味的にも自然につながることから、(A) が正解です。will be showing は未来進行形です。未来進行形は「〜することになっている」という予定を表します。a series of…は「一連の〜」、film は「映画」。 〈パターン1〉

59. 正解 **(D)**

難易度 ━━━■■ 難

選択肢がすべて動詞となっている語彙問題です。英文の主節は「ルシールは留学するつもりです」、条件を表す接続詞 if に導かれている従属節は「もしも両親が〜したら」という意味になっています。空所の後ろには何もありませんので、空所に入るのは目的語を必要としない自動詞です。主節と従属節が意味的に自然につながるのは自動詞として「賛成する」という意味を持つ(D) approve です。(A) support は「〜を支持する」、(C) welcome は「〜を喜んで受け入れる」という意味ですが他動詞なので後ろに目的語が必要です。〈パターン2〉

60. 正解 **(D)**

難易度 ━━━■■ 難

英文の文構造に注目すると前半の「来週面接があります」と後半の「ネクタイが必要です」が空所によって接続されていることがわかりますので、これらが意味的に自然につながるような語を選択肢から選びます。「来週面接がある」→だから「ネクタイが必要」という流れになる接続詞 (D) so が正解です。 〈パターン3〉

Reading
PART 1

61. Everyone was surprised _____ the plane arrived early.

(A) but
(B) during
(C) that
(D) about

飛行機が早く到着したことに驚いた。

(A) 接 しかし
(B) 前 ～の間に
(C) 接 ～ということ
(D) 前 ～について

---

62. Some of the tax money will go _____ road repairs.

(A) except
(B) toward
(C) among
(D) within

税金の一部は道路の補修に充てられる。

(A) 前 ～を除いて
　　 接 ～ということを除けば
(B) 前 ～に
(C) 前 ～の中に
(D) 前 ～以内に

---

63. Please fill out this form before _____ your contest entry.

(A) raising
(B) handing
(C) giving
(D) submitting

大会へのエントリーを行う前にこの書式を記入してください。

(A) ～を上げる（動名詞）
(B) ～を手渡す（動名詞）
(C) ～を与える（動名詞）
(D) ～を提出する（動名詞）

---

64. _____ did you get all your chores done so quickly?

(A) Who
(B) How
(C) What
(D) Which

どのようにすべての日課をそれほど早く終わらせたのですか？

(A) 誰が
(B) どのように
(C) 何が
(D) どの

---

65. For the best results, _____ the sauce to cool for one hour.

(A) allowing
(B) allowed
(C) allows
(D) allow

最高の出来になるように、ソースを一時間冷やしてください。

(A) allow の動名詞／現在分詞
(B) allow の過去分詞
(C) allow の三人称単数現在形
(D) allow の原形

61. 正解 **(C)**

難易度 ▰▰▰ 難

選択肢は前置詞や接続詞などが混在しています。英文の文構造を見ると、前半の Everyone was surprised（皆が驚いた）と後半の the plane arrived early（その飛行機は早く到着した）と2つとも「主語＋動詞」を含む文の形、すなわち、節になっています。よって、空所に入るのはこの2つの節をつなげることのできる接続詞ですので、前置詞の (B) during や (D) about は除外できます。接続詞として使えるのは (A) but または (C) that ですが、英文の意味を考えると逆接の but では意味が通りませんので、驚いた原因・理由を表す that 節が適切です。そのため (C) が正解です。　〈パターン 3〉

62. 正解 **(B)**

難易度 ▰▰▰ 難

(A) except には「〜以外は」という前置詞と「〜ということを除けば」という接続詞の用法がありますが、英文の文構造を見ると、主語部分が Some of the tax money（税金の一部は）で、動詞部分が will go＿＿＿ road repairs となっていることから、空所には前置詞が入るだろうと予想できます。選択肢すべてが前置詞として用いることができますが、文の意味的に自然につながるのは (B) toward（〜に）だけで、go toward road repairs で税金の一部が「道路の補修に充てられる」という意味になります。　〈パターン 3〉

63. 正解 **(D)**

難易度 ▰▰▰ 難

文構造を見ると、空所は前置詞 before の目的語となる部分で、＿＿＿ your contest entry が名詞のかたまりとなることがわかります。選択肢すべてが動詞の ing 形の動名詞で語彙問題です。英文の前半が「この書式を記入してください」、後半が「大会へのエントリーを〜する前に」となり、「エントリーを行う」という意味で entry と一緒によく用いられる動詞は「〜を提出する」という意味のある動詞 submit です。fill out…は「〜を記入する」という意味で fill in…という言い方もあります。(A) raise は「〜を上げる」、(B) hand は後ろに目的語を2つ置いて、「〜に…を手渡す」として用いられます。　〈パターン 2〉

64. 正解 **(B)**

難易度 ▰▰▰ 難

選択肢はすべて WH 疑問詞です。chores は「（家事などの）毎日の仕事」で、「動詞 get＋目的語 all your chores＋補語 done」となっており、平叙文に変換してみると You got all your chores done so quickly.（あなたはすべての日課をこんなにも早く終えた）となっており、SVOC の文構造です。この文はこれ自体で意味をなしており、(A) Who, (C) What, (D) Which で問うのは不自然で、(B) How（どうやって、どのようにして）で、早く終えた手段を問うのが自然です。　〈パターン 2〉

65. 正解 **(D)**

難易度 ▰▰▰ 難

選択肢はすべて動詞 allow に由来する形の異なる語です。文構造を考えると、冒頭の For the best results は「最高の結果を得るために」という副詞句ですので、文のメインとなるのは空所以降の部分です。この部分を見ると主語がありませんので、動詞の原形で文を始める命令文だとわかります。allow A to do で「A が〜するようにさせる」、cool は動詞で「冷やす」です。　〈パターン 1〉

Questions 66–68 refer to the following note.

Jessica,

There will be a storm today.
It's already raining. So, you
should either wear your raincoat
__(66)__ take an umbrella to
school. The weather might get
even __(67)__ later. In that
case, I'll __(68)__ you up after
your classes.

設問

☐ **66.** (A) but
☐   (B) and
☐   (C) nor
     (D) or

設問の訳

(A) しかし
(B) そして
(C) どちらも～ない
(D) または

☐ **67.** (A) worsens
☐   (B) worsen
☐   **(C) worse**
     (D) worst

(A) 悪化する (三人称単数現在形)
(B) 悪化する
(C) より悪く (bad の比較級)
(D) 最も悪く (bad の最上級)

☐ **68. (A) pick**
☐   (B) get
☐   (C) give
     (D) take

(A) ～を迎えに行く
(B) ～を得る
(C) ～を与える
(D) ～を取る

L PART 1

L PART 2

L PART 3

L PART 4

R PART 1

R PART 2

R PART 3

問題文の訳

設問 66-68 は、次のメモに関するものです。

ジェシカへ

今日は嵐になりそうね。もう雨が降っているわ。だから、学校へはレインコートを着て行くか、傘を持って行くべきだよ。遅くなるにつれて天気もいっそう悪くなるかもね。もしそうなったら、授業後にあなたを迎えに行くよ。

●語句● □ **storm** 嵐　□ **case** 場合

正解 & 解説

66. 正解 **(D)**

難易度 ▰▰▰ 難

導入文に the following note とあるので、書き手からジェシカに宛てたメモであることがわかります。すでに雨が降っていて、さらに悪化しそうな状況が最初に描写され、So you should…とあるので、そのような状況での助言をジェシカに伝えていることがわかります。either まで読み進めた時点で、either が持つ典型的なパターン either A or B (A か B かどちらか) が後ろにくることを予測しながら読んでいきます。空所の前がレインコートを着る、空所の後が傘を持って行くと同じ動詞句が続くことから、予測通り (D) or が空所に入ることがわかります。 〈パターン**1**〉

67. 正解 **(C)**

難易度 ▰▰▰ 難

主語が the weather で動詞が might get であることから、空所には later (後で) に天気がどのような状況になるかを説明する表現が入ることがわかります。選択肢を見るとすべて worse に関連するものが並んでいますが、get (〜になる) の後ろに入って意味がつながるのは (C) の worse です。空所直前の even (いっそう) は副詞で比較級の意味を強調するのによく使われます。 (A) の worsens は動詞 worsen (さらに悪くなる) に三単現の s がついた形です。 〈パターン**1**〉

68. 正解 **(A)**

難易度 ▰▰▰ 難

選択肢の 4 つの動詞から適切なものを選ぶ問題です。前後の文脈を見ると直前にある In that case は「天気が悪化した場合」を意味することがわかり、pick you up (あなたを車で迎えに行く) が意味的に自然につながりますので、(A) が正解です。

〈パターン**1**〉

Questions 69–71 refer to the following Web page.

www.browervillepark.org/events

Spring Craft Fair

Come and enjoy our Browerville Park fair next weekend!
Over eighty artists will be selling a __(69)__ of handmade
items.There will also be activities, refreshments, and
__(70)__. Entrance is free, and __(71)__ can attend.

設問

☐ **69.** (A) member
☐ **(B) variety**
☐ (C) power
(D) nature

設問の訳

(A) メンバー
(B) さまざま
(C) 力
(D) 自然

- -

☐ **70.** (A) entertains
☐ (B) entertainer
☐ **(C) entertainment**
(D) entertaining

(A) もてなす
(B) 芸人
(C) 余興
(D) 愉快な

- -

☐ **71.** (A) whenever
☐ (B) everything
☐ (C) sometime
(D) anyone

(A) いつでも
(B) 全部
(C) いつか
(D) 誰でも

L PART 1

L PART 2

L PART 3

L PART 4

R PART 1

R PART 2

R PART 3

設問 69-71 は、次のウェブページに関するものです。

www.browervillepark.org/events
春の手芸見本市

来週末のブラウワービル公園での見本市にぜひお越しください！80 人以上の芸術が、さまざまな手作りの品を販売します。アクティビティや軽食、余興もある予定です。入場は無料で、誰でも参加することができます。

●語句● □ **Web page** ウェブページ　□ **craft** 手芸　□ **fair** 見本市　□ **handmade** 手製の
□ **item** 品目　□ **refreshments** 軽い飲食物　□ **entrance** 入場

正解 & 解説

69. 正解 **(B)**　　　　　　　　　　　難易度 ▰▰▰ 難

導入文から文章のタイプはウェブページで、タイトルの Spring Craft Fair から春の手芸見本市に関する情報を伝えていることを確認します。空所の前後を確認すると空所は selling の目的語の一部になっています。handmade items は手作りの品ということなので、a variety of… (いろいろな) が一番自然につながります。なので、(B) が正解です。

〈パターン**1**〉

70. 正解 **(C)**　　　　　　　　　　　難易度 ▰▰▰ 難

空所の前を確認すると、activities, refreshments, and …. となっており、A, B, and C (A と B と C) と名詞を並列に並べる構造になっていて、見本市で行われるものとして、アクティビティと軽食と何かを考えると (C) の「余興」が適切だとわかります。(A) は動詞 entertain (～を楽しませる) に三単現の s がついた形、(B) entertainer は名詞で「芸人」、(D) entertaining は形容詞で「面白い」という意味。

〈パターン**1**〉

71. 正解 **(D)**　　　　　　　　　　　難易度 ▰▰▰ 難

空所の前後を確認すると、Entrance is free (入場は無料です) と述べた後、接続詞 and で結ばれており、空所の後ろに can attend (出席することができる) とあることから、空所は can attend の主語となる名詞であることがわかります。「誰が」出席することができるかを考えると、選択肢 (D) の anyone (だれでも) がぴったりあてはまるので、これが正解です。(A) の whenever は「いつであろうとも」という意味の副詞です。

〈パターン**1**〉

Questions 72–74 refer to the following advertisement.

Last Chance for Deals!

Leaps Athletics is __(72)__ a huge sale this week. Come and shop for the best sporting goods __(73)__ very low prices. __(74)__. That's because the sale ends on Sunday. We hope to see you soon!

設問	設問の訳

72. (A) turning   (A) 回している（現在分詞）
(B) growing   (B) 育てている（現在分詞）
(C) holding   **(C) 実施している（現在分詞）**
(D) sending   (D) 送っている（現在分詞）

73. (A) at   **(A) ～で**
(B) in   (B) ～の中で
(C) to   (C) ～へ
(D) by   (D) ～のそばで

74. (A) Some exercise regularly.   (A) 定期的に運動する人がいます。
(B) You had better hurry, though.   **(B) でも、急いだほうが良いです。**
(C) Be sure to read the label.   (C) ラベルを必ず読んでください。
(D) Usually, passengers arrive early.   (D) 通常は、乗客は早く到着します。

問題文の訳

設問 72-74 は、次の広告に関するものです。

セールの最後のチャンスです！

リープス・アスレチックは、今週大セールを実施しています。ぜひお越しいただき、最良のスポーツ用品を驚くべき低価格でお買い求めください。しかし、お急ぎください。なぜならセールは日曜日に終わってしまうからです。お待ちしております！

●語句● □ **deal**（ビジネスなどの）取引　□ **huge** 巨大な　□ **shop** 買い物をする
□ **goods** 商品　□ **end** 終わる

正解 & 解説

72. 正解 **(C)**

難易度 ━━━ 難

導入文から広告（advertisement）であることがわかります。空所の前後を確認すると、前が be 動詞の is で後ろが a huge sale（特大セール）と名詞句になっていることから、空所に入るのは動詞で a huge sale と一緒に使われるものだとわかります。(C) の holding は動詞 hold（～を催す）を用いた hold a sale で「セールを実施する」という意味になるので、これが正解です。　〈パターン**1**〉

73. 正解 **(A)**

難易度 ━━━ 難

選択肢の 4 つの前置詞から適切なものを選ぶ問題です。文脈から空所の前が「最良のスポーツ用品をお買い求めにきてください」、空所の後ろが…very low prices となっていることから、この空所の後ろは「すごい低価格で」という表現がくるのが自然だと推察します。「～価格で」という意味を表すのは at … price(s) なので、(A) が正解です。ちなみに at half price と言えば「半額で」という意味の表現です。　〈パターン**1**〉

74. 正解 **(B)**

難易度 ━━━ 難

文選択問題となっています。前後の文に注目すると、空所の直前では、買い物に来るように促す言い方がされており、後ろは That's because…（というのは～だからです）という理由を述べる表現が続いています。後ろの理由を読むと、セールが日曜に終わってしまうことが書かれています。よって、「セールが終わってしまうので→急いで買い物に来てください」と自然な流れとなる (B) が正解。(B) の had better…（～したほうがいい）は強い助言を表します。(A) の Some は Some people の people が省略されています。動詞 exercise は「運動をする」。(C) Be sure to…は「必ず～しなさい」。label は「ラベル」。(D) の passenger は「乗客」。　〈パターン**2**〉

Questions 75–77 refer to the following letter.

Dear Ms. Robins:

Thank you for subscribing to the Wenham Theater newsletter. __(75)__. We hope you find it __(76)__ interesting and informative. The newsletter is mailed to __(77)__ on the tenth of every month.

Thanks again!

Harry Sinclair

Wenham Theater

設問

75. (A) Jessie Murphy is an actress.
　　(B) You are allowed to take pictures.
　　(C) News has spread quickly.
　　(D) Enclosed is the latest edition.

設問の訳

(A) ジェシー・マーフィは女優です。
(B) 写真を撮影してもかまいません。
(C) ニュースはすばやく広まりました。
(D) 最新版が同封されています。

76. (A) either
　　(B) about
　　(C) both
　　(D) so that

(A) どちらか
(B) およそ
(C) どちらも
(D) ～であるように

77. (A) subscribes
　　(B) subscribers
　　(C) subscriptions
　　(D) subscribe

(A) 購読する（三人称単数現在形）
(B) 購読者
(C) 購読
(D) 購読する

設問 75-77 は、次の手紙に関するものです。

ロビンズ様へ

ウェンハム劇場の月報をご購読頂き、ありがとうございます。最新版を同封しております。興味深く、かつ有益であることを願っています。月報は、購読者の皆様に毎月 10 日に送付されます。

改めて、ありがとうございます。

ウェンハム劇場　ハリー・シンクレア

●語句● □ subscribe to… ～を定期購読する　□ newsletter 会報　□ informative 有益な

正解 & 解説

75. 正解 **(D)**　　　　　　　　　　　難易度 ▰▰▰ 難

導入文から、シンクレア氏からロビンズ氏に宛てた手紙であることがわかります。文選択問題になっているので、文の前後を確認すると、文の前は月報の購読への感謝の言葉、文の後ろは (76) の空所があるものの、<u>面白くて有益であることを願っているということが書いてある</u>ことがわかります。前後の文脈から、一番自然につながるのは (D) なので、これが正解です。latest は「最新の」、edition は「(書物・雑誌などの) 版」、enclosed は動詞 enclose (～を同封する) の過去分詞。この文は <u>The latest edition is enclosed.</u> の主語と動詞が倒置された文になっており、商用文ではよく用いられます。　〈パターン2〉

76. 正解 **(C)**　　　　　　　　　　　難易度 ▰▰▰ 難

空所の前後を確認すると、空所の前が you find it、空所の後が …interesting and informative となっており、SVOC (主語＋動詞＋目的語＋補語) の文構造だと推察できます。選択肢を見ると <u>interesting</u> と <u>informative</u> の 2 つの形容詞を and で結ぶのに適しているのは (C) both だとわかります。both A and B で「A と B の両方」。(A) は either A or B で「A または B」となります。(D) は so that A can… のようなパターンで使うことが多く、「A が～できるように」という意味です。　〈パターン1〉

77. 正解 **(B)**　　　　　　　　　　　難易度 ▰▰▰ 難

空所の前後を確認すると、空所の前が「月報は～に郵送される」、空所の後ろは「毎月10 日に」となっているので、空所には郵送される対象が入り、前置詞 to の目的語になっていることがわかります。選択肢の中で月報が郵送される対象となりうるのは (B) subscribers (購読者) です。(A) と (D) は動詞で「購読する」、(C) は名詞で「購読」という意味です。　〈パターン1〉

Reading

PART 2

Questions 78–80 refer to the following text message.

To: Katie Hartley

Sent: 4:53 P.M.

Hi Katie. My sister and I had plans to see Forty Sunsets __(78)__ tonight. But now she can't go. You __(79)__ yesterday that you want to see the film. __(80)__. If you do, call me back soon.

78. (A) generally
(B) together
(C) meanwhile
(D) ourselves

79. (A) said
(B) spoke
(C) told
(D) talked

80. (A) Would you like to join me?
(B) It begins at seven o'clock.
(C) I heard everyone liked it.
(D) Tickets are eight dollars.

(A) 一般に
(B) 一緒に
(C) その間に
(D) 私たち自身

(A) **say の過去形**
(B) speak の過去形
(C) tell の過去形
(D) talk の過去形

(A) 私と一緒に来たいですか？
(B) 7 時に始まります。
(C) 全員気に入ったと聞きました。
(D) チケットは 8 ドルです。

54 • **READING PART 2** — Text Completion

L PART 1

L PART 2

L PART 3

L PART 4

R PART 1

R PART 2

R PART 3

問題文の訳

設問 78-80 は、次のテキストメッセージに関するものです。

宛先：ケイティ・ハートレイ
送信時刻：午後 4 時 53 分
やあ、ケイティ。妹と私は今晩、フォーティー・サンセットを一緒に観に行く予定だったの。でも彼女が来られなくなってしまったの。昨日、その映画を観に行きたいと言っていたよね。私と一緒に行く？ もし行かれるなら、すぐ電話をちょうだい。

●語句● □ film 映画　□ call…back 〜に折り返し電話する

正解 & 解説

78. 正解 (B) 　難易度 ▰▰▰ 難

空所の前後を確認すると、空所の前の had plans to…は「〜する計画があった」、see Forty Sunsets と書かれてあり、空所の後ろは tonight（今晩）となっていることから、今晩何かを見る予定であったことがわかります。Forty Sunsets は最初の文字が大文字で、このテキストメッセージの最後のほうに see the film という表現が出てくることから、Forty Sunsets は映画のタイトルであることが推察されます。選択肢はすべて副詞で、このうち (B) は動詞 see と組み合わせて、see…together（一緒に見に行く）と言えることからこれが正解です。(A) generally は「一般的に」、(C) meanwhile は「その間に」。

〈パターン1〉

79. 正解 (A) 　難易度 ▰▰▰ 難

空所を含む文の構造を見てみると文頭の主語 You に対応する動詞が抜けていることがわかります。選択肢を見ると 4 つともに「言う」に関する動詞ですが、that you want to see the film（その映画を観たいということ）という that 節を目的語をとる動詞は (A) said でこれが正解。(C) の told も目的語として that 節をとりますが、told me that… のように話し相手を表す間接目的語（me）を省略しないのがふつうです。

〈パターン1〉

80. 正解 (A) 　難易度 ▰▰▰ 難

文選択問題なので前後の文とのつながりを考えます。文の前は you つまりケイティは映画を見たいということを伝えています。文の後ろは、空所となっている文で使われている動詞表現を do で受けて、If you do（もし君がそうだとしたら）と言い、すぐに電話をするようケイティに指示しています。この流れから、書き手はケイティを映画に誘っていることが推察され、(A) が一番自然につながります。Would you like to…? は人を誘う表現ですが Do you want to…? よりも丁寧な言い方です。

〈パターン2〉

Questions 81–82 refer to the following receipt.

Arti's Service

Receipt
CUSTOMER COPY

Customer: Chris Anderson
Date: September 9

Arti's Service received the amount of $469.00 from the customer.
Vehicle type: Mid-size car (gray)
Rental period: 5 days

The payment was received:

in cash ☐   by card ☑

設問 | 設問の訳

□ **81.** What type of business is Arti's Service?

(A) A tour company
(B) A car rental agency
(C) A gas station
(D) A financial service

アーティーサービスはどのような種類の事業ですか？

(A) 旅行会社
(B) レンタカー会社
(C) ガソリンスタンド
(D) 金融業務

□ **82.** What did Mr. Anderson do on September 9?

(A) He bought a vehicle.
(B) He booked a flight.
(C) He cancelled a reservation.
(D) He used a credit card.

アンデルソンさんは 9 月 9 日に何をしましたか？

(A) 車両を購入した。
(B) フライトを予約した。
(C) 予約をキャンセルした。
(D) クレジットカードを利用した。

設問 81-82 は、次の領収書に関するものです。

アーティーサービス

領収書
お客様名：クリス・アンデルソン
日付：9 月 9 日

アーティーサービスはお客様から 469 ドルを受領しました。
車両タイプ：中型車　（グレー）
貸出期間：5 日間

支払いは下記のようになされた：
現金　　　　　　カード　　　　　　　　　　　　　　　〈パターン 3〉

●語句● □ **receipt** 領収書　□ **customer** 顧客　□ **amount** 金額　□ **vehicle** 車
□ **payment** 支払い　□ **in cash** 現金で　□ **by card** クレジットカードで
□ **agency** 代理店、取扱店　□ **reservation** 予約

正解 & 解説

81. 正解 **(B)**　　　　　　　　　　　　　　　　　　難易度 ▰▰▰▰ 難

導入文を読むと the following receipt とあるので、「領収書」であることをまず確認します。英文に目を通すと、Vehicle type（車両タイプ）、その横に Mid-size car（中型車）、また、Rental period（貸出期間）という表記もあり、これらのキーワードから (B) のレンタカー会社が正解だとわかります。(D) の a financial sevice の financial は「金融の」という意味。

82. 正解 **(D)**　　　　　　　　　　　　　　　　　　難易度 ▰▰▰▰ 難

設問に出てくる September 9 は、領収書の Date のところに記載されていることから、領収書の発行日であることがわかります。領収書の下のほうに The payment was received（支払いは下記のようになされた）と表示があり、in cash（現金で）と by card（クレジットカードで）のどちらかを選ぶ四角があり、by card のほうにチェックマークが付いています。よって (D) が正解です。(B) booked は動詞 book（〜を予約する）の過去形。

Questions 83–84 refer to the following text message.

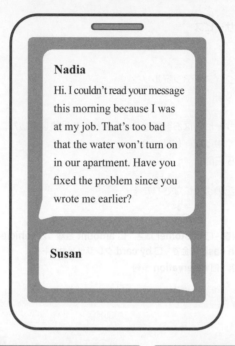

Nadia

Hi. I couldn't read your message this morning because I was at my job. That's too bad that the water won't turn on in our apartment. Have you fixed the problem since you wrote me earlier?

Susan

設問

83. What does Nadia say she was doing?

(A) Driving
(B) Working
(C) Reading
(D) Walking

84. Select the best response to Nadia's message.

(A) "A plumber is here."
(B) "More than enough."
(C) "The kitchen sink."
(D) "OK, I'll write it down."

設問の訳

ナディアは何をしていたと言っていますか？

(A) 運転している
(B) 働いている
(C) 読んでいる
(D) 歩いている

ナディアのメッセージへの最も適切なものを選びなさい。

(A) 「配管工がここに来ているよ。」
(B) 「十分すぎるよ。」
(C) 「台所のシンクだよ。」
(D) 「分かった、書き留めておくね。」

設問 83-84 は、次のテキストメッセージに関するものです。

ナディア

こんにちは。今朝、あなたからのメッセージを読めなかったの、仕事中だったから。アパートの水が出ないなんて最悪ね。メッセージをくれてから問題は解決した？

スーザン

〈パターン**1**〉

●語句● □ **turn on**（水・ガスなどが）出る　□ **fix**… ～を解決する　□ **plumber** 配管工
□ **sink**（台所の）流し　□ **write** … **down** ～を書き留める

正解 & 解説

83. 正解 **(B)**　　　　　　　　　　　　　　　難易度 ■■■ 難

導入文に text message とあるので、この英文はテキストメッセージで、Nadia のメッセージに対して、Susan が返答していることがわかります。Nadia のメッセージの中の一番始めに I couldn't read your message とあり、メッセージを読めなかった理由として直後に I was at my job が挙げられています。at は何かに従事していることを表す前置詞で at one's job で「仕事中で」という意味になるので、(B) が正解です。

84. 正解 **(A)**　　　　　　　　　　　　　　　難易度 ■■■ 難

Nadia のメッセージの一番下に Susan に投げかけた質問が書いてあります。Have you fixed the problem の fix は「（問題など）を改善する、解決する」という意味の動詞で、since you wrote me earlier は、「先にあなたが私にメッセージを書いてくれて以来」という意味です。the problem というのが、その直前の文の the water won't turn on（水が出ない）を指すことがわかれば、配管工 (plumber) の到着を知らせる (A) が正解だとわかるはず。

Questions 85–86 refer to the following notice.

ATTENTION STAFF

There is a red bicycle locked to a post in the restaurant's parking lot. I don't know whether it belongs to a staff member or somebody else. Since it has been there for a month, we will have it taken away next Monday. If it's yours, please take it home with you. Thank you.

Julian Spenser

設問

設問の訳

85. What is Ms. Spenser unsure of?

   (A) Why a door is locked
   (B) Where to park
   (C) When something was taken
   (D) Who owns a bicycle

スペンサーさんが不確かなことは何ですか？

(A) なぜドアに鍵がかかっているか。
(B) どこに駐車するべきか。
(C) いつ何かが取られたか。
(D) 自転車の所有者は誰か。

・・

86. What does Ms. Spenser say about the bicycle?

   (A) It is black and white.
   (B) It may be removed.
   (C) It has a basket.
   (D) It was left for two months.

スペンサーさんは自転車について何と言っていますか？

(A) 白黒である。
(B) 撤去予定である。
(C) かご付きである。
(D) 2カ月間放置されている。

PART

L

問題文の訳

設問 85-86 は、次のお知らせに関するものです。

従業員へのお知らせ

レストランの駐車場の柱に固定されている赤い自転車があります。従業員の誰かのものか、他の人のものか分かりません。1か月もそこにあるので、次の月曜日に撤去する予定です。もし所有者がいれば、持ち帰ってください。お願いします。

ジュリアン・スペンサー

〈パターン 2〉

●語句● □ attention (～に対する注意) □ lock… ～を固定する □ post 柱
□ parking lot 駐車場 □ whether… ～かどうか □ belong to… ～の所有物である
□ take … away ～を運び去る

正解 & 解説

85. 正解 (D)

難易度 ___ 難

導入文を読むと notice (お知らせ) とあり、タイトルをチェックすると Attention Staff とあることから従業員へ向けたお知らせの文書であることがわかります。設問の be unsure of… は「～について不確かである」という意味。英文に I don't know whether it belongs to a staff member or somebody else. とスペンサーさんが不確かな事柄が記載されています。whether A or B で「A なのか B なのかということ」という意味で、it すなわち red bicycle が「従業員のものなのか、それとも、他の誰かのものなのか」と書いてあるので、(D) が正解。own は動詞で「～を所有する」。

86. 正解 (B)

難易度 ___ 難

お知らせの中で、スペンサーさんは we will have it (= red bicycle) taken away と従業員に伝えています。have は使役動詞で、「have A ＋過去分詞」で「A を～させる」という意味になりますから、自転車を運び去ることを伝えていることがわかります。remove は他動詞で「～を取り除く」という意味ですから、(B) が正解。(D) の left は動詞 leave (～を放置する) の過去分詞。

Questions 87–88 refer to the following text message.

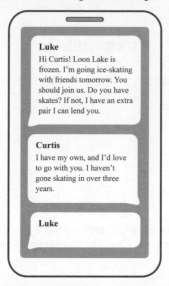

Luke

Hi Curtis! Loon Lake is frozen. I'm going ice-skating with friends tomorrow. You should join us. Do you have skates? If not, I have an extra pair I can lend you.

Curtis

I have my own, and I'd love to go with you. I haven't gone skating in over three years.

Luke

設問	設問の訳

87. Why did Luke send a message to Curtis?

(A) To ask him for directions
(B) To thank him for a ride
(C) To invite him to a lake
(D) To tell him about a vacation

なぜルークはカーティスにメッセージを送りましたか？

(A) 彼に道順を尋ねるため。
(B) 乗せてくれたことに対し、彼にお礼を言うため。
(C) 彼を湖に誘うため。
(D) 休暇について彼に話すため。

88. Select the best response to Curtis's message.

(A) "We've already met."
(B) "No, it took four years."
(C) "Quite a lot, I heard."
(D) "OK, I'll pick you up."

カーティスのメッセージに対する最も適切な返信を選びなさい。

(A) 「私たちはもう会いました。」
(B) 「いいえ、それは 4 年かかりました。」
(C) 「かなり多いと聞いているよ。」
(D) 「分かった、迎えにいくね。」

L PART 1

L PART 2

L PART 3

L PART 4

R PART 1

R PART 2

R PART 3

問題文の訳

設問 87-88 は、次のテキストメッセージに関するものです。

ルーク

やあ、カーティス！ルーン湖が凍ったよ。明日友達とスケートをしに行くよ。君もおいでよ。スケート靴を持っている？ もしなかったら、僕が余分に一足持っているから貸せるよ。

カーティス

自分の靴を持っているよ、ぜひ君たちと行きたいよ。ここ 3 年間スケートに行っていないからね。

ルーク

〈パターン **1**〉

●語句● □ **frozen** 動詞　freeze（〜を凍らせる）の過去分詞　□ **extra** 余分の　□ **own** 自分自身の　□ **directions**（道順などの）説明　□ **quite a lot** かなり多く

正解 & 解説

87. 正解 **(C)**

難易度 ━━ 難

チャット問題で、ルーク (Luke) とカーティス (Curtis) がやり取りしています。ルークはメッセージの最初でルーン湖が凍結したことや、明日友人とアイススケートをする計画であると伝えたのち、カーティスに対して、You should join us. と言って、スケートに誘っていることがわかります。よって正解は (C)。(A) の ask … for directions は「Aに道順を尋ねる」、(B) の thank A for …は「A に〜について感謝する」、名詞 ride は「乗せること」。

88. 正解 **(D)**

難易度 ━━ 難

最初のルークとカーティスのやりとりから、チャットの目的は、ルークがカーティスをアイススケートに誘うことだということを把握しましょう。ルークの誘いに対して、カーティスは I'd love to go to with you. とルークと一緒に行きたいという希望を伝えています。I'd love to…は I want to…の丁寧な言い方です。誘いを引き受けたカーティスに対するルークの返答として最も適切なものは (D) です。pick … up で「〜を車で迎えに行く」。

Questions 89–91 refer to the following note.

Carol

I stopped by your desk to remind you about Sunup Cleaning. They're sending someone to clean our air conditioners. I have a meeting at Shelton Bank at two. That's when the maintenance here is scheduled to start. Could you inform the staff that the office will get pretty warm? After Sunup finishes, turn the air conditioners back on.

See you later.

Tristan

● 語句 ●
- □ stop by 立ち寄る
- □ remind A about…
  A に〜を思い出させる
- □ air conditioner エアコン
- □ maintenance
  メンテナンス
- □ be scheduled to…
  〜する予定である
- □ coworker 同僚
- □ pick up… 〜を取りに行く
- □ install… 〜を設置する
- □ replace… 〜を交換する

設問	設問の訳

89. Where will Tristan be during the maintenance work?

(A) At a dry-cleaner's
(B) At an airport
(C) At a bank
(D) At a shop

トリスタンは整備士の作業中、どこにいる予定ですか？

(A) ドライクリーニング店
(B) 空港
(C) 銀行
(D) 店

---

90. What does Tristan ask Carol to do?

(A) Talk to some coworkers
(B) Review an invoice
(C) Open some windows
(D) Check the temperature

トリスタンはキャロルに何をするよう頼んでいますか？

(A) 同僚に伝えること。
(B) 請求書を見なおすこと。
(C) 窓を開けること。
(D) 気温を確認すること。

---

91. What is suggested about the air conditioners?

(A) They will be picked up.
(B) They will be installed.
(C) They will be turned off.
(D) They will be replaced.

エアコンについて何が示唆されていますか？

(A) 回収される予定である。
(B) 取り付けられる予定である。
(C) 電源が切られる予定である。
(D) 交換される予定である。

L PART 1
L PART 2
L PART 3
L PART 4
R PART 1
R PART 2

問題文の訳

設問 89-91 は、次のメモに関する質問です。

キャロルへ

サンアップ・クリーニングについて知らせるためにあなたの席に寄りました。私たちのエアコンを掃除するために人が派遣されてくる予定です。私は 2 時にシェルトン銀行で会議があります。ちょうどその時間にここでの整備が始まる予定です。従業員に、オフィスがかなり暑くなると伝えてくれますか？ サンアップの作業が終わったら、エアコンをオンに戻しておいてください。

ではまた後で。
トリスタン

〈パターン 2〉

正解 & 解説

89. 正解 (C)
難易度 ■■■ 難

指示文には note とあるので、トリスタン (Tristan) からキャロル (Carol) に宛てたメモだということをまず理解します。第 3 文目にトリスタンは 2 時にシェルトン銀行で会議があることを伝えたのち、ちょうどその時間に、the maintenance here すなわち、オフィスでのエアコンの整備が始まる予定であることを伝えています。That's when…は「それは〜する時です」と時間について説明する表現です。整備中、トリスタンはシェルトン銀行にいるので (C) が正解です。

90. 正解 (A)
難易度 ■■■ 難

第 5 文目でトリスタンは Could you inform the staff that the office will get pretty warm? と書いています。Could you…? は「〜してくださいませんか？」と相手にていねいにお願いをする際によく使われます。inform A that…で「A に〜ということを知らせる」ですから、(A) が正解です。文中の the staff は選択肢では some coworkers に言い換えられています。(B) の動詞 review は「〜を見直す」、invoice は「請求書」、(D) の temperature は「気温」。

91. 正解 (C)
難易度 ■■■ 難

設問の What is suggested about…? は「〜については何が示唆されていますか」という問いですから、英文には明示されてはいないものの、英文を読むことでわかることが問われています。トリスタンからのメモには、エアコンについて、業者が clean our air conditioners、つまり掃除にやってくること、業者の作業が終わったら、turn the air conditioners back on、つまり、再度エアコンのスイッチを入れることを指示していることから、エアコンは (A) の回収や、(B) の取り付け、(D) の交換をされるわけではなく、掃除の間だけ (C) のように電源が切られるのだと推察できます。

Questions 92–94 refer to the following advertisement.

HAPPENING SOON!

Over the next couple weeks, The Fletcher Kings will give four shows across California. This is New York City's biggest jazz band. And their latest album, *VOYAGE BLUE*, has been a big hit since it came out in August.

Shows

- Sacramento—October 27
- San Francisco—October 29
- Los Angeles—November 3
- San Diego—November 6

For the final show, saxophone player Judd Roberts will join the band on stage. To reserve a seat, go to boxofficeone.com.

● 語句 ●

□ **couple** 2つ3つ
□ **atest** 最新の
□ **be a big hit** 大人気を博す
□ **come out** 発売される
□ **reserve…** ～を予約する

設問

92. What happened in August?

(A) An event was postponed.
(B) A book was published.
(C) A concert was held.
(D) An album was released.

93. Where will the band NOT perform?

(A) In Sacramento
(B) In San Francisco
(C) In Santa Ana
(D) In Los Angeles

94. When will Mr. Roberts be on a stage?

(A) On October 27
(B) On October 29
(C) On November 3
(D) On November 6

設問の訳

8月に何がありましたか？

(A) イベントが延期された。
(B) 本が出版された。
(C) コンサートが開催された。
(D) アルバムがリリースされた。

バンドが公演しない場所はどこですか？

(A) サクラメント
(B) サンフランシスコ
(C) サンタアナ
(D) ロサンゼルス

ロバーツ氏がステージに参加するのはいつですか？

(A) 10月27日
(B) 10月29日
(C) 11月3日
(D) 11月6日

設問 92-94 は、次の広告に関するものです。

もうまもなく！

これから数週間にわたって、フレッチェー・キングスがカリフォルニアで 4 つの公演を行います。ニューヨークの最も大きなジャズバンドです。彼らの最新アルバムである「ボヤージュブルー」は、8 月の発売以来、絶大な人気を誇っています。
公演
サクラメント—10 月 27 日
サンフランシスコ—10 月 29 日
ロサンゼルス—11 月 3 日
サンディエゴ—11 月 6 日
最後の公演には、サックス奏者のジャッド・ロバーツがステージに参加予定です。座席の予約は boxofficeone.com. にアクセスしてください。

〈パターン 2〉

正解 & 解説

92. 正解 **(D)**　　　　　　　　　　難易度 ◢◣◢◣◢ 難

導入文を読むと広告で、英文に目を通すと The Fletcher King というジャズバンドの公演の広告だということがわかります。設問を読むと 8 月の出来事を尋ねていますから、英文の中から 8 月についての記述を探していきます。すると、it came out in August と書かれており、it は最新アルバムの「ボヤージュブルー」を指していることがわかるので、正解は (D)。release は他動詞で「〜を新発売する」。(A) の他動詞 postpone は「〜を延期する」、(C) の held は他動詞 hold（〜を開催する）の過去分詞です。

93. 正解 **(C)**　　　　　　　　　　難易度 ◢◣◢◣◢ 難

設問ではバンドが公演「しない」場所を尋ねていますので、広告に記載の公演「する」4 つの場所（サクラメント、サンフランシスコ、ロサンゼルス、サンディエゴ）が選択肢となっているものをまず除外します。すると (C) のサンタアナが残りますので、これが正解です。

94. 正解 **(D)**　　　　　　　　　　難易度 ◢◣◢◣◢ 難

設問ではロバーツ氏がステージ参加する時について尋ねていますので、広告からロバーツ氏の情報が記載されている箇所をすばやく探していきます。すると、最後から 2 番目の文にその情報があり、ロバーツ氏が参加するのは the final show の日であることがわかります。最終公演の場所はサンディエゴで、それは 11 月 6 日と記載がありますので、(D) が正解。

Questions 95–97 refer to the following Web page.

Jelly Berry Company

Jelly Berry Tours

Come see how we make candy! We offer tours Tuesday through Friday. Every day, we make a different type of jelly bean. For example, we make soda flavors on Mondays and then fruit, mint, and sour flavors on each day that follows. Tours are $20 per person. Guests receive free samples and a discount card for Jelly Berry stores.

Comments:

Sue (April 2)
The tour was great. I saw how they make pineapple jelly beans, my favorite

Brett (July 17)
I learned so much, and the guide gave us candy! Everyone should tour this factory.

● 語句 ●
□ **Come see = Come and see**
　 ～を見に来てください
□ **jelly bean** ゼリービーンズ（豆
　 の形にしたゼリーに鮮やかな色
　 の糖衣をかけたお菓子）
□ **flavor** 味
□ **follow** 後に続く
□ **per…** ～につき
□ **sample** 試供品
□ **favorite** お気に入りのもの

設問

95. What is indicated about the tour?

(A) It is held twice a week.

(B) It takes place in a factory.

(C) It was cancelled in July.

(D) It costs less for groups.

設問の訳

ツアーについて何が示されています
か？

(A) 週に２度開催されている。

(B) 工場内で行われている。

(C) ７月に中止された。

(D) グループ割引がある。

96. What is included in the tour price?

(A) A drink

(B) A poster

(C) A glass

(D) A card

ツアー料金に含まれているものは何で
すか？

(A) 飲み物

(B) ポスター

(C) コップ

(D) カード

97. When did Sue probably take the tour?

(A) On a Monday

(B) On a Tuesday

(C) On a Wednesday

(D) On a Thursday

スーはおそらくいつのツアーに参加し
ましたか？

(A) 月曜日

(B) 火曜日

(C) 水曜日

(D) 木曜日

問題文の訳

設問 95-97 は、次のウェブページに関するものです。

ゼリーベリー会社
ゼリーベリーツアー
キャンディーができる過程をぜひ見に来てください。火曜日から金曜日までツアーを実施しています。毎日、違う種類のゼリービーンを作っています。例えば、月曜日にはソーダ味を作り、そして<u>フルーツ</u>、ミント、サワー味というように日ごとに続きます。ツアーは一人 20 ドルです。来場者は、無料のサンプルと、ゼリーベリーストアで使える<u>割引券</u>を受け取ることができます。

コメント：

スー　（4月2日）
ツアーは素晴らしかったわ。私のお気に入りの<u>パイナップル味</u>がどのようにできるかを見ることができました。

ブレット　（7月17日）
たくさんのことを学べました。ガイドの人がキャンディーをくれました！ぜひこの工場のツアーに行くべきです。　　　　　　　　　　　　　　　◁パターン2

正解 & 解説

95. 正解 (B)　　　　　　　　　　　　　　　　　　難易度 ━━◢■ 難

設問の indicate は他動詞で「～を示す」という意味。英文中にツアーについて書かれていることを選択肢から選びます。火曜日から金曜日までツアーが開催されると記載されていることから (A) は違います。(B) の take place は「行われる」で、ツアーが行われる場所は、<u>ウェブページの下の Brett さんのコメント内に should tour this factory（この工場のツアーに行くべき）</u>と書いてあるので、これが正解です。(C) のキャンセルや (D) のグループ割引についての情報は掲載されていません。

96. 正解 (D)　　　　　　　　　　　　　　　　　　難易度 ━━◢■ 難

設問の include は他動詞で「～を含む」という意味ですから、ツアー料金に含まれているものを選択肢から探します。ツアー客が受け取るものについては、<u>Guests receive で始まる文に free samples and a discount card for Jelly Berry stores</u> と記載があるので、(D) が正解。

97. 正解 (B)　　　　　　　　　　　　　　　　　　難易度 ━━◢■ 難

設問ではスー（Sue）がツアーに参加した時期を尋ねているので、ウェブページのコメント欄のスーのところを読みます。すると、pineapple jelly beans を作るのを見学したというコメントが書いてあります。<u>ツアーの説明によるとフルーツ味のゼリービーンズを作るのはソーダ味を作る月曜日 (soda flavors on Mondays) の次の日、つまり火曜日で</u>あることがわかります。

Reading

PART 3

Questions 98–100 refer to the following online chat conversation.

Vanessa [11:34 A.M.]

Have you registered for Saturday's charity bicycle race? I'm not sure if there's a registration fee. The flyer I picked up doesn't say.

Angelo [11:35 A.M.]

You have to sign up online. It's free, but the organizers want everyone to donate at least ten dollars.

Vanessa [11:36 A.M.]

OK, I'll make sure to do that when we meet near the starting line. Today, I have to buy a helmet. The strap on mine broke.

Angelo [11:37 A.M.]

You'll also have to wear a tag on Saturday. Don't forget to ask for it before the event. Your name will be on it, and you'll put it on your shirt.

●語句●
- □ **register for**…
  ～に登録する
- □ **charity** 慈善のための
- □ **race** レース
- □ **registration** 登録
- □ **fee** 料金
- □ **flyer** チラシ
- □ **sign up** 参加を申し込む
- □ **organizer** 主催者
- □ **donate**… ～を寄付する
- □ **starting line**
  スタートライン
- □ **strap** 紐　□ **tag** 名札
- □ **ask for...** ～を求める

設問

98. What are the writers planning to do?

(A) Update a Web site

(B) Join a charity event

(C) Register for a course

(D) Watch a sporting event

99. What problem does Vanessa mention?

(A) She did not read a flyer.

(B) She forgot to make a donation.

(C) She cannot wear a helmet.

(D) She did not read a sign.

100. What should Vanessa remember to do?

(A) Ask for a tag

(B) Spell her name

(C) Wait in a line

(D) Wear a red shirt

設問の訳

書き手たちは何を計画していますか？

(A) ウェブサイトのアップデート

(B) 慈善イベントに参加する

(C) 授業への登録

(D) スポーツイベントの観戦

ヴァネッサはどの問題に言及していますか？

(A) チラシを読んでいなかった。

(B) 寄付をするのを忘れた。

(C) ヘルメットを着用できない。

(D) 標識を読んでいなかった。

ヴァネッサは忘れずに何をしなくてはいけませんか？

(A) タグを申請する

(B) 彼女の名前を綴る

(C) 列で待つ

(D) 赤いシャツを着用する

L PART 1
L PART 2
L PART 3
L PART 4
R PART 1
R PART 2
R PART 3

問題文の訳

設問 98-100 は、次のオンラインチャットでの会話に関するものです。

ヴァネッサ　　　[午前 11 時 34 分]

土曜日のチャリティー自転車レースに登録した？ 登録料がかかるかどうか分からないの。今日手に入れたチラシには書いてないの。

アンジェロ　　　[午前 11 時 35 分]

オンラインで登録するんだよ。無料だけど、主催者は全員が最低でも 10 ドル寄付してほしいと思っているんだ。

ヴァネッサ　　　[午前 11 時 36 分]

分かった、スタート地点の近くで会ったときに必ずするわ。今日はヘルメットを買わなくてはいけないいの。今のヘルメットの紐が壊れてしまったから。

アンジェロ：　　[午前 11 時 37 分]

土曜日には、名札も着けなくてはいけないよ。イベントの前にそれを申請するのを忘れないでね。君の名前が書いてあって、シャツに留めるんだ。　　◁ パターン1

正解 & 解説

98. 正解 **(B)**　　　　　　　　　　　　　　　　　　　　　難易度 ◢◢◢◢ 難

導入文を読むとオンライン・チャットで、ヴァネッサとアンジェロがやり取りをしていると理解できます。チャットの話題は Saturday's charity bicycle race （土曜日のチャリティー自転車レース）で、アンジェロが無料だけど、参加者には最低 10 ドルの寄付が求められると言っているのに対し、ヴァネッサは OK と述べて、寄付の意思を伝えていることから、2 人はこのイベントに参加することがわかります。よって (B) が正解。(A) の update は他動詞で「〜を更新する」。

99. 正解 **(C)**　　　　　　　　　　　　　　　　　　　　　難易度 ◢◢◢◢ 難

ヴァネッサの 2 つめの投稿の後半に I have to buy a helmet. とヘルメットの購入について言及があり、その理由について、The strap on mine broke. つまり、ヘルメットの紐が壊れたことを伝えています。そのままではヘルメットは着用できませんので、(C) が正解。(A) については、チラシは読んだものの、登録料の情報が見つからないと述べています。(B) は寄付はすると述べているので不適。(D) の sign は本文では sign up という表現で使われており、見た目が同じ単語が入ったひっかけ選択肢です。

100. 正解 **(A)**　　　　　　　　　　　　　　　　　　　　　難易度 ◢◢◢◢ 難

設問の remember to … は「忘れずに〜する」という言い方で、アンジェロの最後の投稿の Don't forget to … を言い換えた表現になっています。ask for it の it は直前の a tag を指しているので、(A) が正解です。(B) の spell は他動詞で「〜を綴る」、(C) in a line は「列を作って」。

第1回テスト

最低 3 回は受験をしてください。
そして、間違った問題を以下のチェックリストに記入していきましょう。
くり返し間違っている問題があれば、それはあなたの苦手問題です。

[チェックリスト]

No.	正解	チェック		No.	正解	チェック		No.	正解	チェック		No.	正解	チェック
1	B	☐☐☐		26	C	☐☐☐		51	C	☐☐☐		76	D	☐☐☐
2	C	☐☐☐		27	D	☐☐☐		52	A	☐☐☐		77	C	☐☐☐
3	D	☐☐☐		28	B	☐☐☐		53	B	☐☐☐		78	A	☐☐☐
4	B	☐☐☐		29	A	☐☐☐		54	C	☐☐☐		79	C	☐☐☐
5	C	☐☐☐		30	C	☐☐☐		55	D	☐☐☐		80	B	☐☐☐
6	A	☐☐☐		31	D	☐☐☐		56	A	☐☐☐		81	B	☐☐☐
7	B	☐☐☐		32	C	☐☐☐		57	A	☐☐☐		82	C	☐☐☐
8	C	☐☐☐		33	B	☐☐☐		58	B	☐☐☐		83	C	☐☐☐
9	B	☐☐☐		34	D	☐☐☐		59	C	☐☐☐		84	A	☐☐☐
10	D	☐☐☐		35	A	☐☐☐		60	C	☐☐☐		85	D	☐☐☐
11	A	☐☐☐		36	C	☐☐☐		61	A	☐☐☐		86	B	☐☐☐
12	D	☐☐☐		37	B	☐☐☐		62	D	☐☐☐		87	B	☐☐☐
13	C	☐☐☐		38	C	☐☐☐		63	C	☐☐☐		88	D	☐☐☐
14	A	☐☐☐		39	A	☐☐☐		64	D	☐☐☐		89	A	☐☐☐
15	B	☐☐☐		40	D	☐☐☐		65	D	☐☐☐		90	C	☐☐☐
16	D	☐☐☐		41	B	☐☐☐		66	B	☐☐☐		91	B	☐☐☐
17	B	☐☐☐		42	A	☐☐☐		67	D	☐☐☐		92	C	☐☐☐
18	C	☐☐☐		43	D	☐☐☐		68	C	☐☐☐		93	B	☐☐☐
19	B	☐☐☐		44	B	☐☐☐		69	D	☐☐☐		94	D	☐☐☐
20	C	☐☐☐		45	D	☐☐☐		70	A	☐☐☐		95	C	☐☐☐
21	A	☐☐☐		46	C	☐☐☐		71	B	☐☐☐		96	A	☐☐☐
22	D	☐☐☐		47	C	☐☐☐		72	A	☐☐☐		97	D	☐☐☐
23	A	☐☐☐		48	A	☐☐☐		73	D	☐☐☐		98	A	☐☐☐
24	C	☐☐☐		49	A	☐☐☐		74	C	☐☐☐		99	C	☐☐☐
25	D	☐☐☐		50	C	☐☐☐		75	B	☐☐☐		100	B	☐☐☐

正解一覧

全100問の正解一覧です。答え合わせにご利用ください。

LISTENING TEST

	LISTENING TEST									
	Part1		**Part2**				**Part3**		**Part4**	
No.	ANSWER A B C D	No.	ANSWER A B C D	No.	ANSWER A B C D	No.	ANSWER A B C D	No.	ANSWER A B C D	
1	Ⓐ B C D	11	Ⓐ B C D	21	Ⓐ B C D	31	A B C Ⓓ	41	Ⓐ B C D	
2	A B Ⓒ D	12	A B C Ⓓ	22	A B Ⓒ D	32	A B Ⓒ D	42	Ⓐ B C D	
3	A B C Ⓓ	13	A B Ⓒ D	23	Ⓐ B C D	33	A Ⓑ C D	43	A B C Ⓓ	
4	A Ⓑ C D	14	Ⓐ B C D	24	A B Ⓒ D	34	A B C Ⓓ	44	A Ⓑ C D	
5	A B Ⓒ D	15	A B Ⓒ D	25	A B C Ⓓ	35	Ⓐ B C D	45	A B C Ⓓ	
6	Ⓐ B C D	16	A B C Ⓓ	26	A B Ⓒ D	36	A B Ⓒ D	46	A B Ⓒ D	
7	Ⓐ B C D	17	A Ⓑ C D	27	A B C Ⓓ	37	A Ⓑ C D	47	A B Ⓒ D	
8	A B Ⓒ D	18	A B Ⓒ D	28	Ⓐ B C D	38	A Ⓑ C D	48	Ⓐ B C D	
9	Ⓐ B C D	19	A Ⓑ C D	29	Ⓐ B C D	39	A B Ⓒ D	49	A B C Ⓓ	
10	A B C Ⓓ	20	A B Ⓒ D	30	A B Ⓒ D	40	A B C Ⓓ	50	A B Ⓒ D	

READING TEST

READING TEST									
Part1		Part1		Part2		Part3		Part3	
No.	ANSWER A B C D	No.	ANSWER A B C D	No.	ANSWER A B C D	No.	ANSWER A B C D	No.	ANSWER A B C D
51	C	61	A	71	A	81	A	91	B
52	A	62	D	72	A	82	C	92	C
53	A	63	C	73	D	83	C	93	B
54	C	64	D	74	C	84	A	94	D
55	C	65	D	75	B	85	D	95	C
56	A	66	B	76	C	86	B	96	A
57	A	67	C	77	C	87	B	97	D
58	B	68	C	78	A	88	D	98	A
59	C	69	D	79	C	89	A	99	C
60	C	70	A	80	B	90	C	100	B

▶ T1_P1_Q1 ▶ T1_P1_Q3

問題文　　　　　　　　　　　問題文の訳

1. 🇨🇦 M　A man reading a book.　　1冊の本を読んでいる1人の男性。

(A)　　　　　　　(B)　　　　　　　(C)　　　　　　　(D)

2. 🇺🇸 W　Flowers in a vase.　　1つの花瓶の中の（複数の）花。

(A)　　　　　　　(B)　　　　　　　(C)　　　　　　　(D)

3. 🇦🇺 M　They're standing around a table.　　彼らはテーブルの周りに立っています。

(A)　　　　　　　(B)　　　　　　　(C)　　　　　　　(D)

正解 & 解説

1. 正解 **(B)**

難易度 ＿＿■■ 難

A man がどんな男性なのかを、現在分詞を使った形容詞句 reading a book で後ろから修飾しています。1冊の本を読んでいる1人の男性が描かれた (B) が正解です。(A) は1人の男性がいて本は棚にありますが、読んではいません。(C) は1人の男性が描かれていますが、食べている (eating) ところです。reading を eating「食べている」と聞き間違えないようにしましょう。(D) は1人の男性と複数の本は描かれていますが、運んでいる (carrying) だけで読んではいません。

人

2. 正解 **(C)**

難易度 ＿＿■■ 難

flowers (いくつかの花) を in a vase (花瓶) という場所を表す前置詞句が後ろから修飾していて、Flowers in a vase. で名詞のかたまりとなっています。1つの花瓶の中に花がある様子が描かれた (C) が正解です。vase の発音はアメリカ・カナダでは "ヴェイス" で、イギリス・オーストラリアでは "ヴァース" になります。(A) は花瓶と花がなく、バスケットのなかに果物 (fruit) が描かれています。(B) は複数の花はありますが、花瓶ではなく花壇 (flower bed) の中です。(D) 花瓶はテーブルの上 (on a table) にありますが、1つではなく複数です。花もありません。

物

3. 正解 **(D)**

難易度 ＿＿■■ 難

主語は複数を表す They で、動作は are standing「立っている」、位置関係を表す前置詞は around「〜の周りに」です。テーブルの周りに複数の人物がいる (D) が正解です。(A) は複数の人物ですが、座っていて (sitting) 立っていません。(B) は1人の男性がテーブルのそば(by a table)に立っていますが、複数の人ではありません。(C) は複数の人物ですが、テーブルの周りではなくバス停 (bus stop) で立っているので不適切です。

人

L PART 1

L PART 2

L PART 3

L PART 4

R PART 1

R PART 2

R PART 3

問題文　　　　　　　　　　　　　　　　問題文の訳

4. 🇬🇧 **W**　He's pointing at a house.　　　彼は 1 つの家を指さしています。

(A) 　(B) 　(C) 　(D)

5. 🇨🇦 **M**　Cars parked in front of a store.　　1 件の店の前に駐車してある(複数の)車。

(A) 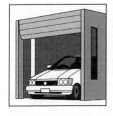　(B) 　(C) 　(D)

6. 🇺🇸 **W**　A woman is carrying a bag on her shoulder.　　女性はカバンを肩にかけて運んでいます。

(A) 　(B) 　(C) 　(D)

正解 & 解説

4. 正解 **(B)**

難易度 ▬▬ 難

<u>point at</u> 〜で「〜を指さす」。1 人の男性が 1 つの家を指さしている (B) が正解です。(A) は 1 人の男性が壁にペンキを塗っている (painting) ところ、(C) は 1 人の男性がドアを開けている (opening a door) ところ、(D) は 1 人の男性が家を掃除している (cleaning a house) ところです。いずれも不適切です。

人

5. 正解 **(C)**

難易度 ▬▬ 難

<u>cars</u>「(複数の) 車」を動詞の <u>park</u>「〜を駐車する」の過去分詞で修飾しています。<u>in front of</u> は「〜前で」。店の前で複数の車が停車している様子が描かれた (C) が正解です。(A) は複数ではなく 1 台の車が描かれていて、店の前ではなく車庫 (garage) に入っています。(B) は車が描かれていますが、道路で走っています (running)。(D) は複数の車が描かれていますが、家の前ではなく駐車場 (a parking lot) に停まっています。

物

6. 正解 **(A)**

難易度 ▬▬ 難

<u>carry a bag</u> は「カバンを運ぶ」、<u>on her shoulder</u> は「肩の上に」。肩にカバンを提げて運んでいる 1 人の女性が描かれた (A) が正解です。(B) は箱を手に持っている (holding a box) ところ、(C) はスカーフを首に巻いている (wearing a scarf) 1 人の女性、(D) は壁にカバンを掛けている (hanging a bag on the wall) ところです。いずれもカバンを運んではいないので不適切です。

人

L PART 1
L PART 2
L PART 3
L PART 4
R PART 1
R PART 2
R PART 3

Listening
PART 2

問題文	問題文の訳

7. M What color is your car?

あなたの車は何色ですか？

W (A) Yes, it is.
(B) Silver and blue.
(C) In the parking lot.
(D) Well, I can drive.

(A) はい、そうです。
(B) 銀色と青色です。
(C) 駐車場にあります。
(D) ええ、運転できます。

8. W When is your homework due?

宿題の締切はいつですか？

M (A) Two or three pages.
(B) Mr. Reilly's classroom.
(C) The day after tomorrow.
(D) Yes, the payment is due.

(A) 2、3ページです。
(B) レイリー先生の教室です。
(C) 明後日です。
(D) はい、支払いの期限です。

9. M Where did you buy those bookshelves?

この本棚をどこで買ったのですか？

W (A) A few months ago.
(B) At a furniture store.
(C) All right, I'll move them.
(D) For office supplies.

(A) 数か月前です。
(B) 家具屋です。
(C) 分かりました、動かします。
(D) 会社の備品のために。

10. W Does this bus go to the airport?

このバスは空港へ行きますか？

M (A) No, an afternoon flight.
(B) Traffic is terrible.
(C) I left it on the train.
(D) Yes, it does.

(A) いいえ、午後のフライトです。
(B) ひどい渋滞です。
(C) 電車に忘れてきました。
(D) はい、行きます。

11. M Why is the library closed today?

なぜ図書館は今日閉まっているのですか？

W **(A) For some renovations.**
(B) At 11 o'clock.
(C) Probably in February.
(D) Next to the bank.

(A) 改装のためです。
(B) 11時です。
(C) おそらく2月です。
(D) 銀行の隣です。

正解 ＆ 解説

7. 正解 **(B)**　　WH疑問文　what　　　　　　難易度 ▰▰▱ 難

what を使った WH 疑問文で、what color で「何色」かを尋ねています。(B) は色を答えているので、これが適切です。(A) は WH 疑問文に Yes、No で答えているので不自然です。(C) は場所についての返答です。(D) は問いかけの car に関連した drive を使っていますが、運転ができるかどうかは尋ねていません。

8. 正解 **(C)**　　WH疑問文　when　　　　　　難易度 ▰▰▱ 難

when で始める WH 疑問文で、宿題の due (締切) の「時期」を尋ねています。時間に関する返答は (C) だけで、これが適切です。(A) はページ数を答えている返答で、会話が成り立ちません。(B) は質問に出てくる homework に関連した classroom を使っていますが、「時期」を答えていません。(D) は WH 疑問文に Yes、No で答えていて不自然です。

9. 正解 **(B)**　　WH疑問文　where　　　　　　難易度 ▰▰▱ 難

where で始まる WH 疑問文で、本棚を買った「場所」を尋ねています。(B) は At を使って場所を答えているため、これが適切です。(A) は時期を答えている返答です。(C) は Where に対して All right と答えているため不自然です。(D) は For が「～のために」と目的を述べている返答で不適切です。

10. 正解 **(D)**　　Yes/No疑問文　　　　　　難易度 ▰▰▱ 難

バスが空港に行くのかを尋ねる Yes/No 疑問文です。(D) は「Yes ＝行く」という自然なつながりです。(A) は No と答えているものの、その後で乗るフライトについて答えているので、質問と噛み合いません。(B) は質問の bus と関連する traffic を使っていますが、質問は交通状況を尋ねているわけではありません。(C) は現在形の質問に対して left という過去形で答えており、時制がずれています。

11. 正解 **(A)**　　WH疑問文　why　　　　　　難易度 ▰▰▱ 難

why で始まる WH 疑問文で、図書館が閉まっている「理由」を尋ねています。(A) は For(～のために) を使って、理由を答えており、これが適切です。(B) は At で時刻を答えている応答で不適切です。(C) は in で時期を答える応答で不適切です。(D) は Next to ～(～の隣)で場所を答えており、不適切です。

🔵 T1_P2_Q12 ▶ T1_P2_Q16

| 問題文 | 問題文の訳 |

12. 🇺🇸 **W** Could you take this to the post office?

これを郵便局に持って行ってもらえますか？

🇦🇺 **M** (A) I couldn't find them.
(B) It took a while.
(C) Around your office.
(D) Sure, I'll go this morning.

(A) 見つかりませんでした。
(B) 少し時間がかかりました。
(C) あなたのオフィスの近くです。
(D) 分かりました、午前中に行きましょう。

. . . .

13. 🇨🇦 **M** Is the report in the top or bottom drawer?

報告書は引き出しの一番上ですか？ 一番下ですか？

🇬🇧 **W** (A) The door is open.
(B) Both are fine with me.
(C) Actually, it's on that shelf.
(D) The first topic.

(A) ドアが開いています。
(B) どちらでも私は大丈夫です。
(C) 実は、棚の上なのです。
(D) 最初の議題です。

. . . .

14. 🇬🇧 **W** Who is in the conference room?

会議室にいるのは誰ですか？

🇦🇺 **M** **(A) Ms. Dixon is.**
(B) It's down the hall.
(C) Yes, that's right.
(D) Stacking chairs.

(A) ディクソンさんです。
(B) 廊下の先です。
(C) はい、その通りです。
(D) 山積みの椅子です。

. . . .

15. 🇦🇺 **M** You've been to Sydney before, haven't you?

前にシドニーに行っていましたよね？

🇺🇸 **W** (A) I'd like that very much.
(B) No, not yet.
(C) At the beginning.
(D) It arrived there yesterday.

(A) よろこんで。
(B) いいえ、まだ行っていません。
(C) 初めにです。
(D) 昨日そこに届きました。

. . . .

16. 🇺🇸 **W** When will we leave for the theater?

劇場にはいつ出発しますか？

🇨🇦 **M** (A) It's a lovely place.
(B) I left them on your desk.
(C) By bus is the easiest way.
(D) How about right now?

(A) とても素敵な場所です。
(B) あなたの机の上に置いておきました。
(C) バスで行くのがもっとも楽です。
(D) 今すぐはどうですか？

正解 & 解説

12. 正解 **(D)**　　　**Yes/No疑問文**　　　難易度 ◢◣◤ 難

この Could you ～？は「できた・できなかった」を尋ねているのではなく、「～していた<u>だけませんか</u>」と依頼する表現です。(D) は依頼に対して Sure (分かりました) と答えて、その後で行くタイミングについて答えています。自然な流れなので、これが適切です。(A) は質問と同じ could を使っていますが、them が何を指すのかがわかりません。(B) は質問の take の過去形である took を使っていますが、所要時間を答えており、不適切です。(C) は Around (～の周りに) を使って場所を答えており、不適切です。

13. 正解 **(C)**　　　**選択疑問文**　　　難易度 ◢◣◤ 難

報告書の入っている「場所」を尋ねる選択疑問文です。(C) は Actually(実は)と話し出して、別の場所を答えており、これが適切です。(A) は質問の drawer に発音が似ている door を使ったひっかけです。(B) は Both (どちらでも) を使って質問に答えているようですが、「大丈夫です」では会話が成り立ちません。(D) は質問の report に書かれていそうですが、応答として不適切です。

14. 正解 **(A)**　　　**WH疑問文　who**　　　難易度 ◢◣◤ 難

who を使った WH 疑問文なので、「誰」という質問に対するもっとも自然な応答を選びます。(A) は Ms. Dixon is in the conference room. が省略された応答で、これが自然です。(B) は場所を答えている応答で不適切です。(C) は WH 疑問文に Yes、No で答えるのは不自然です。(D) は会議室にありそうな物を答えていますが、who の問いかけに対しては不自然です。

15. 正解 **(B)**　　　**付加疑問文**　　　難易度 ◢◣◤ 難

付加疑問文で、「前にシドニーに行っていたか」を尋ねています。(B) は <u>No (＝行ったことがない)</u> と答えた後で <u>not yet (まだ行ったことがない)</u> と付け加えており、適切な応答です。(A) は提案を受け入れる場合の応答なので、ここでは不適切です。(C) は時期を答えている応答で不適切です。(D) は It が何を指すのかがわからず、不適切です。

16. 正解 **(D)**　　　**WH疑問文　when**　　　難易度 ◢◣◤ 難

when で始まる WH 疑問文で、劇場に出発する「時間」を尋ねています。(D) は How about ～？(～はどうですか) を使って、「今すぐ出発する」ことを提案しており、適切です。(A) は劇場のよさを伝えていますが、話が噛み合わないため不適切です。(B) は them が何を指すのかがわからずに不適切です。(C) は By を使って交通手段を示している応答なので不適切です。

問題文	問題文の訳

17. M There are some tours today, aren't there?

今日はいくつかツアーがありますよね？

W (A) About five kilometers.
(B) The last one starts soon.
(C) Check the storage room.
(D) Two more stops.

(A) 約5キロメートルです。
(B) 最終回がまもなく始まります。
(C) 倉庫を確認してください。
(D) あと2駅です。

---

18. W The café is out of sandwiches.

そのカフェはサンドイッチが売り切れです。

M (A) Anytime next week.
(B) Print out a few.
(C) Shall we go somewhere else?
(D) Which do you recommend?

(A) 来週ならいつでもいいです。
(B) 少し印刷してください。
(C) 他の場所へ行きましょうか？
(D) どれがおすすめですか？

---

19. M Would you like me to wash those dishes?

これらの皿を洗いましょうか？

W (A) No, they didn't.
(B) Oh, I'll wash them.
(C) Some larger plates.
(D) It usually does.

(A) いいえ、彼らはしませんでした。
(B) え、わたしが洗います。
(C) もっと大きな皿だよ。
(D) 普段はそうだね。

---

20. W How was the flower show this year?

今年の花の展覧会はどうでしたか？

M (A) At the stadium.
(B) Yes, we're all OK.
(C) It was crowded.
(D) I have a big garden.

(A) スタジアムでありました。
(B) はい、すべて大丈夫です。
(C) 混雑していました。
(D) 私は大きな庭園を所有しています。

---

21. M Who's phone is this, Michael's or Jenny's?

この携帯電話は誰の？ マイケル？ それともジェニー？

W **(A) It's Jenny's.**
(B) They're not done.
(C) My new number.
(D) Those are as well.

(A) ジェニーのものだよ。
(B) 彼らはまだ終ってないよ。
(C) 私の新しい電話番号です。
(D) それらも同様にね。

正解 & 解説

17. 正解 (B) 　付加疑問文　　　　難易度 ▰▰▱ 難

付加疑問文で「今日のツアーの有無」を確認しています。(B) は one で tour を言い換えて、最終回がまもなく始まると答えており、自然な流れで適切です。(A) は距離を答えており、返答としては不適切です。(C) は質問の tours に発音が似た storage を使ったひっかけです。(D) は停車駅の数を述べていますが、数については聞かれていないので不適切です。

18. 正解 (C) 　平叙文　　　　難易度 ▰▰▰ 難

問いかけ文は be out of ～（～がない）という表現で、「カフェはサンドイッチが売り切れ」という事実を告げる平叙文です。(C) は「売り切れ」という事実に対して、別の場所に行くことを提案しており、これが適切です。(A) は時期について答えている応答で不適切です。(B) は問いかけ文と同じ out を使っていますが、応答として不適切です。a few は「2,3 の」という少ない数を表します。(D) はサンドイッチのおすすめを聞いていますが、売り切れなので、話は噛み合いません。

19. 正解 (B) 　Yes/No疑問文　　　　難易度 ▰▰▰ 難

問いかけ文は「皿を洗う」ことを申し出ています。Would you like me to *do*? は「私に…して欲しいですか」が直訳ですが、「…しましょうか」と提案を申し出る時によく使われる表現です。(B) は「自分がやります」と提案を断っており、自然な流れで適切です。(A) は No（＝洗って欲しくない）と答えていますが、they が何を指すのかわからず不適切です。(C) は問いかけ文の dishes を plates で言い換えていますが、皿の大きさについては話していないため不適切です。(D) は It が何を指すのかがわからないため不適切です。

20. 正解 (C) 　WH疑問文　how　　　　難易度 ▰▰▱ 難

how で始める WH 疑問文で、展覧会の「様子」を訪ねています。(C) は It が展覧会を指して、混んでいた状況を伝えており、これが適切です。(A) は At を使って場所を答えている応答で不適切です。(B) は WH 疑問文に Yes、No で答えるのは不自然です。(D) は問いかけ文の flower に関連する garden を使っていますが、話が噛み合っていないため不適切です。

21. 正解 (A) 　選択疑問文　　　　難易度 ▰▰▱ 難

疑問詞を含んだ選択疑問文で携帯電話の所有者を A or B の二者択一で問いかけています。(A) は「ジェニーのものだ」と、B と答えているため、適切です。(B) は They が何を指すのかがわからずに不適切です。(C) は問いかけ文の phone に関連する number が使われていますが、応答としては不適切です。(D) は as well（同様に）が問いかけに対して不自然です。

問題文	問題文の訳

22. 🇺🇸 W Wasn't the package already delivered?

🇦🇺 M (A) Just some gifts.
(B) Another stamp.
(C) I always pack light.
(D) I heard it was.

小包はもう配達されましたか？

(A) ちょっとした贈り物です。
(B) もう一枚の切手です。
(C) 私はいつも荷物が少ないです。
(D) そう聞きました。

---

23. 🇨🇦 M I'm leaving for work in a minute.

🇬🇧 W **(A) OK, see you this evening.**
(B) Yes, please help yourself.
(C) Some paperwork.
(D) I enjoy walking, too.

あと数分で仕事に出かけます。

(A) 分かりました、また夜に。
(B) ええ、ご自由にどうぞ。
(C) 事務仕事です。
(D) 私も散歩を楽しんでいます。

---

24. 🇬🇧 W Which restaurant did you make the reservation at?

🇨🇦 M (A) A table by the window.
(B) Let's call our waiter.
(C) The one on Main Street.
(D) Half an hour away.

どのレストランを予約したのですか？

(A) 窓際のテーブルです。
(B) ウェイターを呼びましょう。
(C) メイン通りにあるレストランです。
(D) 30分ぐらいかかります。

---

25. 🇨🇦 M Why don't we throw away those old phone books?

🇬🇧 W (A) He hasn't called.
(B) Some books are on display.
(C) No, the new machines.
(D) I'll do that this week.

この古い電話帳を捨てませんか？

(A) 彼は電話をしていません。
(B) 数冊の本が展示されています。
(C) いいえ、新しい機械です。
(D) 今週やります。

---

26. 🇺🇸 W Whose turn is it to buy coffee?

🇦🇺 M (A) The brown container.
(B) Please turn left.
(C) It's mine.
(D) Usually by bike.

コーヒーを買いに行くのは誰の番ですか？

(A) 茶色の容器です。
(B) 左に曲がってください。
(C) 私です。
(D) 普段は自転車です。

22. 正解 **(D)** 　Yes/No疑問文　　　　　　　　　難易度 ◢◣◣ 難

「小包が配達されたか」どうかを尋ねる Yes/No 疑問文。否定疑問文になっています。(D) は I heard it was already delivered. が省略された形で、配達された様子を示しており、適切です。(A) は小包の中身を答えており、不適切です。(B) は問いかけ文の deliver に関連した stamp（切手）が使われていますが、問いかけに対する応答としては不適切です。(C) は問いかけ文の package と発音が似た pack が使われていますが、問いかけ文が過去形に対して、現在形で応答しており、時制がずれているため不適切です。

23. 正解 **(A)** 　平叙文　　　　　　　　　　　　難易度 ◢◣◣ 難

問いかけ文は「仕事に出ます」と述べています。(A) は「分かりました」と反応して、「今晩会おう」と付け加えており、適切な会話となっています。(B) は Yes という応答が不自然です。help yourself（ご自身でご自由にどうぞ）は、人に食べ物などをすすめる時に使います。(C) は問いかけ文の work と発音が同じ paperwork を使っていますが、出かけることに対しては不適切な応答です。(D) は問いかけ文の work と発音が似ている walk を使ったひっかけです。

24. 正解 **(C)** 　WH疑問文 which　　　　　　　　難易度 ◢◣◣ 難

which で始まる WH 疑問文で、予約したのは「どのレストラン」かを尋ねています。(C) は The one で the restaurant を示しながら、具体的な場所も示しており、これが適切です。(A) は問いかけ文の restaurant に関連する table を使っていますが、座席の場所を答えるのは不適切です。(B) も問いかけ文の restaurant に関連する内容ですが、ウェイターを呼ぼうと提案するのは不適切です。(D)は時間を示している応答なので不適切です。

25. 正解 **(D)** 　WH疑問文 why　　　　　　　　　難易度 ◢◣◣ 難

why で始める WH 疑問文ですが、この Why don't we ～? は「～しませんか」と提案する表現です。(D) は提案に対して「今週やります」と答えており、自然なので適切です。(A) は He が誰を指しているのかがわかりません。また、問いかけ文の phone に関連した call を使っていますが、会話が噛み合いません。(B) は問いかけ文の books と同じ単語を使っていますが、会話が成り立ちません。(C) は WH 疑問文に Yes、No で答えるのは不自然です。

26. 正解 **(C)** 　WH疑問文 whose　　　　　　　　難易度 ◢◣◣ 難

whose で始まる WH 疑問文で、「コーヒーを買いに行くのは誰の番か」を尋ねています。(C) は mine で my turn を示して「私の番です」と答えており、これが適切です。(A) はコーヒーの容器を答えていますが、買いに行く人を答えていないので不適切です。(B) は問いかけ文の turn と発音が同じ turn を使っていますが、道順を答えているので不適切です。(D) は問いかけ文の buy と発音が同じ by を使っていますが、交通手段を答えているので不適切です。

Questions 27 and 28 refer to the following conversation.

W Dennis, what time does the movie start?

M At seven o'clock in theater four. Are you hungry?

W Yes, let's go get some snacks.

設問

設問の訳

27. When will the movie start?

(A) At four o'clock.
(B) At five o'clock.
(C) At six o'clock.
(D) At seven o'clock.

映画はいつ始まりますか？

(A) 4 時。
(B) 5 時。
(C) 6 時。
(D) 7 時。

28. What will the speakers do next?

(A) Walk to a theater.
(B) Buy some food.
(C) Reserve a seat.
(D) Call some friends.

話し手は次に何をしますか？

(A) 映画館まで歩く。
(B) 食べ物を買う。
(C) 席を予約する。
(D) 友達に電話する。

問題文の訳

設問 27 と 28 は、次の会話に関するものです。

日常会話

女性：デニス、映画は何時に始まるの？
男性：7時から4番スクリーンだよ。お腹が空いている？
女性：ええ、軽食を買いに行きましょう。

L PART 1
L PART 2
L PART 3
L PART 4
R PART 1
R PART 2
R PART 3

正解 & 解説

27. 正解 **(D)**

難易度 ▬▬◢ 難

映画が始まる「時」が問われています。女性は最初に Dennis と人の名前を呼び掛けることで注意を引いてから、質問します。続いて、what time「何時に」という疑問詞を使い、映画が始まる時刻を聞いています。この質問に対する男性の答えと同じ内容の選択肢、(D) At seven o'clock が正解です。seven の後ろの n と o'clock の最初の o がつながって no の音になり、"セヴァンノクロク"のように聞こえます。(A) の four はいくつかスクリーンがある劇場内での、スクリーンの番号です。混乱しないようにしましょう。

28. 正解 **(B)**

難易度 ▬▬◢ 難

話し手たちの「次の行動」が問われています。snack は英語では、軽い食事全般を指し、お菓子以外にもサンドイッチやヨーグルトなども含まれます。get「手に入れる」を buy「買う」に、snacks「軽食」を food「食べ物」に言い換えた (B) が正解です。go と get で2つ動詞が続いているのは、口語表現での go の特別な使い方です。正しい文法は、go and get「行って手に入れる」や go to get「手に入れるために行く」と、go と get の間に2つの動詞をつなぐ言葉が入るのですが、普段の会話では、and や to を省略した形で使われます。go see a movie「映画を見に行く」、go talk to a friend「友達と話しに行く」のような表現もあります。(C) reserve「予約する」は、動詞 book で言い換えることができます。

Questions 29 and 30 refer to the following conversation.

M We should go for a walk now, Mandy. The sun is shining.

W All right. Why don't we go to the park on Acorn Street?

M OK. After that, we can have lunch someplace near there.

設問 | 設問の訳

29. What is the weather like?

(A) Sunny.
(B) Windy.
(C) Rainy.
(D) Snowy.

どんな天気ですか？

(A) 晴れ。
(B) 強風。
(C) 雨。
(D) 雪。

30. Where will the speakers go next?

(A) To an arena.
(B) To a store.
(C) To a park.
(D) To a café.

話し手たちは次にどこへ行きますか？

(A) 競技場。
(B) 店。
(C) 公園。
(D) カフェ。

問題文の訳

設問 29 と 30 は、次の会話に関するものです。

日常会話

男性：散歩に行こうよ、マンディー。太陽が輝いているよ。
女性：そうね。エイコーン通りの公園に行きましょうよ。
男性：分かった。その後、そこの近くのどこかでランチにしよう。

正解 & 解説

29. 正解 **(A)**

難易度 ▰▰▰ 難

会話場面での「天気」が問われています。男性は should という助動詞で、歩くために外に出ることを提案しています。ここでの walk は動詞「歩く」ではなく名詞「散歩」として使われています。続く、The sun is shining.(太陽が輝いている) というのが、相手を散歩に誘っている理由です。音は shining の後ろの g が消え、"シャイニン" とだけ聞こえます。太陽が輝いている様子を表す (A) が正解です。他の選択肢は天気が荒れている様子を表します。曇りの場合は cloudy です。天気がよい日であることを表す Beautiful day.「美しい日だね」という一言は、挨拶代わりにも使われます。

30. 正解 **(C)**

難易度 ▰▰▰ 難

話し手たちが次に向かう「場所」が問われています。男性からの散歩の誘いに、女性は All right. と答えています。続いて Why don't we ～?「～しませんか。」という誘いの決まり文句を使って、park に行くことを提案しています。ここから (C) が正解です。会話文で lunch というトピックが出てきましたので、関連する (B) や (D) も気になりますが、昼食を食べるのは (C) 公園に行った後になります。「昼食を取る」は have lunch の他、eat lunch と言うことも可能です。

▶ T1_P3_31-32 ▶ T1_P3_Q31-32

問題文

Questions 31 and 32 refer to the following conversation.

W　Hi, I'd like to purchase this coat for a friend. Does it come in a smaller size?

M　Yes, this one is small. Can I gift wrap it for you?

W　Oh, that would be great since it's for her birthday.

設問　　　　　　　　　　　設問の訳

31. What does the woman want to buy?

(A) A cake.
(B) A sweater.
(C) A purse.
(D) A coat.

女性は何を購入したいのですか？

(A) ケーキ。
(B) セーター。
(C) 財布。
(D) コート。

32. What does the man offer to do?

(A) Check a price.
(B) Call a manager.
(C) Wrap a present.
(D) Make a delivery.

男性は何を提案していますか？

(A) 値段を確認する。
(B) 支配人に電話する。
(C) プレゼントを包む。
(D) 配達をする。

問題文の訳

設問 31 と 32 は、次の会話に関するものです。

女性：こんにちは、このコートを友達に購入したいのですが。小さいサイズはありますか？
男性：はい、こちらが小さいサイズです。ギフト包装をいたしましょうか？
女性：あら、誕生日用なのでとてもよいですね。

店員など
との会話

L PART 1
L PART 2
L PART 3
L PART 4
R PART 1
R PART 2
R PART 3

正解 & 解説

31. 正解 (D)

難易度 ━━ 難

女性が買いたいものは「何か」が問われています。女性は、最初に Hi と簡単に挨拶をし、続いて I'd like to ～「～がしたいのだけれど」と控えめに要望を切り出しています。ここから、この会話は、買い物に来た客が店員に希望を伝える場面であることを見抜くと話の流れがつかみやすくなります。女性は purchase this coat と言っていますので、(D) が正解です。coat の音は t が弱く発音されますので注意しましょう。この会話で出てきた表現を使い、手元にあるものと少し違うものが欲しい時には、「より大きなサイズ」が欲しい場合には Does it come in a bigger size?「他の色」が欲しい場合は Does it come in different colors? と尋ねることができます。

32. 正解 (C)

難易度 ━━ 難

男性が申し出たことは「何」かが問われています。男性は女性に接客している店員です。男性は、Can I ～?「～しましょうか。」という決まり文句で、gift wrap (ギフト包装する) ことを提案しています。直後の目的語 it は、女性が友達に上げる coat を指し、続く女性の発言で birthday のお祝いの品であることがわかります。これを present と言い換えた (C) が正解です。女性の that would be great (それならば素晴らしい) は、提案を受け入れる場合によく使われます。音では that の後ろの t、would の後ろの d が弱くなり、"ダッウッビー" のように聞こえます。

Questions 33 and 34 refer to the following conversation and schedule.

M Anita, the library will hold a book fair next month. Are you interested in going?

W I'd love to. But it's pretty far from my house by bus.

M Well, I was planning to go there by car anyway. I could pick you up at ten.

W All right. I'll see you then.

Haysville Library Events

September 5	Writing Workshop
September 12	Book Fair
September 19	Author Reading
September 26	Book Club

設問

33. Look at the schedule. When will the speakers go to the library?

(A) On September 5.
(B) On September 12.
(C) On September 19.
(D) On September 26.

設問の訳

スケジュール表を見なさい。話し手たちは、いつ図書館に行きますか？
(A) 9月5日。
(B) 9月12日。
(C) 9月19日。
(D) 9月26日。

34. What will the man do?

(A) Write an article.
(B) Get on a bus.
(C) Read a book.
(D) Drive to a library.

男性は何をする予定ですか？
(A) 記事を書く。
(B) バスに乗る。
(C) 本を読む。
(D) 図書館まで運転する。

問題文の訳

設問 33 と 34 は、次の会話とスケジュールに関するものです。

日常会話

男性：アニータ、図書館が来月、図書フェアを開催するみたい。行きたい？
女性：ぜひ行きたいわ。でも私の家からバスで行くには少し遠いわね。
男性：いずれにせよ車で行こうと思っていたんだ。10 時に迎えに行くよ。
女性：分かったわ。じゃあまたね。

ヘイズビル図書館のイベント	
9 月 5 日	筆記講座
9 月 12 日	図書フェア
9 月 19 日	作者朗読会
9 月 26 日	図書クラブ

正解 & 解説

33. 正解 **(B)**

難易度 ━━◢█ 難

話し手たちが図書館に行く日が「いつ」かが問われています。たくさんの情報をキャッチするためには、会話が聞こえる前に、表に目を通しておきましょう。スケジュール表は図書館で開かれるイベントについて、左に日付、右にイベントの内容が対応するよう並んでいます。この問題の選択肢には日付が並んでいますので、会話では、スケジュール表で対応するイベント内容に関する情報が出されるものだと考えて、聞くようにしましょう。男性の最初の発言で出てくる a book fair がイベントの名前だと気付けるか、がポイントです。スケジュール表では、右の列、上から 2 段目に、Book Fair とあります。対応する左の日程は September 12 となっていますので、(B) が正解です。

34. 正解 **(D)**

難易度 ━━◢█ 難

男性の「次の行動」が問われています。I'd love to.「～したい」は、何かに誘われた時に乗り気であることを示す決まり文句です。ここでは、But と続き、何か問題があるようです。It's pretty far の it は library を指し、by bus の by は手段・方法を表します。解決方法として、男性は go there by car と I could pick you up（あなたを拾う（迎えに行く）ことができる）と提案します。女性が All right. と受け入れていますので、(D) が正解です。(B) の get on は車などに「乗りこむ」動作を表します。get off「降りる」、ride「乗る」なども車に関係する動作です。

Questions 35 and 36 refer to the following conversation and invoice.

🇬🇧 **W** Hi, I'm here for the gardening supplies I ordered last week. My name is Jane Pearson.

🇨🇦 **M** Ah, yes. We have everything ready. Here's your invoice.

🇬🇧 **W** Thanks. Hmm... I see one error. I wanted four flower pots, not six.

🇨🇦 **M** Oh, you're right. Let me print out a new one for you.

Invoice

12 plant supports	$38.45
1 garden scoop	$16.95
6 flower pots	$42.19
18 tomato plants	$29.15

設問 | 設問の訳

35. What does the woman tell the man?

(A) She placed an order.
(B) She planted a garden.
(C) She printed out a coupon.
(D) She broke a pot.

女性は男性に何を言いましたか？

(A) 彼女が注文したこと。
(B) 彼女が庭に木を植えたこと。
(C) 割引券を印刷したこと。
(D) 植木鉢を壊してしまったこと。

36. Look at the invoice. What amount is incorrect?

(A) $38.45.
(B) $16.95.
(C) $42.19.
(D) $29.15.

請求書を見なさい。どの金額が間違っていますか？

(A) 38.45 ドル。
(B) 16.95 ドル。
(C) 42.19 ドル。
(D) 29.15 ドル。

問題文の訳

設問 35 と 36 は、次の会話と請求書に関するものです。

女性：先週注文した園芸用品の件で伺いました。ジェーン・ピアソンと申します。

男性：ええ、はい。全て揃っています。こちらが請求書でございます。

女性：ありがとうございます。ええと、1 つ間違いがあります。植木鉢を 4 つ欲しいのですが、6 つではなくて。

男性：ああ、そうですね。新しい請求書を印刷してまいります。

店員など
との会話

請求書		
園芸支柱	12 点	38.45 ドル
園芸シャベル	1 点	16.95 ドル
植木鉢	6 点	42.19 ドル
トマト苗	18 点	29.15 ドル

正解 & 解説

35. 正解 **(A)**

難易度 ■■□ 難

女性が男性に伝えたことが「何か」が問われています。会話では、女性は、最初に Hi と簡単に挨拶をし、続いて I'm here for ～と自分がその場に来た理由を伝えています。続く the gardening supplies I ordered のために来たという内容から、この会話が行われているのは園芸用品を扱う店であること、そして、女性がこの会話以前に注文をしたことがわかります。これらのヒントをシンプルに表現した (A) が正解です。place an order は、主に注文書などを用いた「発注」の意味で使われます。(C) の coupon「クーポン」があれば、discount「割引」が受けられることがあります。

36. 正解 **(C)**

難易度 ■■□ 難

invoice「請求書」の中で、間違っている金額が「何か」が問われています。請求書は左に注文した品物の名前、右に価格が対応するよう並んでいます。この問題の選択肢には価格が並んでいますので、会話では、注文した品物に関する情報が述べられると考えて、聞くようにしましょう。女性が I see one error. と言った後の情報をキャッチしましょう。I wanted four flower pots, not six.（植木鉢を 4 つ欲しいのですが、6 つではなくて。）という発言から、flower pots の請求が間違っていることがわかります。請求書では、左の列、上から 3 段目に、6 flower pots とあります。対応する右列の価格が並んだ (C) が正解です。会話文最後の Let me ～は「私に～させてください」という提案の決まり文句です。

Questions 37 and 38 refer to the following talk.

M Welcome to my woodcarving workshop for beginners. My name is Tom, and I'll be your instructor. First, I'd like everyone to read this handout. It includes a list of safety rules I want you to follow. I'll pass it around now.

設問 | 設問の訳

37. Who is the speaker?

(A) A tour guide.
(B) An instructor.
(C) A shop owner.
(D) A new student.

話し手は誰ですか？

(A) ツアーガイド。
(B) 指導員。
(C) 店舗所有者。
(D) 新入生徒。

38. What does the speaker want the listeners to do?

(A) Write down instructions.
(B) Follow him to a room.
(C) Read some rules.
(D) Pass around a test.

話し手は聞き手に何を求めていますか？

(A) 指示を書き留めること。
(B) 彼について部屋に入ること。
(C) 規則を読むこと。
(D) テストを配ること。

問題文の訳

設問 37 と 38 は、次の話に関するものです。

初心者向け木彫ワークショップへようこそ。わたしは指導員を務めます、トムと言います。まず、皆さんこのパンフレットを読んでください。そこには、守っていただきたい安全上の規則が含まれています。今から配ります。

イベントなどでの案内

正解 & 解説

37. 正解 **(B)**

難易度 ◢◣◢◣ 難

Who is ～ ?「誰ですか。」という問いで、話し手の「職業」が問われています。話し手は、Welcome to my woodcarving workshop (私の木彫ワークショップへようこそ) と挨拶をしていることから、ワークショップを開いている本人だとわかります。さらに、I'll be your instructor と述べているので、(B) が正解です。beginner(s)「初心者」という言葉から、(D) A new student と早合点しないように。設問で聞かれているのは、「話し手」の職業ですので、注意しましょう。

38. 正解 **(C)**

難易度 ◢◣◢◣ 難

話し手から聞き手に「頼んだこと」が問われています。I'd like to ～「～したい」という控えめな希望を伝える決まり文句が、everyone を間に挟んだ形で使われています。I'd like everyone to という後には、read this handout という行動が続き、そのパンフレットには safety rules が含まれていることがわかります。これらの情報をまとめた (C) が正解です。会話の中での follow は、follow me「私についていく」というように使われることもありますが、ここでは follow the rules「規則に従う」という意味ですので (B) は不正解です。アナウンス最後に I'll pass it around. (それを配る) という表現が出てきますが、ここでの it は handout を指しますので、(D) は test という部分が誤っています。

🔵 T1_P4_39-40 ▶ T1_P4_Q39-40

問題文

Questions 39 and 40 refer to the following telephone message.

🇺🇸 **w** Hi, Tommy. I found lots of old magazines at my house. I was going to throw them away, but then I remembered you collect them. If you want to have a look, would you call me back and let me know? Thanks.

設問

39. Why is the speaker calling?

(A) To offer some magazines.
(B) To ask about a collection.
(C) To discuss some articles.
(D) To recommend a book.

設問の訳

なぜ話し手は電話をかけていますか？

(A) 雑誌を提供するため。
(B) 収集について尋ねるため。
(C) 記事について議論するため。
(D) 本をお勧めするため。

40. What does the speaker ask the listener to do?

(A) Arrange a delivery.
(B) Correct an error.
(C) Check her order.
(D) Return her call.

話し手は聞き手に何をするよう求めていますか？

(A) 配達を手配する。
(B) 誤りを訂正する。
(C) 彼女の注文を確認する。
(D) 彼女に電話を掛けなおす。

L PART 1
L PART 2
L PART 3
L PART 4
R PART 1
R PART 2
R PART 3

問題文の訳

設問 39 と 40 は、次の電話のメッセージに関するものです。

やあ、トミー。家でたくさんの古い雑誌を見つけたんだ。捨てようと思っていたんだけど、君が集めていることを思い出したんだ。もし見てみたければ、電話で私に知らせてくれるかな？　ありがとう。

電話の
メッセージ

正解 & 解説

39. 正解 **(A)**　　　　　　　　難易度 ▬▬◤ 難

話し手が電話をかけてきた「目的」が問われています。重要な情報をつなげて、正解を導き出しましょう。一連の会話の流れから、話し手は、見つけた古い雑誌をトミーに譲るつもりで電話をかけていることがわかります。これを offer「提供する」と表現した (A) が正解です。雑誌から連想される article(s)「記事」、book「本」は実際にはトピックに出てきていないので、(C) と (D) は不正解です。throw away は「捨てる」の意味です。

40. 正解 **(D)**　　　　　　　　難易度 ▬▬◤ 難

話し手が聞き手に「求めていること」が問われています。後半、話し手は call me back「私に電話を折り返す」よう伝えています。これを言い換えた (D) が正解です。反対に、話し手が、自分から再度かける時には、again「再度」や later「後で」という言葉を使い、I'll call again later.「また後ほどお電話します」というように表現できます。collect「集める」と綴りが似た correct「修正する」は意味が異なりますので、(B) は不正解です。話し手は、雑誌を販売しているわけではなく、delivery「配達」や order「注文」の話は特に出てきませんので、(A) と (C) は不正解です。

Questions 41 and 42 refer to the following announcement.

🏴󠁧󠁢󠁥󠁮󠁧󠁿 w Attention, shoppers. It's our 12th anniversary! To celebrate, we're offering lots of special discounts. You can save on everything from snowboards and race bikes to tents. Remember, though, these deals are happening today only. And thanks for shopping at our store!

設問

設問の訳

41. What does the speaker announce?

(A) The business will close soon.
(B) The business is twelve years old.
(C) The business will stay open later.
(D) The business will be moving.

話し手は何を知らせていますか?

(A) 店舗がもうすぐ閉店すること。
(B) 店舗が12周年を迎えたこと。
(C) 店舗が遅くまで営業していること。
(D) 店舗が移転すること。

42. What is happening today?

(A) A special sale.
(B) A bike race.
(C) A board meeting.
(D) An anniversary party.

今日は何が開催されますか?

(A) 特別セール。
(B) 自転車レース。
(C) 役員会。
(D) 周年記念パーティー。

問題文の訳

設問 41 と 42 は、次のアナウンスに関するものです。

お買い物中の皆様にお知らせします。私どもは 12 周年を迎えました。これを記念して、たくさんの特別値引きを実施しています。スノーボードからレース用自転車、テントまで、全てを割引いたします。しかし、ご注意下さい。この販売は今日限りです。ご来店いただきありがとうございます。

店内・館内
放送

正解 & 解説

41. 正解 **(B)**

難易度 ◢◤◤ 難

話し手のアナウンスの内容が聞かれています。Attention, shoppers は、直訳すると「ご注意ください、買い物中の皆さん」で、このアナウンスはお店の中で流れていることがわかります。続いて、It's our 12th anniversary!(私たちの 12 周年です) と発表しています。これを 12 歳と言い換えた (B) が正解です。選択肢はいずれも shop が business と言い換えられていることにも注意しましょう。12 という数字は時間ではなく、(A) や (C) のように閉店や営業時間を示しているわけではありません。

42. 正解 **(A)**

難易度 ◢◤◤ 難

今日、「起こること」が聞かれています。特に、アナウンス内で聞こえる today という言葉の前後の情報をしっかりキャッチしましょう。these deals are happening today only という情報があります。deal は「取引」の意味で、ここでの these deals は everything （全て）に対する special discounts （特別値引き）を指します。これらを言い換えた (A) が正解です。anniversary という言葉から、勝手に party が開かれる (D) などの連想をしないようにしましょう。save はここでは「節約する」です。

🔊 T1_P4_43-44 ▶ T1_P4_Q43-44

問題文

Questions 43 and 44 refer to the following advertisement.

🇨🇦 M   Do you want a comfortable stay in Palmsdale? The Harbor Inn is a beachside hotel with beautiful views of the sea. We're just a short walk from the market and dozens of great restaurants. We also provide free breakfast and shuttle service to and from the airport. So, call us at 555-0183 today and book a room for your next holiday.

設問

43. What is being advertised?

(A) A travel agency.
(B) A restaurant.
(C) A market.
(D) A hotel.

設問の訳

何が宣伝されていますか？

(A) 旅行会社。
(B) レストラン。
(C) 市場。
(D) ホテル。

44. What does the business provide?

(A) Tourist guidebooks.
(B) Free transportation.
(C) Sightseeing tours.
(D) Beach chairs.

この事業は何を提供していますか？

(A) 旅行者ガイドブック。
(B) 無料交通機関。
(C) 観光ツアー。
(D) ビーチの椅子。

問題文の訳

設問 43 と 44 は、次の広告に関するものです。

パームスデールでの心地よい滞在をご希望ですか？　ハーバーインは、海の眺めが美しい、ビーチサイドのホテルです。市場やたくさんの素晴らしいレストランも徒歩圏内です。また、無料の朝食と、空港からの送迎サービスも提供しています。次の休日のためのお部屋の予約は、555-0183 まで、本日お電話ください。

広告

正解 & 解説

43. 正解 **(D)**

難易度 ◢◣◤◢ 難

広告で宣伝されている物が「何か」が問われています。まず、Do you want ～？「～をご希望ですか。」という質問を投げかけ、続いて本題の宣伝に入ります。冒頭で欲しいかと聞かれているのは a comfortable stay（心地よい滞在）なので、「泊まれるところ」の宣伝であることを予想しながら聞きましょう。続く The Harbor Inn はホテルの名前です。名前に「イン」がついているのもヒントになりますが、hotel が聞き取れれば、自信を持って (D) を選べますね。マーケットやレストランは、このホテルの周辺情報です。a short walk from ～（～から歩いていける距離）は、short の代わりに時間を使い、a 10 minutes walk from ～「～から歩いて 10 分の距離」のように表すこともできます。

44. 正解 **(B)**

難易度 ◢◣◤◢ 難

この hotel が提供している「サービス」が問われています。設問文の business とは宣伝主である hotel で、宿泊以外のサービスに関する情報をキャッチしましょう。3 文目 We also provide（我々は～も提供する）に続き、free breakfast and shuttle service（無料の朝食と送迎サービス）が紹介されています。shuttle service は主要交通機関の空港や駅から特定の建物を定期的に往復する便を指し、カタカナで「シャトルバス」と呼ばれることもありますね。これを transportation「交通機関、交通手段」に言い換えた (B) が正解です。5 文目 book a room「部屋を予約する」の book は動詞で「予約する」の意味ですので、(A) Tourist guidebooks ではありません。

Questions 45 and 46 refer to the following telephone message.

w Hi, Janet. Thanks for volunteering to help make costumes for our show. Since you design clothes for a big brand, your experience will be helpful. And the musical has many characters, so we'll be busy. You mentioned that you drew pictures of what they could wear. Please remember to bring them to our meeting today. The other volunteers can see them when we share our ideas for the outfits. Thanks again, and see you soon.

設問 | 設問の訳

45. Who is the speaker calling?

(A) A director.
(B) A salesperson.
(C) A musician.
(D) A designer.

話し手は誰に電話をかけていますか？

(A) 監督者。
(B) 販売員。
(C) 音楽家。
(D) デザイナー。

46. What does the speaker remind the listener to do?

(A) Take some photos.
(B) Try on a costume.
(C) Bring some drawings.
(D) Watch a performance.

話し手は聞き手に何をするよう念を押していますか？

(A) 何枚か写真を撮ること。
(B) 衣装を試着すること。
(C) スケッチを持参すること。
(D) 発表を見ること。

問題文の訳

設問 45 と 46 は、次の電話のメッセージに関するものです。

こんにちは、ジャネット。私たちのショーのための衣装づくりをボランティアで助けてくれてありがとうございます。大手ブランドの洋服をデザインしているあなたの経験が助けになると思います。ミュージカルには多くの登場人物がいるので、忙しくなります。あなたは登場人物が着られる物の絵を描いたと言っていましたよね。それを今日の会議に忘れずに持ってきてください。私たちが衣装についてのアイデアを共有するときに、他のボランティアの人も見られるので。もう一度、ありがとうございます。ではまた後で。

> 電話の
> メッセージ

正解 & 解説

45. 正解 (D)

難易度 ━━ 難

電話の受け手の「職業」が問われています。受け手の情報をキャッチしながら、話の流れを追いましょう。冒頭でお礼が述べられ、その内容は、〈help+ [動詞]〉（[動詞] することを助ける）の部分で詳しく述べられます。〈help+ 人 + [動詞]〉（人が [動詞] するのを助ける）もよく使われる表現です。3文目、you design clothes（あなたは洋服のデザインをする）という情報から、(D) が正解です。4文目で、ショーは musical と言い換えられていますが、電話の受け手が musician であるという情報はありません。

46. 正解 (C)

難易度 ━━━

設問文にある〈remind+ 人 +to ～〉は「人に～することを思い出させる」の意味です。トーク内の、remind に似た remember「覚えておく」つまり「忘れないで」に続く部分が聞き取れるかがポイントです。話し手は to bring them to our meeting（それらを会議に持ってくること）を覚えておくよう頼んでいます。ここでの them はその前に出てきた pictures of what they could wear（彼ら [登場人物] が着られる物の絵）を指します。pictures を言い換えた (C) drawings は鉛筆で描かれたもので、簡単な落書きから芸術作品まで幅広く使われます。選択肢 (B) の costume「衣装」は clothes「洋服」や outfit(s)「衣装」の同義語ですが、try on「試着する」という情報は出てきていませんので不正解です。(D)の performance「発表」は show「舞台」の同義語ですが、まだ準備段階で、観覧の話は出てきていませんので不正解です。

Questions 47 and 48 refer to the following talk and schedule.

🇦🇺 **M** Thanks for coming to our first of four seminars on getting a job. Before we begin, I have an announcement about today's schedule. Jennifer Rice, whose talk was supposed to be at eleven, is having car trouble. She'll be here later. We're going to switch her session with the afternoon seminar on finding jobs. After updating the schedule, I'll put it on the seminar room door. Please refer to it instead of the one given to you when you registered.

Schedule

9:00	Résumés	(Ivan Welch)
11:00	Cover Letters	(Jennifer Rice)
1:00	Finding Jobs	(Ross Collins)
3:00	Interviews	(Nina Reeve)

設問　設問の訳

47. Look at the schedule. Who will speak at eleven o'clock?

(A) Ivan Welch.
(B) Jennifer Rice.
(C) Ross Collins.
(D) Nina Reeve.

スケジュールを見なさい。11 時に講演するのは誰ですか？

(A) イヴァン・ウェルチ。
(B) ジェニファー・ライス。
(C) ロス・コリンズ。
(D) ニーナ・リーブ。

48. What will the speaker do?

(A) Post some information.
(B) Call some speakers.
(C) Repair a vehicle.
(D) Change his job.

話し手は何をするつもりですか？

(A) 案内を掲示する。
(B) 講演者に電話する。
(C) 乗り物を修理する。
(D) 職を変える。

問題文の訳

設問 47 と 48 は、次の話とスケジュールに関するものです。

4 回の就職セミナーの第 1 回にお越しいただきありがとうございます。始める前に、今日のスケジュールについて連絡があります。11 時に講演が予定されていたジェニファー・ライスさんは、車の故障により、遅れて到着いたします。彼女のセッションを午後の仕事探しについての講演と入れ替えます。スケジュールを更新したら、講義室のドアに貼っておきます。登録時に配布したスケジュールの代わりに、そちらを参照してください。

> **イベントなどでの案内**

```
            スケジュール
9:00   履歴書   （イヴァン・ウェルチ）
11:00  添え状   （ジェニファー・ライス）
1:00   仕事探し （ロス・コリンズ）
3:00   面接    （ニーナ・リーブ）
```

正解 & 解説

47. 正解 **(C)**　難易度 ▰▰▰▱ 難

スケジュール表をもとに、11 時の「講演者」が問われています。話し手は、have an announcement（お知らせがある）と前置きし、11:00 から講演予定の Jennifer Rice が be here later（遅れて到着する）と伝えています。ここで使われた supposed to ～「～するはずだった」は、予定に変更があったことを示す重要な決まり文句です。この問題の解決策として、switch her session（彼女のセッションを入れ替える）こと、その対象が the afternoon seminar on finding jobs（仕事探しについての午後の講演）であることが伝えられます。ここまでの内容とスケジュール表を照らし合わせると、午後に予定されている Finding Jobs の講演者 (C) が正解です。

48. 正解 **(A)**　難易度 ▰▰▰▱ 難

話し手の「これからの行動」が問われています。未来を表す助動詞 will や be going to ～を使って述べられる動作をキャッチしましょう。after updating the schedule（スケジュールを更新した後）I'll put it on the seminar room door.（それを講義室のドアに貼る）と述べています。put on「貼る」を post「掲示する」に言い換え、更新されたスケジュールを some information とまとめた (A) が正解です。セミナー参加者は職探しに興味があると予想できますが、話し手自身が職を変えるか不明なので (D) は不正解です。

Questions 49 and 50 refer to the following telephone message and list.

w Hi, Denise. I received your e-mail about tomorrow's charity run. I'm so glad you'll be running, too. It'll start at Delgado Bridge at 9:00 A.M. But let's meet there an hour before that. Then we'll have time to warm up. By the way, we won't be able to run 42 kilometers at the event. That's because the longest course has been cancelled. Anyway, 24 kilometers is still pretty long for me. OK, see you tomorrow morning.

Charity Run Courses

Green	8 kilometers
Blue	16 kilometers
Orange	24 kilometers
Red	42 kilometers

設問

設問の訳

49. What time does the speaker want to meet Denise?

(A) 8:00 A.M.
(B) 9:00 A.M.
(C) 10:00 A.M.
(D) 11:00 A.M.

話し手は何時にデニスに会いたいのですか？

(A) 午前 **8** 時。
(B) 午前 9 時。
(C) 午前 10 時。
(D) 午前 11 時。

50. Look at the list. Which course will the speaker take?

(A) Green.
(B) Blue.
(C) Orange.
(D) Red.

一覧表を見なさい。話し手はどのコースを選びますか？

(A) 緑
(B) 青
(C) 橙
(D) 赤

問題文の訳

設問 49 と 50 は、次の電話のメッセージと一覧表に関するものです。

やあ、デニス。明日のチャリティーマラソンについての E メールを受け取ったよ。あなたも走るようで嬉しいよ。デルガド橋を午前 9:00 にスタートだよ。でも、スタートの 1 時間前にそこで会おう。そうすれば、ウォーミングアップの時間が取れるから。ところで、イベントで 42 キロメートル走るのはできないよ。一番長いコースは中止になったからね。まあ、24 キロメートルは私にとってそこそこ長いけどね。じゃあ、明日の朝会おう。

電話の メッセージ

チャリティーマラソンコース	
緑	8 キロメートル
青	16 キロメートル
橙	24 キロメートル
赤	42 キロメートル

正解 & 解説

49. 正解 (A)

難易度 ▬▬ 難

話し手がデニスと会いたい「時間」が問われています。話し手の Hi, Denise. から、デニスは電話の受け手であることがわかります。続いて tomorrow's charity run の話題で at 9:00 A.M. にスタートすると述べられています。let's「〜しましょう。」という誘いの決まり文句で、an hour before that (その 1 時間前) に会うことが提案されています。開始時刻 9:00 の 1 時間前、つまり 8:00 に会いたいという (A) が正解です。be glad to 〜は「〜して嬉しい」の意味です。

50. 正解 (C)

難易度 ▬▬ 難

一覧表から、話し手が走るコースの色が問われています。一覧表は、色で区別された 4 つのコースと、それぞれのコースの距離が並んでいます。この問題の選択肢には、色が並んでいますので、会話では、距離に関する情報が述べられると予測して、聞くようにしましょう。By the way「ところで」の後は話題が変わりますので注意して聞きましょう。we won't be able to run 42 kilometers (42 キロコースを走ることはできなくなった) という発言が出てきます。さらに、the longest course (一番長いコース) は has been cancelled (中止になった) という情報が述べられています。続く、24 kilometers is still pretty long for me という発言から、話し手は長さ 24 キロのコースで、満足している様子が伺えます。このことから、話し手は 24 キロメートル、つまり Orange コースを選ぶと予想されますので (C) が正解です。

問題文	問題文の訳

51. Diane _____ on a purple sweater.

  (A) took
  (B) made
  (C) tried
  (D) gave

ダイアンは紫のセーターを試着した。

  (A) take（〜を取る）の過去形
  (B) make（〜を作る）の過去・過去分詞形
  (C) try（〜を試す）の過去・過去分詞形
  (D) give（〜を与える）の過去形

---

52. Please sit here _____ you wait.

  (A) while
  (B) along
  (C) since
  (D) during

待っている間、ここに座っていてください。

  (A) 接 〜の間
  (B) 前 〜に沿って
  (C) 接 〜して以来、〜なので
  (D) 前 〜の間じゅう

---

53. Arnold works both quickly _____ carefully.

  (A) yet
  (B) and
  (C) but
  (D) also

アーノルドは素早く、そして丁寧に仕事をする。

  (A) 接 けれども、副 まだ
  (B) 接 そして
  (C) 接 しかし
  (D) 副 そのうえ

---

54. The registration fee is _____ refundable.

  (A) fullest
  (B) fuller
  (C) fully
  (D) full

登録料は全額返金可能です。

  (A) full の最上級
  (B) full の比較級
  (C) 副 完全に
  (D) 形 いっぱいの

---

55. Do you know _____ to get to the gallery?

  (A) where
  (B) what
  (C) who
  (D) how

美術館への行き方を知っていますか？

  (A) どこに
  (B) 何を
  (C) 誰が
  (D) どのように

正解 & 解説

51. 正解 (C)　語彙問題　動詞　難易度 ■■□ 難

選択肢には異なる意味の動詞が並んでいます。空欄の後に on があることもヒントにしましょう。さらに後ろには「着るもの」がきているため、(C) の try on 〜で「〜を試着する」という意味がある try が適切です。(A) take on は「〜を帯びる」という意味がありますが、この英文では不適切。(B) make と (D) give は on を直後に続ける使い方はありません。

52. 正解 (A)　その他　接続詞/前置詞　難易度 ■■□ 難

選択肢には接続詞と前置詞が並んでいます。最初は空欄の後に続く形に目を向けましょう。空欄の後には you（主語）+ wait（動詞）がきており、前の sit（動詞）と接続する接続詞が必要だとわかります。選択肢の中で、接続詞は (A) while と (C) since です。次は、意味の観点で考えて、座るのは待っている「間」とすれば、意味が通るため、(A) が適切です。(B) along と (D) during は前置詞なので、文法的に不適切です。

53. 正解 (B)　その他　接続詞/副詞　難易度 ■■□ 難

選択肢には接続詞や副詞が並んでいます。空欄の前後に quickly と carefully という副詞が並んでいるため、同じ働きの言葉を並べる等位接続詞を選びましょう。選択肢の中では (A) yet と (B) and、(C) but が該当します。あとは意味を考えます。「素早く」でありながら「丁寧に」と、意味を追加しているので、(B) and が入ります。(A) yet や (C) but は逆接の意味を表すため、不適切です。(D) also は意味的にはよさそうですが、「そのうえ」という意味であれば、文頭にコンマ付きで使うことが多いです。

54. 正解 (C)　文法問題　難易度 ■■□ 難

選択肢には異なる品詞の単語が並んでいます。The registration fee（主語）+ is（動詞）+ refundable（補語）で文は成り立っているため、おまけとなる単語が入ります。ここでは、空欄の後の refundable という形容詞を修飾する語句が入ればよいと考えられます。名詞以外を修飾するのが副詞なので、(C) fully が適切です。(A) fullest や (B) fuller、(D) full は形容詞であるため、空欄には入りません。

55. 正解 (D)　語彙問題　疑問詞　難易度 ■■□ 難

選択肢には疑問詞が並んでいます。空欄の後に to +動詞の原形が並んでいるため、「疑問詞 to do」の形が使われているとわかります。空欄の前は「知っていますか」で、空欄の後は「美術館へ行く」とあるため、「美術館へ着く方法を知っていますか」とすれば意味が通ります。よって、(D) how が適切です。how to do は「どのように〜すべきか、〜する方法」という意味です。(A) where to do は「どこですべきか」、(B) what to do は「何を〜すべきか」という意味です。(C) who は to do との相性が悪いです。

| 問題文 | 問題文の訳 |

56. Members must ____ their membership card every year.

(A) **renew**
(B) renews
(C) renewal
(D) renewing

メンバーは会員証を毎年更新しなければなりません。

(A) 動～を更新する
(B) renew の三人称単数現在形
(C) 名更新
(D) renew の現在分詞

---

57. The painters were unable to finish the job ____ .

(A) **completely**
(B) completion
(C) completes
(D) complete

画家たちは、完全には仕事を終わらせることができなかった。

(A) 副完全に
(B) 名完成
(C) 動完成させる（三人称単数現在形）
(D) 動完成させる（原形・現在形）
　　形完全な

---

58. The entrance was too ____ for the sofa to fit through.

(A) clear
(B) **narrow**
(C) close
(D) stuck

玄関はソファを通すには狭すぎた。

(A) 明らかな
(B) **狭い**
(C) 近い
(D) 詰まった

---

59. February and March were ____ than usual this year.

(A) warm
(B) warms
(C) **warmer**
(D) warmest

今年の2月と3月は例年より暖かかった。

(A) 形暖かい / 動暖める
(B) 動暖める（三人称単数現在形）
(C) **warm の比較級**
(D) warm の最上級

---

60. Water and light snacks will be ____ during the tour.

(A) continued
(B) reached
(C) **offered**
(D) attached

水と軽食はツアー中に提供されます。

(A) ～を続ける
(B) ～に到達する
(C) **～提供する**
(D) ～を添付する
（※いずれも過去・過去分詞形）

正解 & 解説

56. 正解 **(A)** 　【文法問題】　　難易度 ◼️◼️◻️ 難

選択肢には異なる品詞が並んでいます。空欄の前に助動詞 must があるため、後ろには動詞の原形が必要です。空欄の後には名詞 their membership card という目的語がきており、やはり動詞が必要だとわかります。動詞の原形は (A)renew です。

57. 正解 **(A)** 　【文法問題】　　難易度 ◼️◼️◻️ 難

選択肢には異なる品詞の単語が並んでいます。空欄の前には to finish the job とあり、動詞 (finish) ＋目的語 (the job) というパーツが揃っており、おまけとなる単語が入ります。finish という動詞 (＝名詞以外) を修飾する副詞が入るため、(A) completely が適切です。(B) completion や (C) completes、(D) complete は文法的に入りません。

58. 正解 **(B)** 　【語彙問題　形容詞】　　難易度 ◼️◼️◻️ 難

選択肢には意味の異なる形容詞が並んでいます。玄関の状態を示す内容が入ります。空欄の前に too があり、後ろに to があるため、too ～ to…（あまりにも～すぎて…できない）の構文です。for the sofa は to do の意味上の主語です。すると、空欄以外は「玄関が～すぎてソファが通れない」という意味になるため、(B) narrow が適切だとわかります。

59. 正解 **(C)** 　【文法問題】　　難易度 ◼️◼️◻️ 難

選択肢には異なる品詞の単語が並んでいます。February and March (主語) ＋ were (be 動詞) とあるため、補語となる形容詞がきそうだと判断できます。ただ、選択肢には (A) warm や (C) warmer、(D) warmest と形容詞が並んでいるため、一つに絞ることができません。そこで、空欄の後を見ると、than があるため、比較級を使った英文だとわかります。よって、(C) warmer が適切です。

60. 正解 **(C)** 　【語彙問題　動詞】　　難易度 ◼️◼️◻️ 難

選択肢には意味の異なる動詞の過去分詞が並んでいます。「水と軽食」が「ツアー中に」どのようにされるのかを考えましょう。一つずつ当てはめていくと、「提供される」という意味の (C)offered が適切だとわかります。

| 問題文 | 問題文の訳 |

61. Wang Lei always orders a ____ size coffee and a donut.

(A) **regular**
(B) regulars
(C) regularly
(D) regularity

ワン・レイはいつも標準サイズのコーヒーとドーナツを注文する。

(A) 形 **標準の**
(B) 名 常連たち
(C) 副 定期的に
(D) 名 規則正しさ

---

62. Andrea has been promoted ____sales clerk to store manager.

(A) for
(B) until
(C) before
(D) **from**

アンドレアは販売員から店舗責任者に昇進した。

(A) ～へ
(B) ～まで
(C) ～する前に
(D) **～から**

---

63. The soccer team will strengthen its skills by ____ every day.

(A) practice
(B) to practice
(C) **practicing**
(D) practiced

そのサッカーチームは毎日の練習で技術を向上させるつもりだ。

(A) 動 練習する
(B) practice の不定詞
(C) **practice の動名詞**
(D) practice の過去形・過去分詞

---

64. You do not have to mark all the tests by ____ .

(A) yours
(B) your
(C) you
(D) **yourself**

あなたは一人ですべてのテストの採点をする必要はありません。

(A) あなたのもの（所有代名詞）
(B) あなたの（所有格）
(C) あなたは・あなたを（主格・目的格）
(D) **あなた自身（再帰代名詞）**

---

65. ____ author Erik Rodgers tomorrow for a discussion about his book.

(A) Appear
(B) Listen
(C) Connect
(D) **Join**

明日、著者エリック・ロジャーとの彼の本についての討論に加わってください。

(A) 現れる
(B) 聞く
(C) ～を結びつける
(D) **～に加わる**

正解 & 解説

61. 正解 **(A)**   文法問題   難易度 ▰▰▱ 難

選択肢に異なる品詞が並んでいます。空欄の前には名詞のカタマリの先頭に置かれる冠詞があるため、名詞を入れたくなりますが、空欄で目を止めずに後まで読むように心がけましょう。空欄の後には size coffee という名詞があるため、空欄には名詞を修飾する形容詞が入るとわかります。よって、(A) regular が正解です。

62. 正解 **(D)**   語彙問題   前置詞   難易度 ▰▰▱ 難

選択肢には意味の異なる前置詞が並んでいます。意味で絞り込んでいく必要がありますが、その前に語法の観点でチェックしましょう。空欄の前に promote という単語があります。promote は promote A to B (A を B に昇進させる) と、その受動態の A be promoted to B (A が B に昇進する) という語法を覚えておくとよいです。ここは後者の形が使われています。ただ、to はすでにあるため、元々の職業を表す (D) from が適切です。from A to B (A から B) が使われていると考えてもよいです。

63. 正解 **(C)**   文法問題   動詞   難易度 ▰▰▱ 難

選択肢には動詞の異なる形が並んでいます。空欄の前には前置詞 by があります。その後には every day という時を表す副詞があるため、空欄には前置詞の後に続く名詞を入れればよいとわかります。動詞を名詞にするには、動名詞の形 (doing) を取ります。よって、(C) practicing が適切です。(B) to practice の不定詞も名詞として使われますが、前置詞の直後にくることはありません。ちなみに動名詞は副詞で修飾します。ここでも空所後の every day は「毎日練習することで」と practicing を修飾しています。

64. 正解 **(D)**   文法問題   代名詞   難易度 ▰▰▱ 難

選択肢には代名詞が並んでいます。空欄の前に前置詞 by が入り、その後は空欄で文末となるため、前置詞の目的語となるものを選びます。ただ、(A) yours も (C) you も (D) yourself も候補です。ここで最初に考えるべきは by oneself (一人で、自分で) という形です。この形で文の意味を見ると、自然な内容になるため、正解は (D) yourself です。

65. 正解 **(D)**   語彙問題   動詞   難易度 ▰▰▰ 難

選択肢には異なる意味の動詞が並んでいます。意味を考え始めてもよいですが、自動詞か他動詞かの観点で見ると、候補が絞れることがあります。空欄の後ろには名詞 (author Erik Rodgers) がきているため、空欄には他動詞が入ります。(A) Appear と (B) Listen は自動詞のため、不適切です。残った選択肢は他動詞であるため、ここで意味を考えます。「討論 (discussion) のために、著者の元に加わってください」とすれば、意味が通ります。よって、(D) Join が適切です。

Reading

PART 2

Questions 66–68 refer to the following text message.

Jamie [4:29 P.M.]

Hi Sandra. There's a new art __(66)__ at the gallery. My friend and I will __(67)__ there tomorrow. Do you want to come with __(68)__? Please let me know.

設問

設問の訳

66. (A) technique
(B) **exhibit**
(C) magazine
(D) class

(A) 技術
(B) **展示**
(C) 雑誌
(D) 授業

67. (A) have
(B) do
(C) see
(D) **go**

(A) 〜を持っている
(B) 〜をする
(C) 〜を見る
(D) **行く**

68. (A) them
(B) you
(C) **us**
(D) it

(A) 彼らに
(B) あなたに
(C) **私たちに**
(D) それに

問題文の訳

設問 66-68 は、次のテキストメッセージに関するものです。

テキスト
メッセージ

ジェイミー [午後 4 時 29 分]
やあ、サンドラ。美術館で新しい展示があるんだ。友達と私は明日そこに行く予定なんだ。
君も一緒に来たい？　連絡を待っています。

正解 & 解説

66. 正解 **(B)**　　　　　　難易度 ＿＿◢◣ 難

選択肢には意味の異なる名詞が並んでいます。文章の中では、サンドラに話しかけて、「美術館で新しい〜がある」と会話を広げています。美術館で行われるものを選択肢の中から探すと、(B) exhibit が適切だとわかります。exhibit は「〜を展示する」という動詞の使い方もあることを知っておきましょう。また、exhibition「展示、展示会」という名詞があることも知っておくとよいです。

67. 正解 **(D)**　　　　　　難易度 ＿＿◢◣ 難

選択肢には意味の異なる動詞が並んでいます。空欄の後ろには there とあり、前に出てきた art exhibit を指しているとわかります。友だちと私がする行動として適切なのは「そこに行く」ことです。よって、(D) go が適切です。また、他の選択肢だと、空欄の後ろに目的語となる名詞が必要であるため、文法的に不適切です。

68. 正解 **(C)**　　　　　　難易度 ＿＿◢◣ 難

選択肢には意味の異なる代名詞が並んでいます。前の行動（友達と私が行くこと）に対して、「来たいですか」と尋ねているため、空欄には加わる相手がくるとわかります。よって (C) us が適切です。us は友達とメッセージの送り主であるジェイミーのことを指しています。

Questions 69–71 refer to the following notice.

ATTENTION

The bakery will be closed on June 18. This is __(69)__ we will be replacing our ovens. If you would like to buy some __(70)__ that day, please stop by our Bridge Street location. We __(71)__ for any inconvenience.

設問

69. (A) whether
 (B) unless
 (C) though
 (D) because

設問の訳

(A) ～かどうか
(B) ～にも関わらず
(C) ～であるけれども
(D) ～だから

70. (A) bread
 (B) paper
 (C) wood
 (D) jewelry

(A) パン
(B) 紙
(C) 木
(D) 宝石類

71. (A) understand
 (B) apologize
 (C) accept
 (D) excuse

(A) ～を理解する
(B) 謝罪する
(C) ～受け取る
(D) ～を許す

L PART 1
L PART 2
L PART 3
L PART 4
R PART 1
R PART 2
R PART 3

問題文の訳

設問 69-71 は、次のお知らせに関するものです。

お知らせ

ご注意

このパン屋は 6 月 18 日は休業いたします。オーブンの交換をする予定だからです。その日にパンを買いたい方は、ブリッジ通りの我々の店舗をご利用ください。ご不便おかけして申し訳ありません。

正解 & 解説

69. 正解 (D)　　難易度 難

選択肢には意味の異なる接続詞が並んでいます。空欄の前の This は「閉鎖している」ことを示しており、空欄の後は「オーブンの交換」という休業の理由を述べているとわかります。そのため、理由を表す接続詞である (D) because が適切です。This is because ~ で「これは~だから」という理由を示す言い方があります。

70. 正解 (A)　　難易度 難

選択肢には意味の異なる名詞が並んでいます。この文章を読むと、パン屋のお客さんがパン屋でしたいことは「パン」を買うことだと判断できます。したがって、(A) bread が適切です。パンは具体的な形がなく、数えられない名詞 (不可算名詞) です。そのため、some の後でも複数形ではありません。

71. 正解 (B)　　難易度 難

選択肢には意味の異なる動詞が並んでいます。空欄を含む英文の主語が We で、お知らせの案内文を出している側です。空欄の後には inconvenience (不便、不都合) があることから、それに対しての謝罪だとわかります。よって、(B) apologize が適切です。apologize for ~ で「~を謝る」という語法があります。他の選択肢は他動詞で、直後に目的語となる名詞が必要であるため、不適切だと考えることもできます。

Reading
PART 2

問題文

Questions 72–74 refer to the following advertisement.

Furniture Sale

I am selling a walnut kitchen table __(72)__ six chairs. __(73)__.
The table sides fold down so you can make it __(74)__. The price
is $250.00. My number is 555-0164.

設問

設問の訳

72. (A) with
(B) over
(C) among
(D) from

(A) ～と
(B) ～の上に
(C) ～の間に
(D) ～から

73. (A) The dining room was cleaned.
(B) My coworker bought some.
(C) Please have a seat anywhere.
(D) They are in excellent condition.

(A) ダイニングルームは掃除されています。
(B) 私の同僚が何点か購入しました。
(C) どこにでも座ってください。
(D) とても良い状態です。

74. (A) nearer
(B) quicker
(C) smaller
(D) easier

(A) より近く
(B) より素早く
(C) より小さく
(D) より簡単に

50 • **READING PART 2** — Text Completion

問題文の訳

設問 72-74 は、次の広告に関するものです。

広告

家具特売

6 脚の椅子付きのクルミ材でできたキッチンテーブルを販売中です。非常に良い状態です。テーブルの側面は折れ曲がるので、小さくすることもできます。お値段は 250 ドルです。ご連絡は 555-0164 まで。

正解 & 解説

72. 正解 (A)

難易度 ▰▰▰ 難

選択肢には異なる意味の前置詞が並んでいます。空欄の前には a table があり、空欄の後には six chairs があります。テーブルに付随しているものが椅子だと考えられるので、(A) with が適切です。

73. 正解 (D)

難易度 ▰▰▰ 難

文を挿入する問題です。空欄の前には「テーブルを販売中」とあり、空欄の後はテーブルの機能を説明しています。空欄ではテーブルにまつわる話をしていると判断できます。(D) は They がテーブルに付随する chairs を指して、その状態がよいことを示しています。これを入れれば自然なので、(D) が適切。(A) はダイニングルームの話に変わっているので不適切。(B) は同僚の話が突然で不自然。(C) は座る指示を出すのは不自然です。

74. 正解 (C)

難易度 ▰▰▰ 難

選択肢に意味の異なる形容詞（比較級）が並んでいます。空欄の前に make it とあり、動詞＋目的語＋補語の形であるとわかります。it は「テーブル」を指しており、側面が折れ曲がることでテーブルがどうなるのかを考えます。テーブルが折れ曲がって「小さくなる」とすれば、意味が通るので、(C) smaller が適切です。

Questions 75–77 refer to the following label.

Mixtex Maintenance

With proper cleaning, your Mixtex blender will __(75)__ operate smoothly. After use, take the device apart. __(76)__. Be careful! The blades are sharp and can cause injury if not __(77)__ with care. For more maintenance information, please see the user manual.

設問

75. (A) ever
(B) always
(C) most
(D) still

設問の訳

(A) これまでに
(B) 常に
(C) 最も
(D) まだ

76. (A) Some of these might be missing.
(B) That is how you can make smoothies.
(C) They are sold in five separate colors.
(D) Then wash each part with detergent.

(A) いくつかが見当たりません。
(B) こちらがスムージーの作り方です。
(C) 5 色展開で販売されています。
(D) そして、それぞれのパーツを洗剤で洗ってください。

77. (A) handles
(B) handling
(C) handled
(D) handler

(A) 動 handle（〜を扱う）の三人称単数現在形
(B) handle の動名詞・現在分詞
(C) handle の過去分詞
(D) 名 扱う人

問題文の訳

設問 75-77 は、次のラベルに関するものです。

ラベル

ミックステクスのメンテナンス

正しく手入れすることによって、ミックステクスのミキサーは常に順調に作動します。ご使用後は、機器を分解してください。そして、それぞれのパーツを洗剤で洗ってください。ご注意ください。刃は鋭く、気を付けて扱わないと怪我をする恐れがあります。さらなるメンテナンスについての情報は、ユーザーマニュアルをご覧ください。

正解 & 解説

75. 正解 **(B)**　　難易度 ■■■ 難

選択肢には意味の異なる副詞が並んでいます。blender（ミキサー）が順調に作動する (operate smoothly) 内容を修飾する副詞を選びます。空欄を含む英文の前半に With proper cleaning（正しい手入れによって）とあるため、これをすれば「常に」順調に作動するとわかります。よって (B) always が適切です。

76. 正解 **(D)**　　難易度 ■■■ 難

文を挿入する問題です。空欄の前には「機器を分解する」旨が、空欄の後には「気をつけて」と注意があります。空欄には、分解した後に行うことが書かれていると判断できます。よって、分解したパーツを洗う指示が書かれた (D) が適切です。順番を示す Then（そして）があることもヒントになっています。

77. 正解 **(C)**　　難易度 ■■■ 難

選択肢には動詞の異なる形が並んでいます。空欄の前には if not という語句があるため、主語と動詞が必要ですが、主語が見当たりません。ここでは省略されていると考えます。同じ英文の The blades が主語として省略されています。刃は「扱われる」ものです。動詞の過去分詞が入るとわかるため、(C) handled が適切です。

Reading
PART 2

Questions 78–80 refer to the following e-mail.

To:	Miguel Sanchez
From:	Jody Goodwin
Date:	November 9
Subject:	Appointment

Dear Mr. Sanchez,

This message is __(78)__ you about your appointment tomorrow. The doctor will see you at two o'clock. __(79)__. That will give you time to fill out a medical history form. If you have __(80)__ questions beforehand, feel free to call us.

Best regards,

Jody Goodwin
York Health Clinic

設問

78. (A) to remind
   (B) reminded
   (C) reminder
   (D) reminds

設問の訳

(A) **remind**（思い出させる）の不定詞
(B) remind の過去分詞
(C) 名 思い出させるもの
(D) remind の三人称単数現在形

---

79. (A) The waiting room is crowded.
   (B) We are sorry for the delay.
   (C) Please arrive 20 minutes early.
   (D) The clinic has more facilities.

(A) 待合室は混雑しています。
(B) 延期についてお詫びいたします。
(C) 20分前には到着しておいてください。
(D) 当医院はさらなる設備も備えています。

---

80. (A) those
   (B) any
   (C) all
   (D) either

(A) それらの
(B) 何でも
(C) すべての
(D) どちらかの

問題文の訳

設問 78-80 は、次の E メールに関するものです。

Eメール

受信者： ミゲル・サンチェス
送信者： ジョディ・グッドウィン
日付： 11 月 9 日
件名： 予約

サンチェス様
このメッセージは明日の診療の確認のため送信しています。医師の診療は 2 時です。20分前には到着しておいてください。診療歴を記入していただくためです。事前に何かご質問がございましたら、お気軽にお電話くださいませ。

敬具

ジョディ・グッドウィン
ヨークヘルスクリニック

正解 & 解説

78. 正解 **(A)**　難易度 ▰▰▱ 難

選択肢には品詞の異なる単語が並んでいます。This message is と、このメッセージについての説明が続きます。動詞 remind は〈remind ＋人＋ about ～〉で〈人に～を思い出させる〉という語法がよく使われます。空欄の後ろに you about ～と続いているため、動詞を入れればよいとわかります。過去分詞にする必要はないので、(A) to remind が適切です。This message is to ～（このメッセージは～するためのものです）でメッセージの目的を示しています。

79. 正解 **(C)**　難易度 ▰▰▱ 難

文を挿入する問題です。空欄の前には約束の時間が書かれており、空欄の後には That を使って、空欄の内容が診療歴を記入してもらう時間だと示しています。空欄は時間に関して書かれているものだとわかるため、「20 分前に到着する」お願いをしている (C) が適切です。

80. 正解 **(B)**　難易度 ▰▰▱ 難

空欄には形容詞の働きをする、意味の異なる単語が並んでいます。questions という複数形の名詞を修飾する単語が入ります。(D) either の後には単数形の名詞がくるため、不適切です。残りの選択肢は意味を考えます。質問が何かしらあれば、と選択の自由を相手に与えています。よって、「何でも」という意味を示す (B) any が適切です。If you have any questions で「何かご質問があれば」という言い回しとして覚えておくとよいです。

Questions 81–82 refer to the following text message.

Kensuke

Hi Tony. I didn't see you at school. And we had plans to study together in the library tonight. Are you coming? Write me back, please.

Tony

設問

81. Who most likely are the writers?

(A) Librarians
(B) Classmates
(C) Relatives
(D) Coworkers

82. Select the best response to Kensuke's message.

(A) "Yes, it arrived late."
(B) "I've already read that."
(C) "Sorry, I have the flu."
(D) "Never on Thursdays."

設問の訳

書き手たちは誰ですか？

(A) 司書
(B) クラスメート
(C) 親戚
(D) 同僚

ケンスケのメッセージに対する最も適当な返答を選びなさい。

(A) 「うん、それは遅くに到着した。」
(B) 「それはもう読んだよ。」
(C) 「ごめんね、インフルエンザにかかっているんだ。」
(D) 「決して木曜日ではないよ。」

L PART 1
L PART 2
L PART 3
L PART 4
R PART 1
R PART 2
R PART 3

問題文の訳

設問 81-82 は、次のテキストメッセージに関するものです。

テキストメッセージ

ケンスケ
やあ、トニー。今日学校で見かけなかった
ね。今晩、図書館で一緒に勉強する予定だっ
たね。来れそうかな？　返信待ってます。

トニー

正解 & 解説

81. 正解 **(B)**
難易度 ━━━ 難

この文を書いている人たちの「関係」が問われています。at school（学校で）とあり、通常であればそこで会う関係と考えられます。see は「見る」の他、「会う」という意味もあります。この設問 Who is ～?　という表現で、職業が聞かれることもありますので注意しましょう。場所がschoolではなく、at library（図書館で）とあれば(A) Librarians（司書）、at work（職場で）とあれば (D) Coworkers（同僚）が正解になる可能性が高くなります。

82. 正解 **(C)**
難易度 ━━━ 難

図書館で勉強をする計画があったこと、そして Are you coming? という表現で、ケンスケはすでに図書館で、トニーを待っていることがわかります。その返事として、まず謝り、続けて約束通りに行けない理由を述べた (C) "Sorry, I have the flu." が正解です。(A)は it「それ」が指すものが不明、(B) は that「それ」が指すものが不明です。(D) は他に曜日の話は出ていないので、ふさわしくないと判断できます。

Questions 83–84 refer to the following information.

Sunburst Dry Cleaners

Customer name: Jeremy Harris
Phone number: 555-0146
Date and time of drop off: October 8 (6:28 p.m.)
Date requested for pick up: October 10

Item/Service	Quantity	Rate	Amount
Shirt	2	$ 3.20	$ 6.40
Pants	1	$ 5.50	$ 5.50
Zipper replacement	1	$ 7.80	$ 7.80
		Subtotal	$ 19.70
		Tax	$ 1.58
		Total	$ 21.28

設問

設問の訳

83. What did Mr. Harris plan to do on October 10?

(A) Deliver some shirts
(B) Pick out a jacket
(C) Collect some clothing
(D) Buy some suit pants

ハリスさんは10月10日に何を予定していますか？

(A) シャツを配達する
(B) ジャケットを選ぶ
(C) 洋服を回収する
(D) スーツのパンツを購入する

84. What will probably be removed?

(A) A zipper
(B) A stain
(C) A button
(D) A tag

おそらく何が取り除かれますか？

(A) ファスナー
(B) しみ
(C) ボタン
(D) 付け札

問題文の訳

設問 83-84 は、次の情報に関するものです。

情報

サンバーストドライクリーニング

お客様名：ジェレミー・ハリス
お電話番号：555-0146
お預け日時：10月8日（午後6時28分）
お受け取り希望日時：10月10日

品目 / サービス	数量	単価	計
シャツ	2	3.20 ドル	6.40 ドル
ズボン	1	5.50 ドル	5.50 ドル
ファスナー交換	1	7.80 ドル	7.80 ドル
		小計	19.70 ドル
		税	1.58 ドル
		合計	21.28 ドル

正解 & 解説

83. 正解 **(C)**　　　　　　　難易度 ▰▰▰ 難

クリーニング店の注文票のお客様名から、ハリスさんは客であることがわかります。設問で聞かれている 10月10日は Date requested for pick up（受取希望日）にあたります。pick up「拾う、集める」を collect「回収する」に言い換えた (C) が正解です。clothing は clothes と同じ「衣服」の意味です。(A) は、客であるハリスさんが配達するという意味になってしまうので不自然です。(B) は、pick out a jacket「ジャケットを選ぶ」なので不正解。また、表内に Pants（ズボン）はクリーニングの注文として入っていますが、「買う」という情報は出ていませんので (D) は不正解です。

84. 正解 **(A)**　　　　　　　難易度 ▰▰▰ 難

注文票から「取り外されるもの」の情報を見つけましょう。表左欄、「品名 / サービス」の下の段に、Zipper replacement（ファスナー交換）とあり、右の「個数」欄に 1 とあります。このことからファスナー交換の注文が 1 件入っていることがわかります。新たなファスナーに交換するために、事前に、今付いているファスナーを取り外す必要がありますので、(A) A zipper が正解です。その他の選択肢 3 つすべてが洋服に関するものですが、いずれも文書内で情報は出てきていません。

Questions 85–86 refer to the following notice.

Landscaping Work in May

Several trees will soon be planted around the parking lot. The work will occur between May 6 and 12. Throughout the period, tenants who park in row A or K should park someplace else. This will ensure that their cars do not get damaged. Please also note that the guest spots will be open to everyone at that time.

Greyson Tower Management

設問

設問の訳

85. Who is the notice for?

(A) Landscaping workers
(B) Delivery drivers
(C) Property managers
(D) Building tenants

このお知らせは誰に向けたものですか？

(A) 景観作業者
(B) 配達員
(C) 不動産管理人
(D) 建物の賃借人

86. What will change on May 6?

(A) A garden of vegetables
(B) An arrangement of cars
(C) A rule for guests
(D) A fee for a service

５月６日に何が変わりますか？

(A) 野菜庭園
(B) 車の配置
(C) 来客のルール
(D) サービス料金

設問 85-86 は、次のお知らせに関するものです。

お知らせ

5 月の景観作業について

まもなく、駐車場の周囲に木が植えられます。作業は 5 月 6 日から 12 日までです。この期間は、A 列と K 列の賃借人は他の場所に駐車する必要があります。これは、車が傷つかないようにするためです。また、来客用駐車場はその期間、誰でも使用できることをお知り置きください。

グレイソンタワー　管理人

正解 & 解説

85. 正解 (D)　　難易度 ▰▰▰ 難

お知らせを読むのは「誰」かが問われています。タイトルと 1 行目から、駐車場の周りに木を植える計画があることを読み取りましょう。2 行目に Throughout the period（その期間ずっと）の注意事項で、tenants（賃借人）に向け、いつもとは違う場所に駐車するよう指示がありますので、(D)Building tenants が正解です。タイトルから連想し、(A) Landscaping workers を選ばないよう注意しましょう。また、車や駐車場に関するお知らせですが、(B) Delivery drivers「配達人」に向けたものではありません。(C) Property managers はこのお知らせを作成した人です。

86. 正解 (B)　　難易度 ▰▰▰ 難

2 行目の情報から、5 月 6 日から工事が始まることがわかります。Q85 の解説で述べた通り、工事の間、一部の賃借人は別の場所に駐車するよう指示されています。つまり、5 月 6 日からいくつかの車の駐車する位置が変わると予想できますので、(B) が正解です。arrangement は「手配」という意味でも使われます。5 行目に guest「来客」という言葉がありますが、ここは guest spots「来客用駐車場」に関する規則の変更なので、(C) は不正解です。(A) vegetables「野菜」や (D) fee「料金」については本文に出てきていません。

Questions 87–88 refer to the following text message.

Kristi

Ramon, friends of mine are coming to town next month. They want to see a play. You go to the theater a lot. Have you seen anything recently that you can recommend?

Ramon

There's an excellent comedy at the Avenue Theater. It's so popular that tickets sell out about a week before each show.

Kristi

設問

87. What does Kristi want from Ramon?

(A) A review
(B) A suggestion
(C) Some dates
(D) Some directions

設問の訳

クリスティはラモンから何を聞きたがっていますか？

(A) レビュー
(B) 提案
(C) 日程
(D) 道案内

88. Select the best response to Ramon's message.

(A) "Well, we practiced very hard."
(B) "Yes, we're really enjoying it."
(C) "What time will it be on TV?"
(D) "Oh, I'd better get them soon!"

ラモンのメッセージに対する適切な返答を選びなさい。

(A) 「ええ、私たちは一生懸命練習したよ。」
(B) 「ええ、私たちはとても楽しんでいるよ。」
(C) 「何時にテレビで放送されるの？」
(D) 「すぐに手に入れたほうが良さそうだね！」

問題文の訳

設問 87-88 は、次のテキストメッセージに関するものです。

テキスト
メッセージ

クリスティ
ラモン、来月私の友達がこの町に来るの。
彼らは演劇を観に行きたいんだって。あな
たはよく劇場に行っているよね。<u>最近何か
おすすめできるものは観た？</u>

ラモン
アベニューシアターで、素晴らしいコメ
ディをやっていたよ。それぞれの公演の 1
週間前にはチケットが売り切れてしまうほ
どの人気なんだ。

クリスティ

正解 & 解説

87. 正解 **(B)**

難易度 難

クリスティがラモンから得たい「情報」が問われています。クリスティは町に来る友達のた
めに演劇の情報を集めています。ラモンへの質問は Have you seen ～?（～は観ましたか）
ですが、実際には、よい劇を提案してほしい、という意図があります。質問文のそのまま
の意味だけでなく、隠された意図を意識しながら、正解のヒントを探りましょう。注意し
たいのは、この時点でクリスティは、まだ情報を集めている段階なので、劇に対する意見 (A)
A review や (D) Some directions は誤りです。

88. 正解 **(D)**

難易度 難

あるコメディー劇をすすめるにあたり、ラモンは、<u>tickets sell out</u>「チケットが売り切
れになる」と教えてくれています。Tikcets を them で置き換えた "Oh, I'd better get
them soon!" が正解です。I'd better ～は I had better の略で「～すべきだ、～した
ほうがよい」という意味です。(B) は、質問されていないことに対して Yes から始まる文
で返すのは不自然です。また、動詞が現在進行形になっており、今クリスティがラモンと
会話をしながら it (それ) を見て楽しんでいる、という意味になり文脈が不自然になります。

R
PART
3

Questions 89–91 refer to the following Web page.

Arlington Hotel Reservations

If you wish to cancel your reservation, please do so at least 48 hours before the date we expected you to arrive. We will then provide a full refund. If your cancellation is made within 48 hours prior to the date, you will be charged for one night. To change the date of your booking, please call our front desk.

89. What is described on the Web page?

(A) **A cancellation policy**
(B) A registration method
(C) A hotel restaurant
(D) A check-in procedure

ウェブページには何が書かれていますか？

(A) **キャンセル規程**
(B) 登録方法
(C) ホテルのレストラン
(D) チェックインの手順

90. According to the Web page, what can the hotel do?

(A) Store some luggage
(B) Reduce some charges
(C) **Return a payment**
(D) Change a room

ウェブページによると、ホテル側は何をしてくれますか？

(A) 荷物を保管する
(B) 料金を減額する
(C) **支払いを返金する**
(D) 部屋を変更する

91. Why should people call the front desk?

(A) To get an explanation
(B) **To change a reservation**
(C) To report a mistake
(D) To ask for an extension

フロントデスクに電話する必要があるのはなぜですか？

(A) 説明を得るため
(B) **予約を変更するため**
(C) 間違いを報告するため
(D) 延長を申請するため

問題文の訳

設問 89-91 は、次のウェブページに関する質問です。

ウェブページ

アーリントンホテルの予約

予約のキャンセルを希望する場合は、到着予定日の 48 時間前までに行なってください。その場合は全額を返金いたします。予約のキャンセルが到着日から 48 時間以内になされた場合、1 泊分の料金が課されます。予約の日付を変更する場合は、フロントデスクにお電話ください。

正解 & 解説

89. 正解 **(A)**

難易度 ■■■ 難

ウェブページの「内容」が問われています。タイトルに目を通すと、Hotel Reservations ですが、選択肢に「ホテルの予約」がないので、そのまま読み進めます。1 行目 cancel（キャンセルする）という動詞や、3 行目 cancellation（キャンセル）という名詞がヒントです。このような細かいルールは policy「規程」と表現できますので (A) が正解です。(B) の registration「登録」はイベントなどでの事前手続きで、ホテルの reservation とは異なります。ホテルのレストランや、チェックインなどに関する情報はありませんので、(C) と (D) は誤りです。

90. 正解 **(C)**

難易度 ■■■ 難

ホテル側が「できること」が問われています。3 行目 We will then provide a full refund.（私たちは、全額の返金を提供することが可能である）という表現があります。この部分を言い換えた (C) が正解です。4 行目 you will be charged（あなたは請求される）とあり、(B)Reduce some charges には、同じ charge「請求」という言葉が使われています。しかし、先ほどの文書内の続きを読むと、for one night（1 泊分を）と続き、1 泊分は請求される、つまり割引や減額がないということなので、(B) は不正解です。prior to「前に」は before と同じ意味です。

91. 正解 **(B)**

難易度 ■■■ 難

フロントデスクに電話をする「理由」、つまり、どのような場合に電話をするべきかが聞かれています。キーワード front desk を文書内で探すと、最終行に please call our front desk（フロントデスクにお電話ください）とあります。その直前に、To change the date of your booking（あなたの予約の日程を変更するためには）とあります。booking と reservation はどちらも「予約」という意味なので、(B) が正解です。その他の選択肢については、文書内では特に記載はありません。

Questions 92–94 refer to the following advertisement.

Montgomery Park

Montgomery Park is a zoo with more than 800 different animals. On August 2, we will celebrate our 20th anniversary. On that day only, you can visit at no charge! Come and see our beautiful animals. Also, enjoy the outdoor activities we have planned just for special day. To find out more, visit our Web site. And while you are there, you can also view recordings of our staff feeding the animals.

設問

92. What will happen on August 2?

(A) A park will reopen.
(B) A speech will be given.
(C) Admission will be free.
(D) Pictures will be displayed.

93. What is stated about the special activities?

(A) They include feeding animals.
(B) They will take place outside.
(C) They will begin at 9:00 A.M.
(D) They are held every weekend.

94. What can people do on the Web site?

(A) Download pictures
(B) Read about ingredients
(C) Look at a map
(D) Watch some videos

設問の訳

8月2日には何がありますか？
(A) 公園が再開する。
(B) スピーチが行われる
(C) 入園料が無料になる。
(D) 写真が展示される。

特別なアクティビティについて述べられていることはどれですか？
(A) 動物への餌やりを含む。
(B) 屋外で行われる。
(C) 午前9時に開始される。
(D) 毎週末行われる。

ウェブサイトでできることは何ですか？
(A) 写真をダウンロードする
(B) 成分について読む
(C) 地図を見る
(D) ビデオを見る

問題文の訳

設問 92-94 は、次の広告に関するものです。

広告

モンゴメリーパーク

モンゴメリーパークは 800 以上の異なる動物がいる動物園です。8 月 2 日には 20 周年を迎えます。その日に限り、無料で入園することができます。ぜひ美しい動物たちを見に来てください。また、その特別な日のためだけに計画した屋外アクティビティをお楽しみください。詳しい情報はウェブサイトをご覧ください。ウェブサイトでは、飼育員が動物に餌をあげている録画映像も見ることができます。

L PART 1

L PART 2

L PART 3

L PART 4

R PART 1

R PART 2

R PART 3

正解 & 解説

92. 正解 **(C)**

難易度 ▰▰▱ 難

8 月 2 日に行われることを、日付をヒントに探します。文書内 2 行目に August 2 と設問に出てきた日付があり、その日が Montgomery Park の 20 周年であるとわかります。続く文にその日は入園料が無料になるとあります。On that day only の that は、直前に出てきた 8 月 2 日を表します。文書内の no charge (ゼロの請求) が free「無料」に言い換えられた (C) が正解です。動物園がこれまで閉まっていた情報はないので (A) は誤りです。(B) のスピーチや (D) の写真展示は文書内に記載がありません。

93. 正解 **(B)**

難易度 ▰▰▱ 難

special activities に関する情報が問われています。4 行目 the outdoor activities (屋外アクティビティ) が just for the special day (その日限定) とありますので、(B) が正解です。take place はイベントなどが「行われる、催される」という意味です。その日限定という情報から (D) は誤りと判断できます。時間についての記載はないため (C) は不正解です。(A) は文書の 5 行目に feed the animals (動物への餌やり) に関する情報がありますが、主語が our stuff (飼育員) になりますので、入園者に向けたアクティビティではありません。

94. 正解 **(D)**

難易度 ▰▰▱ 難

Web site で「できること」が問われています。5 行目に、詳細を知るためにウェブサイトを訪れるようすすめられています。続く文の while you are there の there はウェブサイトを指し、そこでは録画した映像を見ることができるとわかります。view「視聴する」を watch「見る」に、recording「録画映像」を video「動画」に言い換えた (D) が正解です。ダウンロードができるとは書かれていないので (A) は誤りです。(B) の ingredient は食べ物に含まれる「成分」という意味です。ウェブサイトで地図を見られるかは書かれていないので、(C) は誤りです。

Questions 95–97 refer to the following online chat conversation.

 Janine's Messages

Doug [4:37 P.M.]
Hi, Janine. I was hoping to finish your walls this afternoon. I'm done in the kitchen, but parts of the dining room will have to wait.

Janine [4:39 P.M.]
Oh, is the cabinet still in the way? I thought I'd moved it far enough away from the walls.

Doug [4:41 P.M.]
No, it's fine where it is. Thanks for your help. Actually, I ran out of the light blue paint you want me to use on the window frames. I'll get a can at a store tomorrow.

Janine [4:43 P.M.]
OK, but remember, only one place sells that type. It's the store on Cornell Street.

設問

95. What does Doug want to finish?

(A) Preparing some meals
(B) Hanging some pictures
(C) Painting some walls
(D) Installing some lights

96. What is NOT mentioned about Janine?

(A) She bought a can.
(B) She moved furniture.
(C) She has a dining room.
(D) She wants light blue paint.

97. What does Janine remind Doug about?

(A) A business has moved.
(B) A cabinet is an antique.
(C) Two frames are wooden.
(D) Only one store sells a product.

設問の訳

ダグは何を終わらせたかったのですか？

(A) 食事の用意
(B) 絵を吊るすこと
(C) 壁を塗ること
(D) 照明の設置

ジャニーについて述べられていないことは何ですか？

(A) 彼女は缶を買った。
(B) 彼女は家具を動かした。
(C) 彼女はダイニングルームを持っている。
(D) 彼女はライトブルーのペンキがほしい。

ジャニーはダグに何について念を押しましたか？

(A) 店舗が移転したこと。
(B) 戸棚が骨董であること。
(C) ２つの窓枠は木製であること。
(D) １つの店だけが商品を売っていること。

問題文の訳

設問 95-97 は、次のチャットに関するものです。

オンラインチャット

ダグ [午後 4 時 37 分]
こんにちは、ジャニー。今日の午後で壁を終わらせたいと思っていたんだ。キッチンは終わったけど、ダイニングルームの一部は待たないといけない。

ジャニー [午後 4 時 39 分]
あれ、戸棚が邪魔だった？ 壁から十分に離しておいたと思ったけど。

ダグ [午後 4 時 41 分]
いや、それは今あるところでいいんだ。協力ありがとう。実は君が窓枠に使ってほしいと言っていたライトブルーの塗料を切らしてしまった。明日店に 1 缶買いに行ってくる。

ジャニー [午後 4 時 43 分]
分かった、でもその種類は 1 か所にしか売っていないことを覚えておいてね。コーネル通りにあるお店よ。

正解 & 解説

95. 正解 **(C)**

難易度 ━━◢◤ 難

ダグが「終わらせたかったこと」が問われていますので、特にダグの書いたメッセージにヒントがあると予測できます。1 行目、ダグの発言で hope to (〜することを望む) の後に、finish your walls とあります。ここから walls という言葉の含んだ選択肢 (C) を選んでも正解ですが、(壁を終わらせる) では何を終わらせるのかがわかりません。読み進めると、5 行目 ran out of the light blue paint から、ダグは、壁を塗り終えることを望んでいたとわかります。ここから、(C) が正解です。ちなみに、in the way は「道の中にある」つまり、「邪魔」という意味になります。

96. 正解 **(A)**

難易度 ━━◢◤ 難

3 行目、ジャニーは I'd moved it (それを動かした) と発言しています。この it は直前の cabinet を指し、furniture「家具」に含まれますので、(B) は情報があります。1 行目、ダグの発言 finish your walls から、ダグが作業を行っているのがチャット相手ジャニーの家であることが分かります。そして 2 行目 parts of dining room から、家にダイニングルームがあることが分かるので、(C) は情報があります。6 行目、塗料がなくなった情報に続く you want me to use という部分で、ジャニーがダグにライトブルーの塗料を使ってほしいと伝えていたので、(D) は言われています。残った (A) が正解です。6 〜 7 行目にある、明日塗料を買いに行くのはジャニーではなく、ダグの行動になります。

97. 正解 **(D)**

難易度 ━━◢◤ 難

ジャニーがダグに「思い出させたこと」が問われています。設問文にある〈remind ＋人＋ about/of 〜〉は「人に〜を思い出させる」という表現です。8 行目、ジャニーがダグに remember (覚える) とお願いしている部分がヒントです。続いて、使い切った塗料が特定の店でしか買えない、という情報が出てきます。place が store、paint が product に言い換えられた (D) が正解です。店が引っ越したという情報はありませんので (A) は誤りです。cabinet の製造年代や window frame の素材については出てきていませんので (B) と (C) は誤りです。

Questions 98–100 refer to the following article.

Best Hot Dogs in Town

Brian Trang's homemade hot dogs are delicious. When he opened his stand a year ago, he did not believe it would ever be very successful. In fact, it was a huge surprise to him when it became so well known. He parks the stand beside Rays Stadium. "It's a great location," he said. "It's busy whenever there's a baseball game. The area is popular with visitors from other countries, too." Mr. Trang said he will join this year's Best Hot Dog Contest. As for other future plans, he commented: "I'll set up another stand or two. Maybe I'll even open my own restaurant someday."

設問

98. What surprised Mr. Trang?

(A) The success of his business
(B) The requests of his customers
(C) The results of a game
(D) The number of visitors

99. What is Mr. Trang planning to do?

(A) Join a sporting event
(B) Hand out a recipe
(C) Enter a competition
(D) Travel overseas

100. What does Mr. Trang suggest?

(A) He will sell his business.
(B) He will expand his business.
(C) He has changed a menu.
(D) He has won some awards.

設問の訳

トランさんは何に驚きましたか？

(A) 商売が成功したこと
(B) 客からの要望
(C) 試合の結果
(D) 訪問者の数

トランさんは何を計画していますか？

(A) スポーツイベントへの参加
(B) レシピの公開
(C) コンテストへの参加
(D) 海外を旅行すること

トランさんは何を示唆していますか？

(A) 彼は彼の商売を売却するだろう。
(B) 彼は商売を拡大するだろう。
(C) 彼はメニューを変更した。
(D) 彼はいくつかの賞を獲得した。

問題文の訳

設問 98-100 は、次の記事に関するものです。

記事

街で一番のホットドッグ

ブライアン・トランの自家製ホットドッグは美味しいです。彼が 1 年前に屋台を出した時には、こんなにも成功するとは思っていませんでした。実際、とても有名になった時は、彼にとって大きな驚きでした。彼は屋台をレイ・スタジアムのそばに停めています。「すごくよい場所ですね」と彼は言いました。「野球の試合がある時はいつもにぎやかです。その区画は国外からくる訪問者にも人気があります。」トランさんは今年のベストホットドッグコンテストに参加するつもりだと話しています。他にも将来のプランとして「もう 1 つか 2 つ屋台を設けようと思っています。いつかは自分のレストランをオープンするかもしれないとさえ考えています。」とコメントしています。

正解 & 解説

98. 正解 (A)

難易度 ▬▬ 難

トランさんが「驚いたこと」が問われています。3 行目 it was a huge surprise to him（それは彼にとって大きな驚きだった）とあります。この him は、記事のトピックであるホットドッグ屋台を開いたトランさんです。it は when 以下の内容を指します。when it became so well known「それ(hot dog stand)が有名になった時」とありますので、well known を success と言い換えた、(A) が正解です。4 行目、屋台はスタジアムの近くですが、トランさんが試合を見ているかは不明ですので (C) は誤りです。6 行目、屋台の場所は訪問客が多いとありますが、それに驚いているわけではありませんので (D) は誤りです。

99. 正解 (C)

難易度 ▬▬ 難

トランさんの「計画」が問われています。動詞が未来形 will の情報がヒントになります。7 行目でトランさんがコンテストに参加するという発言が取り上げられています。join「入る(参加する)」が enter「入る(参加する)」に、contest「コンテスト」が competition「競争(コンテスト)」に言い換えられている (C) が正解です。他の将来の計画として、屋台の数を増やす、レストランを開くといった内容はありますが、他の選択肢に関するような情報は出てきていません。

100. 正解 (B)

難易度 ▬▬ 難

設問では suggest（示唆する）という言葉が使われています。文書内に明確には書かれておらず、解釈が必要な場合がありますので、注意しましょう。9 行目、10 行目、トランさんが将来の計画について、屋台の数を増やす、レストランを開く、と今の事業をより大きくしていく内容を述べています。これを expand his business「(彼の)商売を拡大する」とまとめた (B) が正解です。これからコンテストに出るという話はありますが、すでに賞を取ったという情報はありませんので、(D) は誤りです。

第2回テスト

最低3回は受験をしてください。
そして、間違った問題を以下のチェックリストに記入していきましょう。
くり返し間違っている問題があれば、それはあなたの苦手問題です。

［チェックリスト］

No.	正解	チェック		No.	正解	チェック		No.	正解	チェック		No.	正解	チェック
1	D	☐☐☐		26	A	☐☐☐		51	C	☐☐☐		76	C	☐☐☐
2	A	☐☐☐		27	B	☐☐☐		52	A	☐☐☐		77	B	☐☐☐
3	B	☐☐☐		28	C	☐☐☐		53	D	☐☐☐		78	C	☐☐☐
4	D	☐☐☐		29	C	☐☐☐		54	B	☐☐☐		79	D	☐☐☐
5	A	☐☐☐		30	A	☐☐☐		55	C	☐☐☐		80	A	☐☐☐
6	C	☐☐☐		31	B	☐☐☐		56	D	☐☐☐		81	A	☐☐☐
7	B	☐☐☐		32	D	☐☐☐		57	B	☐☐☐		82	D	☐☐☐
8	C	☐☐☐		33	B	☐☐☐		58	B	☐☐☐		83	C	☐☐☐
9	A	☐☐☐		34	A	☐☐☐		59	A	☐☐☐		84	B	☐☐☐
10	D	☐☐☐		35	B	☐☐☐		60	C	☐☐☐		85	D	☐☐☐
11	C	☐☐☐		36	C	☐☐☐		61	A	☐☐☐		86	B	☐☐☐
12	B	☐☐☐		37	B	☐☐☐		62	C	☐☐☐		87	D	☐☐☐
13	D	☐☐☐		38	C	☐☐☐		63	D	☐☐☐		88	D	☐☐☐
14	A	☐☐☐		39	D	☐☐☐		64	D	☐☐☐		89	A	☐☐☐
15	B	☐☐☐		40	A	☐☐☐		65	B	☐☐☐		90	C	☐☐☐
16	D	☐☐☐		41	C	☐☐☐		66	D	☐☐☐		91	B	☐☐☐
17	D	☐☐☐		42	A	☐☐☐		67	B	☐☐☐		92	A	☐☐☐
18	D	☐☐☐		43	D	☐☐☐		68	A	☐☐☐		93	C	☐☐☐
19	C	☐☐☐		44	B	☐☐☐		69	A	☐☐☐		94	D	☐☐☐
20	A	☐☐☐		45	A	☐☐☐		70	B	☐☐☐		95	B	☐☐☐
21	B	☐☐☐		46	C	☐☐☐		71	D	☐☐☐		96	B	☐☐☐
22	D	☐☐☐		47	C	☐☐☐		72	D	☐☐☐		97	A	☐☐☐
23	D	☐☐☐		48	A	☐☐☐		73	B	☐☐☐		98	B	☐☐☐
24	C	☐☐☐		49	B	☐☐☐		74	A	☐☐☐		99	C	☐☐☐
25	B	☐☐☐		50	B	☐☐☐		75	C	☐☐☐		100	B	☐☐☐

全100問の正解一覧です。答え合わせにご利用ください。

LISTENING TEST

LISTENING TEST									
Part1		Part2				Part3		Part4	
No.	ANSWER A B C D	No.	ANSWER A B C D	No.	ANSWER A B C D	No.	ANSWER A B C D	No.	ANSWER A B C D
1	D	11	C	21	B	31	C	41	C
2	A	12	B	22	D	32	B	42	A
3	C	13	D	23	C	33	B	43	D
4	D	14	A	24	C	34	A	44	B
5	B	15	B	25	A	35	C	45	D
6	C	16	D	26	D	36	C	46	C
7	D	17	A	27	A	37	A	47	C
8	C	18	D	28	C	38	C	48	A
9	A	19	C	29	C	39	D	49	A
10	D	20	A	30	D	40	A	50	B

READING TEST

READING TEST									
Part1				Part2				Part3	
No.	ANSWER A B C D	No.	ANSWER A B C D	No.	ANSWER A B C D	No.	ANSWER A B C D	No.	ANSWER A B C D
51	Ⓐ Ⓑ ● Ⓓ	61	● Ⓑ Ⓒ Ⓓ	71	Ⓐ Ⓑ Ⓒ Ⓓ	81	● Ⓑ Ⓒ Ⓓ	91	Ⓐ Ⓑ Ⓒ Ⓓ
52	● Ⓑ Ⓒ Ⓓ	62	Ⓐ Ⓑ ● Ⓓ	72	Ⓐ Ⓑ Ⓒ ●	82	Ⓐ Ⓑ Ⓒ ●	92	● Ⓑ Ⓒ Ⓓ
53	Ⓐ Ⓑ Ⓒ ●	63	Ⓐ Ⓑ Ⓒ ●	73	Ⓐ ● Ⓒ Ⓓ	83	Ⓐ Ⓑ Ⓒ ●	93	Ⓐ ● Ⓒ Ⓓ
54	Ⓐ ● Ⓒ Ⓓ	64	Ⓐ Ⓑ Ⓒ ●	74	● Ⓑ Ⓒ Ⓓ	84	Ⓐ ● Ⓒ Ⓓ	94	Ⓐ Ⓑ Ⓒ ●
55	Ⓐ Ⓑ ● Ⓓ	65	Ⓐ ● Ⓒ Ⓓ	75	Ⓐ Ⓑ ● Ⓓ	85	Ⓐ Ⓑ Ⓒ ●	95	Ⓐ ● Ⓒ Ⓓ
56	Ⓐ Ⓑ Ⓒ ●	66	Ⓐ Ⓑ Ⓒ ●	76	Ⓐ Ⓑ ● Ⓓ	86	Ⓐ ● Ⓒ Ⓓ	96	Ⓐ ● Ⓒ Ⓓ
57	Ⓐ ● Ⓒ Ⓓ	67	Ⓐ ● Ⓒ Ⓓ	77	Ⓐ ● Ⓒ Ⓓ	87	Ⓐ ● Ⓒ Ⓓ	97	● Ⓑ Ⓒ Ⓓ
58	Ⓐ ● Ⓒ Ⓓ	68	● Ⓑ Ⓒ Ⓓ	78	Ⓐ Ⓑ ● Ⓓ	88	Ⓐ Ⓑ Ⓒ ●	98	Ⓐ ● Ⓒ Ⓓ
59	● Ⓑ Ⓒ Ⓓ	69	● Ⓑ Ⓒ Ⓓ	79	Ⓐ Ⓑ Ⓒ ●	89	● Ⓑ Ⓒ Ⓓ	99	Ⓐ Ⓑ ● Ⓓ
60	Ⓐ Ⓑ ● Ⓓ	70	Ⓐ ● Ⓒ Ⓓ	80	● Ⓑ Ⓒ Ⓓ	90	Ⓐ Ⓑ ● Ⓓ	100	Ⓐ ● Ⓒ Ⓓ

Listening
PART 1

問題文　　　　　　　　　　　　問題文の訳

1. 🇬🇧 W　A woman watching TV.　　　テレビを見ている1人の女性。

(A)　　　　　　　(B)　　　　　　　(C)　　　　　　　(D)

2. 🇨🇦 M　Some rows of cars.　　　　車が並んだいくつかの列。

(A)　　　　　　　(B)　　　　　　　(C)　　　　　　　(D)

3. 🇺🇸 W　They're climbing stairs.　　彼らは階段を上っている。

(A)　　　　　　　(B)　　　　　　　(C)　　　　　　　(D)

正解 & 解説

1. 正解 (D)

難易度 ━━◢◣ 難

A woman がどんな女性なのかを、現在分詞を使った形容詞句 watching TV で後ろから修飾しています。テレビを見ている 1 人の女性が描かれた (D) が正解です。(A) はテレビではなく腕時計 (a watch) を見ているので不適切です。watching から watch「時計」と勘違いしないようにしましょう。(B) はソファーに座っていて (sitting on a sofa) テレビを見ているのではありません。(C) はパソコンを使っていて (using a laptop) テレビを見ているのではありません。

L PART 1

L PART 2

人

2. 正解 (A)

難易度 ━━◢◣ 難

rows は「(複数の) 列」。rows of cars で「車の列」という意味になります。車の列がいくつかできている様子が描かれた (A) が正解です。(B) は車が 1 台も描かれていません。rows を road「道」と聞き間違えないように注意しましょう。(C) は車が描かれていますが、1 台だけなので不適切です。(D) は車が描かれてないので不適切です。rows を rose「バラ」と聞き間違えないように注意しましょう。

L PART 3

L PART 4

物

R PART 1

3. 正解 (B)

難易度 ━━◢◣ 難

主語は複数を表す They で、動作は are climbing「上っている」。climb stairs で「階段を上る」です。(B) が正解です。(A) は複数の人物ですが、バス停で並んでいるだけで階段を上ってはいません。(C) は複数の人物ですが、坂を下っている (going down) だけで階段を上ってはいません。(D) は 1 人の男性がはしごを運んでいる (carrying a ladder) ところで、階段を上ってはいません。

R PART 2

人

R PART 3

4. **M** Hanging a coat on a hook.

フックにコートを掛けること。

(A)  (B)  (C)  (D)

---

5. **W** He's pouring some water.

彼は水を注いでいる。

(A)  (B)  (C)  (D)

---

6. **M** Two trees standing side by side.

横に並んで立っている2つの木。

(A) 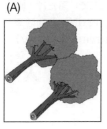 (B)  (C)  (D)

正解 & 解説

4. 正解 **(D)**

難易度 ━━◣◢ 難

hang a coat は「コートを掛ける」、on a hook は「フックに」。フレーズ全体で動名詞 hanging を用いた名詞句となっています。フックにコートを掛けている動作が描かれた (D) が正解です。(A) は洋服棚（closet）を眺めている動作、(B) はコートを着ている（putting on a coat）動作、(C) は壁に絵 (painting) を掛けている動作が描かれています。いずれもフックにコートを掛けている動作ではないため不適切です。

人

5. 正解 **(A)**

難易度 ━━◣◢ 難

主語は単数を表す He で、動作は is pouring「注いでいる」。pour some water で「水を注ぐ」。水を注いでいる 1 人の男性が描かれた (A) が正解です。(B) は 1 人の男性が手を洗っています (washing his hands)。(C) は 1 人の男性が水を飲んでいます (drinking water)。(D) は 1 人の男性がお湯を沸かしています (boiling water) が、それぞれ水を注いではいないため不適切です。

人

6. 正解 **(C)**

難易度 ━━◣◢ 難

Two trees「2 つの木」を動詞の stand「立つ」の現在分詞で修飾しています。side by side は「横に並んで」。2 本の木が横に並んで立っている様子が描かれた (C) が正解です。(A) は 2 本の木が描かれていますが、横になっていて立っていません。(B) は木が描かれていますが 1 本で、2 本ではないため不適切です。(D) は森が描かれていてたくさんの木が並んでいます。

物

問題文	問題文の訳

7. 🇺🇸 W When are you moving?

いつ引っ越すのですか？

🇦🇺 M (A) A bigger building.

(A) より大きな建物です。

(B) After I find an apartment.

(B) アパートを見つけた後です。

(C) A moving company.

(C) 引っ越し業者です。

(D) To the supermarket.

(D) スーパーマーケットへ。

---

8. 🇨🇦 M Aren't there any messages for me?

私宛の伝言メッセージはありませんか？

🇬🇧 W (A) Your appointment.

(A) あなたの面会です。

(B) About two hours.

(B) 約2時間です。

(C) No, there aren't any.

(C) いいえ、何もありません。

(D) Oh, I can do that.

(D) あら、それは私ができます。

---

9. 🇬🇧 W Where can I leave my coat?

どこにコートを置いていけばいいですか？

🇨🇦 M **(A) I'll take it for you.**

(A) 私がお預かりします。

(B) A winter coat.

(B) 冬用のコートです。

(C) Your locker key.

(C) あなたのロッカーの鍵です。

(D) She's over there.

(D) 彼女はあちらにいます。

---

10. 🇨🇦 M What time is the performance?

発表は何時ですか？

🇬🇧 W (A) Several times.

(A) 何度か。

(B) Near the university.

(B) 大学の近くです。

(C) I didn't see it.

(C) 私は見ませんでした。

(D) It's at seven o'clock.

(D) 7時ちょうどです。

---

11. 🇺🇸 W Could you introduce us?

私たちを紹介していただけますか？

🇦🇺 M (A) Yes, they did.

(A) はい、彼らです。

(B) It's been reduced.

(B) それは削減されました。

(C) I'd be happy to.

(C) 喜んで。

(D) Meet me at seven.

(D) 7時に会いましょう。

正解 & 解説

7. 正解 **(B)**　　WH疑問文　when　　　　難易度 ▰▰▰ 難

when で始まる WH 疑問文で、引っ越す「時期」を尋ねています。時間に関する返答は (B) のみで、これが正解です。(C) は同じ音を使ったひっかけで、問いかけ文の moving と同じ音が含まれていますが、意味的にまったく不自然な応答です。

8. 正解 **(C)**　　Yes/No疑問文　　　　難易度 ▰▰▰ 難

自分宛のメッセージがあるかを尋ねる Yes/No 疑問文です。否定疑問文になっています。(C) は「No= ない」＋「何もない」という自然なつながりになるので、これが正解です。(A) appointment は「面会」や「約束」という意味の重要な単語です。(B) about は数字の前に置かれると「約」や「およそ」という意味で使われます。

9. 正解 **(A)**　　WH疑問文　where　　　　難易度 ▰▰▰ 難

where で始まる WH 疑問文で、コートを置く「場所」を尋ねています。(A) の「私が預かる」という文は、問いかけに答えて場所を指示する代わりの提案として、自然な応答になります。ホテルのクロークを想像するとよいでしょう。これが正解です。(B) は問いかけ文の coat と同じ語を使ったひっかけです。(C) はコートを置く場所から連想される locker を使っているものの、不自然な応答です。(D) は場所を答えているが、She が誰を指すのかが不明です。

10. 正解 **(D)**　　WH疑問文　what　　　　難易度 ▰▰▰ 難

what time で始まる WH 疑問文で、発表の「時間」を尋ねています。時間を答えている (D) が正解です。(A) は問いかけ文と同じく time(s) という単語を使っていますが、「回数」を答えていますので不自然な応答です。(B) は「場所」を答えており、応答として成り立ちません。(C) は問いかけ文が現在形で、発表がこれから行われることを示しているのに対して過去形で答えているので、不自然な応答です。

11. 正解 **(C)**　　Yes/No疑問文　　　　難易度 ▰▰▰ 難

助動詞 could を用いた Yes/No 疑問文です。この Could you ～ ？は「できた・できなかった」を尋ねているのではなく、「～していただけますか」と依頼する表現です。(C) は依頼を快諾する決まり文句です。(A) は they が指すもの、(B) は It が指すものが不明です。(D) は問いかけ文の introduce から想起される meet を使ったひっかけで、不自然な応答です。

問題文	問題文の訳

12. M The volunteers are wearing red T-shirts.

W (A) Warmer clothes.
(B) They look great!
(C) I'll bring more tea.
(D) I haven't read it.

ボランティアの人は赤いTシャツを着ています。

(A) より暖かい服です。
(B) かっこよいですね！
(C) もっと紅茶を持ってきます。
(D) 私は読んでいません。

---

13. W You've already registered, haven't you?

M (A) Not quite enough.
(B) Usually at lunch time.
(C) It was very interesting.
(D) Yes, I did it yesterday.

あなたはもう登録しましたよね？

(A) 十分ではありません。
(B) 普段は昼食の時間です。
(C) とても興味深いです。
(D) はい、昨日しました。

---

14. M Would you like water or tea?

W **(A) I'll just have water.**
(B) In the dining room.
(C) A few more glasses.
(D) A dollar eighty.

水かお茶はいかがですか？

(A) 水にします。
(B) ダイニングルームです。
(C) あといくつかのグラスです。
(D) 1ドル80セントです。

---

15. W Who lent you this umbrella?

M (A) Next to the door.
(B) My cousin did.
(C) The sun came out.
(D) The black one, please.

誰があなたにこの傘を貸したのですか？

(A) ドアの隣です。
(B) 私のいとこです。
(C) 太陽が出てきました。
(D) 黒いほうをください。

---

16. M How spicy is the food at that restaurant?

W (A) All sorts of dishes.
(B) You're right, they are.
(C) A lot of them.
(D) It's pretty hot.

あのレストランの食べ物はどれくらい辛いですか？

(A) すべての種類の料理です。
(B) はい、彼らはその通りです。
(C) それらの多くです。
(D) かなり辛いです。

12. 正解 (B) 　平叙文　　　　難易度 ▰▰▰ 難

問いかけ文は「ボランティアの人が赤い T シャツを着ている」という<u>状況を述べる平叙文</u>です。(B) の They は T-shirts を指して、「赤い T シャツはかっこよく見える」という意味で自然な応答で、これが正解です。(A) は問いかけ文の T-shirts から想起される clothes を使ったひっかけ、(C) は問いかけ文の T-shirts にある T と同じ音の tea を使ったひっかけで、いずれも不自然な応答です。(D) は it が何を指しているのかがわかりません。

13. 正解 (D) 　付加疑問文　　　　難易度 ▰▰▰ 難

<u>付加疑問文</u>で「<u>登録したかどうか</u>」を確認しています。(D) は「Yes= 登録した」+「昨日しました」という自然な流れの応答で、これが正解です。(A) は「量」が十分でない時に使い、ここでは不自然な応答です。(B) は「時間」に対する応答で、登録には関係ありません。(C) は It が何を指しているのかがわかりません。

14. 正解 (A) 　選択疑問文　　　　難易度 ▰▰▰ 難

問いかけ文は <u>Would you like 〜?「〜はいかがですか。」</u>と相手の意向を聞く決まり文句で、ここでは具体的な選択肢 2 つを挙げ、どちらがよいか聞かれています。それに対して、(A) は「水」と片方を選択している自然な応答で、これが正解です。(B) は飲み物を用意する「場所」と考えられますが、ここでは不自然な応答です。(C) は問いかけ文の water から想起される glasses が使われていますが、不自然な応答です。(D) は「金額」を述べていますが、ここでは問われていない内容になります。

15. 正解 (B) 　WH疑問文　who　　　　難易度 ▰▰▰ 難

who で始まる WH 疑問文で、「<u>誰</u>」が傘を貸したのかを<u>尋ねています</u>。(B) は My cousin did.「私のいとこがやった」という文で、問いかけ文にある lent you this umbrella に対して、lent me this umbrella を省略した自然な応答でこれが正解です。(A) は next to 〜 (〜の隣) を使って「場所」を表していますが、不自然な応答です。(C) は問いかけ文の umbrella から想起される sun を使っていますが、不自然な応答です。(D) one は問いかけ文の umbrella に対応していますが、傘を選ぶ場面ではないので不自然です。

16. 正解 (D) 　WH疑問文　how　　　　難易度 ▰▰▰ 難

how で始まる WH 疑問文で、<u>食べ物の辛さの「程度」を尋ねている</u>ので、「かなり辛い」と程度の大きさを答えている (D) が正解です。spicy が hot に言い換えられており、hot は「熱い」の他、「辛い」という意味でも使われます。(A) は問いかけ文の food や restaurant から想起される dishes が使われていますが、不自然な応答です。(B) は何に対して「その通り」と述べているのかがわかりません。(C) は them が示すものが不明です。

L PART 1
L PART 2
L PART 3
L PART 4
R PART 1
R PART 2
R PART 3

問題文	問題文の訳

17. 🇺🇸 W Have you made plans for the weekend?

週末の予定はもう立てた？

🇦🇺 M (A) We'll make more of it.
(A) 私たちはそれをもっと作りましょう。

(B) I'm going to the countryside.
(B) 地方へ行く予定です。

(C) By train is best.
(C) 電車が最も良いと思います。

(D) I'd be delighted to.
(D) 喜んで。

---

18. 🇨🇦 M Why has David come back from school so early?

なぜデイビットはこんなに早く学校から帰ってきたの？

🇬🇧 W (A) Sometimes by bus.
(A) 時々はバスです。

(B) Late last night.
(B) 昨日の夜遅くです。

(C) From the library.
(C) 図書館からです。

(D) He's not feeling well.
(D) 彼は具合がよくないのです。

---

19. 🇬🇧 W What does that shop sell?

あの店は何を販売しているの？

🇦🇺 M (A) By bicycle.
(A) 自転車で。

(B) A sales representative.
(B) 販売員です。

(C) Mostly antiques.
(C) ほとんどはアンティーク物です。

(D) At a delivery service.
(D) 配送業者で。

---

20. 🇳🇿 M Has anyone seen my sunglasses?

誰か私のサングラスを見かけなかった？

🇺🇸 W **(A) Check the coffee table.**
(A) コーヒーテーブルを確認してみて。

(B) I have change.
(B) おつりがあるよ。

(C) No, they weren't.
(C) いや、彼らではないよ。

(D) A glass is fine.
(D) グラスがいいな。

---

21. 🇺🇸 W When did you learn how to drive?

運転の仕方をいつ学んだの？

🇨🇦 M (A) They'll arrive tomorrow.
(A) 彼らは明日到着するよ。

(B) Only recently.
(B) つい最近だよ。

(C) Yes, I know how.
(C) うん、やり方は知っている。

(D) The blue car.
(D) 青い車だよ。

正解 & 解説

17. 正解 **(B)** 　Yes/No疑問文　難易度 ▰▰▰ 難

週末の予定を立てたかどうかを尋ねる Yes/No 疑問文です。(B) は「地方へ行く予定」と予定の内容を述べていることから自然な応答で、これが正解です。countryside は「地方」や「田舎」の意味です。(A) は問いかけ文の made の原形である make を使ったひっかけですが、more of it が何を指しているのかがわかりません。(C) は「手段」を述べており、不自然な応答です。(D) は依頼に対して快諾する決まり文句です。

18. 正解 **(D)** 　WH疑問文　why　難易度 ▰▰▰ 難

why で始まる WH 疑問文です。「なぜ学校から帰ってきたのか」を尋ねています。(D) は「彼は具合がよくないのです」と述べ、これが帰ってきた理由と考えられるため、これが正解です。(A) は「交通手段」を述べており、不自然な応答です。(B) は早く帰ってきた理由ではなく会話がかみ合わないため、不適切です。(C) は問いかけ文と同じ from を使っていますが、不自然な応答です。

19. 正解 **(C)** 　WH疑問文　what　難易度 ▰▰▰ 難

what で始まる WH 疑問文で、販売している「物」を尋ねています。「ほとんどがアンティーク物」だと販売している物を答えている (C) が正解です。(A) は「交通手段」を答えており、ここでは不自然です。(B) は問いかけ文の sell から想起される sales が使われていますが、不自然な応答です。representative は「代表者、代理店」の意味で、sales representative は「販売員、営業担当者」の意味になります。(D) は問いかけ文の shop に関連した delivery を使っていますが、不自然な応答です。

20. 正解 **(A)** 　Yes/No疑問文　難易度 ▰▰▰ 難

サングラスを見たかどうかを尋ねる Yes/No 疑問文です。質問に直接答えてはいませんが、ありそうな場所を確認するように促している (A) が正解です。(B) の change は動詞だと「〜を変える」という意味ですが、名詞で「おつり」という意味があります。(C) は No と答えているのはよいですが、they が何を指しているのかが不明です。(D) は問いかけ文の sunglasses にある glasses から想起される a glass を使っていますが、不自然な応答です。

21. 正解 **(B)** 　WH疑問文　when　難易度 ▰▰▰ 難

when で始まる WH 疑問文で、運転の仕方を学んだ「時期」を尋ねています。時期に関する返答は (A) と (B) ですが、シンプルに時期を述べている (B) が正解です。only は時期を表す語句の前に置いて、「つい〜」と強調する意味を表します。(A) は tomorrow と述べていますが、They が何を指すのかがわかりません。(C) は WH 疑問文に Yes と回答しているので不自然です。(D) は問いかけ文の drive から想起される car を使っていますが、不自然な回答です。

問題文	問題文の訳

22. 🇨🇦 **M** We hope you enjoy your stay here.

ここでの滞在を楽しんでください。

🇺🇸 **W** (A) Until Sunday morning.
    (B) Sometime next year.
    (C) Yes, I do.
    (D) I'm sure it'll be lovely.

(A) 日曜の朝までです。
(B) 来年のいつかです。
(C) はい、そうです。
(D) きっと素敵な滞在になるわ。

---

23. 🇬🇧 **W** Is the clinic on the fifth floor?

診療所は 5 階ですか？

🇦🇺 **M** (A) No, the sixth aisle.
    (B) I need some medicine.
    (C) With Dr. Philips.
    (D) Yes, I asked the receptionist.

(A) いいえ、6 番通りです。
(B) 私は薬が必要です。
(C) フィリップ先生が一緒です。
(D) はい、受付係に尋ねました。

---

24. 🇨🇦 **M** Where can I get a battery for my watch?

私の時計の電池はどこで手に入りますか？

🇺🇸 **W** (A) We watched it today.
    (B) That's a good offer.
    (C) At the shopping center.
    (D) No, we shouldn't forget.

(A) 私たちは今日それを見ました。
(B) それはいい提案ですね。
(C) ショッピングセンターで。
(D) いいえ、忘れるべきではありません。

---

25. 🇬🇧 **W** How long does it take to get downtown?

繁華街に行くのにどれくらいかかりますか？

🇨🇦 **M** (A) I took a taxi instead.
    (B) Twenty minutes by train.
    (C) The deadline has passed.
    (D) A different route.

(A) 代わりにタクシーを使いました。
(B) 電車で 20 分です。
(C) 締め切りは過ぎました。
(D) 違うルートです。

---

26. 🇦🇺 **M** Who bought this cake, George or Lisa?

このケーキを買ったのはジョージですかリサですか？

🇬🇧 **W** **(A) Both of them did.**
    (B) It's delicious!
    (C) Yes, I brought some, too.
    (D) The bakery across the street.

(A) 二人ともです。
(B) 美味しいです！
(C) はい、私がいくつか持ってきました。
(D) 通りの向かいのパン屋です。

正解 & 解説

22. 正解 (D)　　平叙文　　難易度 ━━◢◣◤◢ 難

問いかけ文は「滞在を楽しんでください」と述べています。この発言を受けて、「きっと素敵なものになる」とこれから楽しむことを見据えている (D) が自然な応答で、正解です。(A) と (B) は時期を答えており、不自然です。(C) は何に対して Yes なのかがわかりません。

23. 正解 (D)　　Yes/No疑問文　　難易度 ━━◢◣◤◢ 難

診療所が 5 階にあるかどうかを尋ねる Yes/No 疑問文です。(D) は「Yes=5 階です」+「受付係に尋ねた」という自然な回答で、適切です。(A) は「No=5 階ではない」と答えているのはよいですが、aisle（通り）の話に変わっていて不自然です。(B) は問いかけ文の clinic から想起される medicine を、(C) は Dr. を用いているものの、不自然な回答です。

24. 正解 (C)　　WH疑問文 where　　難易度 ━━◢◣◤ 難

where で始まる WH 疑問文で、時計の電池が手に入る「場所」を尋ねています。前置詞 at で場所を示した (C) が正解です。(A) は問いかけ文の watch と同じ音が動詞で使われていますが、不自然な応答です。(B) はお店などからの提案に対しての返答になりますが、ここでは不自然です。(D) は WH 疑問文に No と答えているので不自然です。

25. 正解 (B)　　WH疑問文 how　　難易度 ━━◢◣◤ 難

how long で始まる WH 疑問文で、繁華街に行くのにかかる「時間」を尋ねています。How long does it take ～?「～するのにどのくらい時間がかかるのか」という決まり文句は覚えておくとよいです。時間に関する返答は (B) のみで、これが正解です。by は交通手段を表しています。(A) は問いかけ文の take を過去形で使って、交通手段を述べていますが、不自然な応答です。(C) は締め切りの話で、内容が噛み合いません。(D) は選ぶルートに対する回答で、ここでは不自然な応答です。

26. 正解 (A)　　選択疑問文　　難易度 ━━◢◣◤ 難

ケーキを買ったのが「ジョージ」なのか「リサ」なのかを、選択疑問文を使って、二者択一で尋ねています。問いかけ文の人物を述べずに、「両方（= 2 人とも）」を使って答えている (A) が正解です。Both of them bought this cake. が省略された形です。(B) はケーキの感想になっており、不自然な回答です。(C) は選択疑問文に Yes と回答しているので不自然です。(D) は問いかけ文の cake に対して購入場所を述べているようですが、不自然な回答です。

Questions 27 and 28 refer to the following conversation.

W Hi, Craig. I saw you playing beach volleyball yesterday.

M Really? I joined a team last Friday.

W I surf in that area every Saturday. So, I'll probably see you there again.

設問 | 設問の訳

27. What did the man do yesterday?

  (A) He watched a game.

  (B) He played a sport.

  (C) He saw a surfer.

  (D) He joined a gym.

男性は昨日何をしましたか？

  (A) 試合を観戦した。

  (B) スポーツをした。

  (C) サーファーを見かけた。

  (D) ジムに加入した。

28. When does the woman go surfing?

  (A) On Thursdays.

  (B) On Fridays.

  (C) On Saturdays.

  (D) On Sundays.

女性はいつサーフィンに行きますか？

  (A) 木曜日。

  (B) 金曜日。

  (C) 土曜日。

  (D) 日曜日。

L PART 1
L PART 2
L PART 3
L PART 4
R PART 1
R PART 2
R PART 3

問題文の訳

設問 27 と 28 は、次の会話に関するものです。

女性：こんにちは、クレイグ。昨日あなたがビーチバレーをしているのを見かけたわ。
男性：本当？　僕は先週の金曜日にチームに加わったんだ。
女性：私は毎週土曜日にサーフィンをしにあの場所へ行くの。だからまた見かけるかもね。

日常会話

正解 & 解説

27. 正解 **(B)**　　　　　難易度 ■■■ 難

男性の「昨日の行動」が問われています。女性の発言 I saw you playing beach volleyball yesterday. がヒントです。〈see 人〜 ing〉[人が〜するのを見る] という表現を使い、「昨日、あなたがバレーボールをしているのを見かけた」と伝えています。beach volleyball「ビーチバレー」を sport「スポーツ」に言い換えた (B) が正解です。男性は、試合やサーファーを見ていたのではなく、実際にプレーしていたことから (A) や (C) は誤りです。運動に関わる表現 exercise は名詞 get some exercise（少し体を動かす）でも、動詞 exercise in a gym（ジムで体を動かす）でも使われます。

28. 正解 **(C)**　　　　　難易度 ■■■ 難

女性がサーフィンに行く日が「曜日」で問われています。会話から、曜日に関する表現を聞き取りましょう。女性の発言に I surf … every Saturday. とありますので (C) が正解です。選択肢の曜日はすべて最後に s がついています。見慣れない印象かもしれませんが、ここでは曜日（名詞）の複数形であることを示しています。会話では every Saturday「毎週土曜日」となっており、選択肢では On Saturdays. と「（複数の）土曜日に」と、細かな表現が言い換えられています。このように、「答え」が、同じ表現ではっきりと述べられる設問は、落ち着いて聞き取り正解を選べるよう頑張ってください。Friday は男性がビーチバレーボールのチームに入った曜日ですので (B) は誤りです。

問題文

Questions 29 and 30 refer to the following conversation.

🇨🇦 **M** Good evening, ma'am. Do you have a reservation?

🇺🇸 **W** Yes, my last name is Owens. My friend will be joining me soon.

🇨🇦 **M** OK, please follow me to your table. You can look at the menu while you wait.

設問

設問の訳

29. Where are the speakers?

    (A) At a supermarket.
    (B) At a travel agency.
    (C) At a restaurant.
    (D) At a hair salon.

話し手たちはどこにいますか？

    (A) スーパーマーケット。
    (B) 旅行代理店。
    (C) レストラン。
    (D) ヘアサロン。

30. What will the woman do next?

    (A) Follow a waiter.
    (B) Check her schedule.
    (C) Make an appointment.
    (D) Move some tables.

女性は次に何をしますか？

    (A) ウエイターについていく。
    (B) 予定を確認する。
    (C) 面会をとりつける。
    (D) 机を動かす。

問題文の訳

設問 29 と 30 は、次の会話に関するものです。

店員など
との会話

男性：こんばんは、奥様。ご予約はされていますか？
女性：ええ、名字はオーウェンです。もうすぐ友達が来ます。
男性：承知しました。お席にご案内いたします。お待ちの間にメニューを御覧ください。

L PART 1

L PART 2

L PART 3

L PART 4

R PART 1

R PART 2

R PART 3

正解 & 解説

29. 正解 **(C)**

難易度 ━━━◣ 難

話し手たちがいる「場所」が問われています。会話ではいくつかヒントが聞こえます。男性が、Do you have a reservation? と聞いていることから、予約して利用されることの多い (C) a restaurant、あるいは (D) a hair salon という予想がつきます。続いて、女性の発言 My friend will be joining me. (友人が来る) を手がかりに、レストランで一緒に食事をする場面だと想像できます。後半、男性の please follow me to your table (テーブルまで私についてきてください) が最大の決め手となり、(C) が正解とわかります。(B) agency は「代理店」の意味です。real estate agency (不動産代理店)、advertising agency (広告代理店) などが、試験にはよく登場します。

30. 正解 **(A)**

難易度 ━━━◣ 難

女性の「次の行動」が問われています。この会話の話し手たちは、男性がレストランの従業員、女性が予約客という関係です。男性が please follow me と依頼しており、女性はそれに従うと考えられますので、(A) が正解です。英語圏では、正式なレストランでは、テーブルごとの分担制になっており、1 人のウエイター (男性は waiter、女性は waitress) が、テーブルへの案内、注文、後片付け、会計と、すべて担当してくれる場合が多くなっています。このような流れを知っておくと、場面が想像しやすくなります。スケジュール調整や変更に関する情報はないので、(B) や (C) は誤りです。(D) tables を「動かす」という表現はないので誤りです。このタイプの設問は、女性 (本人) の発言で、I will ～ . や I'm going to ～ . という未来形で正解のヒントが示されることも多くなります。

Questions 31 and 32 refer to the following conversation.

W Peter, by when do we have to register for the training seminar?

M I'm not sure. Didn't you circle the date on your calendar?

W Oh, right! And I put that in my desk drawer. I'll go check it.

設問

31. What does the woman ask about?

(A) A train departure.
(B) A registration deadline.
(C) A school club.
(D) A seminar topic.

設問の訳

女性は何について尋ねていますか？

(A) 電車の出発。
(B) 登録期限。
(C) 学校のクラブ。
(D) セミナーのトピック。

32. Where did the woman put her calendar?

(A) On a wall.
(B) By a door.
(C) On a desk.
(D) In a drawer.

女性はカレンダーをどこに置いたのですか？

(A) 壁。
(B) ドアのそば。
(C) 机の上。
(D) 引き出しの中。

問題文の訳

設問 31 と 32 は、次の会話に関するものです。

女性：ピーター、研修セミナーにいつまでに<u>登録</u>しなくてはいけないんだっけ？
男性：わからないなあ。君はカレンダーの日付を丸で囲んでなかったっけ？
女性：ああ、そうだ！そして机の<u>引き出し</u>に入れたんだった。確認してくるわ。

仕事での会話

L PART 1

L PART 2

L PART 3

L PART 4

R PART 1

R PART 2

R PART 3

正解 & 解説

31. 正解 **(B)**

難易度 ━━ 難

女性が聞いていることは「何か」が問われています。女性は、時間を尋ねる when を用い、by when「いつまでに」という期限を表す表現で、質問をしています。<u>聞いているのは register for the training seminar</u>（研修セミナーへの登録）です。この情報を、deadline「締め切り」を使って言い換えた (B) が正解です。deadline「締め切り、納期」は、似た意味の due date「締め切り日」や meet the deadline「納期に間に合う」という表現にも慣れておきましょう。会話内の training は「研修」の意味で、電車ではありませんので (A) は誤りです。研修の内容についての情報は出てきませんので (D) は誤りです。

32. 正解 **(D)**

難易度 ━━ 難

カレンダーの「場所」が問われています。<u>場所を表す表現 in my desk drawer が聞き取れた</u>でしょうか。これをシンプルに言い換えた (D) が正解です。話の流れでは、女性の最初の質問に対し、男性は I'm not sure.「わからない」と答え、Didn't you circle the date on your calendar?「あなたはカレンダー上でその日（研修登録の締め切り日）に丸い印をつけていたのではありませんか？」と聞いています。つまり、女性に、その印をつけたカレンダーを見て、日付を確認することを促しているのです。続く女性の発言の put that in my desk drawer の that は、直前の男性の発言にある calendar を言い換えた代名詞です。机の上に置きっぱなしにしているわけではありませんので (C) は誤りです。

Questions 33 and 34 refer to the following conversation and TV listing.

M Hey, Tammy. Do you want to watch something on TV tonight? Doctor Elliot starts at seven.

W Hmm... I missed the first two episodes of that show. Can we watch the movie instead?

M Sure, but it's long. Since you're flying to Perth early tomorrow, you shouldn't stay up late.

W I'll be fine. I'll pack my suitcase now, and we'll watch it after.

TV Shows (7:00 p.m.)	
Kitchen Kings	Cooking
Northern Stars	Movie
Today's World	News
Doctor Elliot	Series

設問

設問の訳

33. Look at the TV listing. What will the speakers watch?

(A) *Kitchen Kings.*
(B) *Northern Stars.*
(C) *Today's World.*
(D) *Doctor Elliot.*

テレビ番組一覧を見なさい。話し手たちは何を見る予定ですか？

(A) キッチンキングス
(B) ノーザンスターズ
(C) トゥデイズワールド
(D) ドクターエリオット

34. What does the woman plan to do?

(A) Prepare for a trip.
(B) Try on a business suit.
(C) Record a program.
(D) Change the channel.

女性は何を予定していますか？

(A) 旅行の準備をする。
(B) ビジネススーツを試着する。
(C) 番組を録画する。
(D) チャンネルを変える。

TEST 2

問題文の訳

設問 33 と 34 は、次の会話とテレビ番組一覧に関するものです。

男性：やあ。タミー。今夜テレビで何か観たくないか？　ドクターエリオットが 7 時に始まるぞ。

女性：うーん。その最初の 2 話を見逃したんだよね。代わりに映画を観ない？

男性：もちろん、でも長いね。君はあしたパースへ飛ぶから、早く寝るべきだよね。

女性：大丈夫よ。今スーツケースを詰めて、あとで観ましょう。

テレビ番組 (午後 7 時)

キッチンキングス	料理
ノーザンスターズ	映画
トゥデイズワールド	ニュース
ドクターエリオット	連作

日常会話

正解 & 解説

33. 正解 **(B)**

難易度　難

話し手たちが鑑賞する「番組」が問われています。図の番組表は左に番組名、右に番組内容のジャンルが対応するように並んでいます。この設問の選択肢には、番組名が並んでいますので、会話では、右のジャンルに関する情報が述べられると予想して聞くようにしましょう。番組表、男性の Doctor Elliot starts at seven. という情報に対し、女性は Can we watch the movie instead?「代わりに映画を見ることができますか？」と聞いています。Movie とジャンル名にある (B) が正解です。その後の会話の流れから女性の希望通り、話し手たちは、映画を見ることがわかります。

34. 正解 **(A)**

難易度　難

女性のこの後の「行動」が問われています。男性の発言で、Since you're flying to Perth early tomorrow「あなたは明日、パースに飛ぶので」という情報が聞こえます。since は「〜から」という時を表す場合もありますが、ここでは「〜なので」と理由を表しています。続いて、女性が I'll pack my suitcase now「今、スーツケースを詰める」と述べています。女性はこれから「明日のフライトの準備をする」と考えられますので、(A) が正解です。flying to Perth が a trip に、I'll pack my suitcase now が prepare for に言い換えられています。女性はあとで一緒に映画を観ると述べているので、(C) record「録画する」は誤りです。(D) は、今すでにテレビをつけているわけではありませんので、誤りです。(B) try on は「試着する」の意味です。

会話問題 • 95

Questions 35 and 36 refer to the following conversation and map.

W Welcome to the visitor center of Hudson National Park. Here's our map.

M Thanks. My friends and I don't know which trail to take. We want to see the waterfall.

W Then you have two options. Trail C goes there directly. But if you'll be here all day, I suggest taking the other.

M OK, we will take your advice. We'll be here all day. In fact, we're going to spend the night at a campsite nearby.

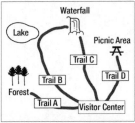

設問 | 設問の訳

35. Look at the map. Which trail will the man probably take?

(A) Trail A.

(B) Trail B.

(C) Trail C.

(D) Trail D.

地図を見なさい。男性は、おそらくどのコースを選びますか？

(A) コース A。

(B) コース B。

(C) コース C。

(D) コース D。

36. What will the man do with his friends?

(A) Cycling.

(B) Jogging.

(C) Camping.

(D) Fishing.

男性は、友人と何をするつもりですか？

(A) サイクリング。

(B) ジョギング。

(C) キャンプ。

(D) 釣り。

問題文の訳

設問 35 と 36 は、次の会話と地図に関するものです。

女性：ハドソン国立公園ビジターセンターへようこそ。こちらが地図です。

男性：ありがとうございます。友人と私はどのコースを選べばいいか分かりません。滝が見たいのですが。

女性：それなら 2 つの選択肢があります。C コースは滝に直接つながっています。でももしあなた方がこちらに丸 1 日いられるのであれば、もう一つの方をおすすめします。

男性：ではあなたのアドバイスに従います。我々はここに丸 1 日います。実は、近くのキャンプ場で夜を過ごすのです。

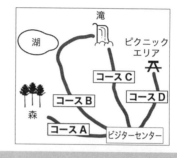

店員などとの会話

正解 & 解説

35. 正解 **(B)**

難易度 ＿＿＿＿ 難

地図上で話し手が選ぶ「コース」が聞かれています。女性が Welcome to the visitor center と言っていることから、話し手たちは今ビジターセンターにいること、そして女性はそこのスタッフであることが分かります。続く男性の we want to see the waterfall という発言から、visitor center から waterfall に続く道を見つけましょう。Trail B と Trail C が条件に当てはまります。女性は「C コースは直接そこへ行くが、もしここに丸一日いるなら、もう一方を選ぶことをすすめます」と述べています。逆接を表す But「しかし」の後には特に重要な情報が述べられることが多くなります。the other は、「もう一方の、もう片方の」の意味で、残っているものが 1 つである時、その残りを指す表現です。ここでは、コースに 2 つ選択肢があり、Trail C に関する情報が先に述べられていますので、the other は残った Trail B を指しています。男性は女性のアドバイスに従うことを受け入れているので、(B) が正解です。

36. 正解 **(C)**

難易度 ＿＿＿＿ 難

男性のこの後の「行動」が問われています。後半の未来表現をキャッチしましょう。男性は we're going to の後に spend the night at a campsite「一晩をキャンプ場で過ごす」と述べています。これを 1 語で言い換えた (C) Camping. が正解です。trail に沿って移動すると予想できますが、「走る」という表現はありませんので (B) は誤りです。自転車で移動する表現もありませんので (A) は誤りです。男性たちの目的地である waterfall から水が連想されますが「釣り」ができるという情報はありませんので (D) Fishing は誤りです。

Questions 37 and 38 refer to the following talk.

🇺🇸 **w** Welcome aboard Flight 827 from Atlanta to Mexico City. Our flight time will be approximately four hours. We'll be offering a selection of refreshments soon. But before that, please watch our safety video as we prepare for departure.

設問

設問の訳

37. Where is the announcement being made?

(A) On a train.
(B) On an airplane.
(C) In a travel agency.
(D) At an airline counter.

このアナウンスはどこで行われていますか？

(A) 電車の中。
(B) 飛行機の中。
(C) 旅行代理店内。
(D) 航空会社のカウンター。

38. What are the listeners instructed to do?

(A) Check a name.
(B) Review a menu.
(C) Watch a video.
(D) Ask a quesiton.

聞き手は何をするよう指示されていますか？

(A) 名前を確認する。
(B) メニューに目を通す。
(C) ビデオを見る。
(D) 質問をする。

問題文の訳

設問 37 と 38 は、次の話に関するものです。

アトランタ発メキシコシティ行きのフライト 827 便へのご搭乗ありがとうございます。飛行時間はおよそ 4 時間を予定しています。間もなくよりすぐりの軽食を提供いたします。でもその前に、出発準備の間、安全に関するビデオをご覧ください。

機内・車内
放送

正解 ＆ 解説

37. 正解 **(B)**

難易度 ◢◢◤ 難

このアナウンスが流れる「場所」が問われています。Welcome に続き、aboard（乗って）とあるのは、車や船に乗る客を迎える決まり文句です。ここでは、続いて Flight とあることから (B) On an airplane が正解です。ここを聞き逃しても、次の文の冒頭でも Our flight とヒントが聞こえます。空港のカウンターではなく、搭乗後の機内アナウンスになりますので、(D) は不正解です。(A) On a train. が正解になるためには、アナウンス内で、station「駅」や platform「プラットフォーム」などの言葉がヒントで聞こえてくるでしょう。

38. 正解 **(C)**

難易度 ◢◢◤ 難

話し手から聞き手への「指示」が問われています。please や could you ~？などの依頼表現をキャッチし、後を聞き取りましょう。アナウンス後半で、please の後に、watch our safety video と述べられますので、(C) が正解です。a selection of は「よりすぐりの」という意味で、ここでは refreshment「軽食」の質が高いことを示しています。ここから連想して (B) Review a menu. を選ぶと誤りです。review は re・view「再び見る」ことから広がり、「見なおす」「再調査する」「批評する」などの多くの意味で使われます。名詞では「レビュー」「評価」という意味で、日本語でも使われますね。

Questions 39 and 40 refer to the following telephone message.

🇬🇧 w　Hi, Kathy. It's Anne. I left my schedule book at our office. Inside that is my dentist's new address. I have an appointment there shortly. Could you text me the address? It's on the page with today's date. Thanks!

設問

39. What is the speaker's problem?

  (A)　She is very tired.

  (B)　She will be late.

  (C)　She lost a phone.

  (D)　She forgot a book.

設問の訳

話し手の問題は何ですか？

  (A)　彼女はとても疲れている。

  (B)　彼女は遅れそうである。

  (C)　彼女は携帯電話を失くした。

  (D)　彼女は本を忘れた。

40. What does the speaker ask Kathy to do?

  (A)　Send an address.

  (B)　Give her a ride.

  (C)　Schedule an appointment.

  (D)　Move some paper.

話し手はキャシーに何をするよう頼んでいますか？

  (A)　住所を送る。

  (B)　彼女を送る。

  (C)　診察を予約する。

  (D)　書類を動かす。

L PART 1

L PART 2

L PART 3

L PART 4

R PART 1

R PART 2

R PART 3

問題文の訳

設問 39 と 40 は、次の電話のメッセージに関するものです。

こんにちは、キャシー。アンです。職場にスケジュール帳を置いてきてしまったの。その中に、歯医者の新しい住所があるの。間もなく診察があるんだけど、住所を送ってくれる？今日の日付のページにあるわ。ありがとう！

電話の
メッセージ

正解 & 解説

39. 正解 **(D)**

難易度 ◾◾◾ 難

話し手が抱えている「問題」が問われています。my schedule book を a book に言い換えた (D) が正解です。schedule は発音に注意しましょう。イギリス・オーストラリア英語では "シェジュール"、アメリカ・カナダ英語では "スケジュール" と読まれます。left は leave の過去形で「離れた」、つまりここでは「置き忘れた」ことを示しています。設問や答えに直接関係ありませんが、この後に続く our office「職場」を聞き取ることができれば、登場人物や場面が想像しやすくなります。全体の流れをつかみながら、設問の正解のヒントを聞き取るよう心がけましょう。次の文での appointment「予約」から、約束の時間に遅れそうなのではないかと想像し、(B) を選ぶのは誤りです。

40. 正解 **(A)**

難易度 ◾◾◾ 難

話し手から聞き手への「頼み」が問われています。依頼表現 Could you ～に続く音をキャッチしましょう。Could you ～は音がつながり "クッジュー" と1語に聞こえます。text は、「文章」や「教科書」という名詞もありますが、ここでは「(携帯電話で) メッセージを送る」という動詞です。これを send に言い換えた (A) が正解です。(B) Give her a ride. の ride は動詞「(自動車などに) 乗る」の使い方に馴染みがあるかもしれませんが、ここでは名詞「乗ること」の意味です。特に知り合いを車に乗せて送ることを指します。「(車に) 乗せていってもらえない？」とお願いしたい場合は、Will you give me a ride? や Can I get a ride to (場所)？という依頼表現で表すことができ、試験でも実生活でもよく使われます。appointment という言葉は会話に登場しますが、「予約する」という内容はありませんので (C) は不正解です。

🔊 T2_P4_41-42 ▶ T2_P4_Q41-42

Questions 41 and 42 refer to the following recorded message.

🇨🇦 M Thank you for calling the Sunup Agency. Please hold, and someone will be with you in a moment. Also, we are reminding customers that we will be closed tomorrow for renovations. However, flight and hotel bookings can still be made via our Web site.

設問	設問の訳

41. What type of business did the listener call?

(A) A hotel.
(B) An airline.
(C) A travel agency.
(D) A book store.

聞き手が電話しているのはどのような業種ですか？

(A) ホテル
(B) 航空会社
(C) 旅行代理店
(D) 書店

42. According to the speaker, what can listeners do on a Web site?

(A) Make a reservation.
(B) Download a coupon.
(C) Read some reviews.
(D) See some photos.

話し手によると、聞き手はウェブサイトで何ができますか？

(A) 予約を取る。
(B) クーポンをダウンロードする。
(C) レビューを読む。
(D) 写真を見る。

問題文の訳

設問 41 と 42 は、次の録音メッセージに関するものです。

サンアップエージェンシーにお電話いただきありがとうございます。まもなく担当に電話が繋がりますのでそのままお待ちください。また、改装のため、明日は休業しますことをお客様にお知らせいたします。しかしながら、フライトとホテルの予約はウェブサイトを通じて可能です。

録音
メッセージ

正解 & 解説

41. 正解 **(C)**

難易度 ▰▰▱ 難

この録音メッセージを使っている会社の「業種」が問われています。このタイプの問題は、いくつかヒントを集めて正解を導きだすのがポイントです。まず agency という単語が企業名に入っているのが大きなヒントになります。続いて、アナウンス終盤で、flight and hotel bookings can still be made という情報から、選択肢の中から「飛行機便と宿泊の予約手配ができるところ」を探しましょう。(C) が正解です。agency「代理店」は advertising agency「広告代理店」も頻出です。(A) や (B) は、旅行代理店が取り扱う商品に関連した誤りの選択肢です。メッセージ内の booking は「予約」の意味で「本」ではありません。(D) は不正解です。

42. 正解 **(A)**

難易度 ▰▰▱ 難

中ほどで出てくる however の後を聞き取りましょう。however や but は「しかし」という意味です。この前置きは、その前に述べられてきたことと異なる情報がこれから出てくるというシグナルです。すなわち、後の情報の方が、重要度が高くなり、設問に対するヒントになることが多くなります。ここでは、翌日が休業だけれども、flight and hotel bookings can still be made via our Web site. と続いています。実店舗が開いていなくても、ウェブサイトを通じ予約は取れるとわかりますので (A) が正解です。booking と reservation はどちらも「予約」の意味で、この 2 つの単語の言い換えは頻出です。動詞 make と一緒に使われ、make a reservation「予約する」という表現はフレーズで覚えておきましょう。 他の選択肢もウェブサイトでできそうなことばかりですが、いずれも本文には述べられていない内容ですので誤りとなります。

Questions 43 and 44 refer to the following advertisement.

M Are you looking for an affordable apartment close to Sydney? We have several vacant rooms in our quiet neighborhood of Moorfield. With the new train stop scheduled to open across from our building in April, you'll be able to get downtown quickly. Hurry, though. They won't be available for long. Call us at 555-0136 to learn more.

設問

設問の訳

43. What is most likely being advertised?

(A) Some office spaces.
(B) Some new products.
(C) A remodeling company.
(D) An apartment building.

何が宣伝されていると考えられますか？

(A) いくつかの職場。
(B) いくつかの新製品。
(C) リフォーム会社。
(D) アパートの建物。

44. What does the speaker say will happen?

(A) A name will change.
(B) A station will open.
(C) A contract will expire.
(D) A tour will end.

話し手は何が起こると言っていますか？

(A) 名前が変更される。
(B) 駅ができる。
(C) 契約が切れる。
(D) ツアーが終了する。

L PART 1
L PART 2
L PART 3
L PART 4
R PART 1
R PART 2
R PART 3

問題文の訳

設問 43 と 44 は、次の広告に関するものです。

シドニー近辺の手ごろなアパートをお探しですか？　モールフィールドの静かな近所に、いくつかの空き部屋があります。我々の建物の向かいに、新たな駅が 4 月に開業予定で、ダウンタウンまですぐにアクセスできるようになります。しかし、お急ぎください。長くは空いていないでしょう。詳しい情報は、555-0136 までお電話ください。

広告

正解 & 解説

43. 正解 **(D)**　　　　　　　　　　　　　　　　　　　　　　難易度 ━━◢▇ 難

advertisement は発音に注意しましょう。アメリカ・カナダ英語では " アドヴァタイズメン (ト)" と中ほどの「タイ」が強くなります。イギリス・オーストラリア英語では " アドヴァーティスメン " と中ほどが「ヴァー」と伸びた強い音で読まれます。Are you looking for ～ ?（～を探していますか？）という質問文で、これから宣伝されるものに関するヒントが出されます。an apartment と同じ意味の (D) が正解です。affordable は「(値段が) 手ごろな」という形容詞です。afford「(手に入れる、買う) 余裕がある」という動詞の形にも慣れておきましょう。new や scheduled to open という音から連想して (B) や (C) を選ばないようにしましょう。

44. 正解 **(B)**　　　　　　　　　　　　　　　　　　　　　　難易度 ━━◢▇ 難

中ほどの、the new train stop scheduled to open という情報をシンプルな文に直した (B) が正解です。この stop は名詞「止まるところ」、つまり「駅」を表し、「オープンが予定されている新たな電車の駅」という意味になります。この後聞こえる They won't be available for long. の they は空き部屋を表し、「今空いている部屋は、長く空いているわけではない」つまり「人気ですぐに埋まってしまうだろう」とほのめかし、早めに申し込むようすすめている表現です。具体的な契約の期限切れなどにより手に入らなくなるわけではありませんので (C) は誤りです。名前が変わる (A) やツアーが終了する (D) のような情報は出てきていませんので誤りです。

Questions 45 and 46 refer to the following talk.

🇺🇸 **W** Thank you for coming to see our new exhibit. It features a number of musical instruments. Some of them are over a thousand years old. My name is Paula, and I'll be telling you about the items on display. Before we go in, I'll give you a pair of headphones. Put them on, please, so you can hear a recording of each instrument. And after the tour, make sure to return them to us before you leave.

設問

設問の訳

45. Where most likely are the listeners?

(A) **At a museum.**
(B) At a restaurant.
(C) At an electronics shop.
(D) At a concert hall.

聞き手はおそらくどこにいますか？

(A) **博物館に。**
(B) レストランに。
(C) 電化製品店に。
(D) コンサートホールに。

46. According to the speaker, what will the listeners be able to do?

(A) Ask some questions.
(B) Play an instrument.
(C) **Listen to recordings.**
(D) Keep some headphones.

話し手によると、聞き手は何ができますか？

(A) 質問する。
(B) 楽器を演奏する。
(C) **録音を聴く。**
(D) ヘッドフォンをもらう。

問題文の訳

設問 45 と 46 は、次の話に関するものです。

我々の新しい展示へようこそ。多くの楽器の特集です。中には、千年以上昔のものもあります。私はポーラと申します。展示品についてご案内いたします。始める前に、ヘッドフォンセットを渡します。それぞれの楽器の録音が聞こえるように、装着して下さい。ツアーが終わったら、お帰りの前に必ず返却してください。

イベントなど
での案内

正解 & 解説

45. 正解 **(A)**

難易度 ━━━ 難

トークが行われている「場所」が問われています。冒頭の Thank you for ～（～してくださりありがとうございます）というお礼の後が大きなヒントになります。直後に続く、coming to see our new exhibit から、新たな展示会を見に来た訪問客に対する案内であることがわかります。exhibit と関連の深い museum を使った (A) が正解です。この後に述べられる a thousand years old や on display という情報から、「古いものを展示するところ」と推理しても良いでしょう。トーク内の後半で聞こえる headphones は展示物の説明を聞くために配られるものですので、(C) や (D) を選ぶのは誤りです。a number of は「かなりの、いくつかの」という意味です。

46. 正解 **(C)**

難易度 ━━━ 難

聞き手が「できること」が問われています。設問文が長く見えますが、前半 According to the speaker（この話し手によると）の部分は、言わば当たり前の前提条件ですので、さっと読み飛ばして構いません。設問後半 what will the listeners be able to do? から、問われていることを瞬時につかむよう意識しましょう。ヘッドフォンを付けると you can hear a recording of each instrument という部分がヒントになります。可能を表す助動詞 can の直後の hear を listen と言い換えた (C) が正解です。instrument は精密な機械を指し、トークに登場した musical instrument「楽器」は頻出です。展示会で演奏できるといった情報はないので (B) は誤りです。ヘッドフォンは make sure to return them と述べられ、返却するものなので keep「そのまま持っておく」と表している (D) は誤りです。

▶ T2_P4_47-48 ▶ T2_P4_Q47-48

問題文

Questions 47 and 48 refer to the following telephone message and weather forecast.

🇨🇦 M　Hi, this is Chris. I'm calling about next week's clean-up along Brentmoor River. Well, we have a problem. Have you seen the forecast? The temperature is going to be terribly high on the day we're planning to hold the event. Nobody will want to pick up trash. Because of that, I want to postpone it for a week. And since it's only a few days away, we should notify our volunteers this afternoon. Could you send a group e-mail to let everyone know?

Weather Forecast	
Tuesday:	Cool
Wednesday:	Humid
Thursday:	Hot
Friday:	Warm

設問

47. Look at the forecast. Which day was the event scheduled for?

(A) Tuesday.
(B) Wednesday.
(C) Thursday.
(D) Friday.

48. What does the speaker ask the listener to do?

(A) Clean up an office.
(B) Arrange a meeting.
(C) Cancel the event.
(D) Contact volunteers.

設問の訳

予報を見てください。イベントが予定されていたのはどの日ですか？

(A) 火曜日。
(B) 水曜日。
(C) 木曜日。
(D) 金曜日。

話し手は聞き手に何をするよう求めていますか？

(A) オフィスを掃除する。
(B) 会議を設定する。
(C) イベントを中止する。
(D) ボランティアに連絡する。

L PART 1
L PART 2
L PART 3
L PART 4
R PART 1
R PART 2
R PART 3

問題文の訳

設問 47 と 48 は、次の電話のメッセージと天気予報に関するものです。

やあ、クリスだよ。来週のブレントムア川の清掃の件で電話しているよ。実は、問題が起きたんだ。予報を見た？　イベントを開催予定の日は、気温が恐ろしく高くなりそうなんだ。誰もごみ拾いしたがらないよ。だから、1週間延期したいんだ。もう数日後のことだから、今日の午後にはボランティアの人に知らせるべきだね。みんなに知らせるための一斉Eメールを送ってくれる？

電話の
メッセージ

天気予報

火曜日：	涼しい
水曜日：	湿っぽい
木曜日：	暑い
金曜日：	暖かい

正解 & 解説

47. 正解 **(C)**　難易度 ▬▬▬ 難

イベント開催予定日が「曜日」で問われています。表のタイトルが Weather Forecast となっており、左列に曜日、右列に天気に関する情報が並んでいます。設問の選択肢には曜日が並んでいることから、会話では天気に関する情報（表の右列の情報）が登場すると予想をしましょう。まず、冒頭 I'm calling about の後に電話をかけている目的や話題が述べられます。続く next week's clean-up along Brentmoor River から、来週、川に沿って（おそらく屋外で）清掃活動が予定されていること、この話し手と聞き手はどちらもそのイベントの関係者であることがわかります。次の The temperature is going to be terribly high（気温が非常に高くなる）と関連する天気予報の情報を表内で探しましょう。「気温が高い」、つまり「暑い」Hot という予想が出ている (C) Thursday が正解です。

48. 正解 **(A)**　難易度 ▬▬▬ 難

話し手から聞き手への「依頼」が問われています。Could you ～？はお願いをするときの決まり文句です。直後の send a group e-mail（グループEメールを送る）は contact「連絡する」と言い換えできます。to let everyone know の everyone は直前の文で出てくる名詞 volunteers を指し、「ボランティアのみんなに伝える」という意味になります。この2点をまとめた (D) が正解です。イベントは延期されるのであって、中止ではありませんので (C) は誤りです。解釈によっては、「予定していた日は中止になった」、とも考えられますが、設問にあるよう、「話し手が聞き手に」中止にするよう依頼している内容ではありません。他の選択肢もいずれも依頼されていることではありませんので誤りです。

Questions 49 and 50 refer to the following talk and schedule.

M Hi, my name is Clarence Reed, and I'm the chef here at the Shelton Hotel. You've all been hired to help make dishes during our busy summer months. Today we will train you. The restaurant manager isn't here yet. So, I'll explain the tools in the kitchen first. Her ten o'clock session will start an hour later. Let's start over there at the vegetable cutters.

Training Schedule (Day 1)

10:00 A.M.	Safety
11:00 A.M.	Tools
1:00 P.M.	Menu
3:00 P.M.	Procedures

設問

49. What were the listeners hired to do?

(A) Take orders.
(B) Prepare food.
(C) Help receptionists.
(D) Arrange tables.

設問の訳

聞き手は何のために雇われていますか？

(A) 注文を受ける。
(B) 食べ物を用意する。
(C) 受付係を手伝う。
(D) テーブルを整える。

---

50. Look at the schedule. When will the manager start her session?

(A) At 10:00 A.M.
(B) At 11:00 A.M.
(C) At 1:00 P.M.
(D) At 3:00 P.M.

日程表を見なさい。支配人がセッションを始めるのは何時ですか？

(A) 午前 10 時。
(B) 午前 11 時。
(C) 午後 1 時。
(D) 午後 3 時。

L PART 1
L PART 2
L PART 3
L PART 4
R PART 1
R PART 2
R PART 3

問題文の訳

設問 49 と 50 は、次の話とスケジュールに関するものです。

こんにちは、私はここシェルトンホテルのシェフ、クラーレンス・リードです。夏季の繁忙月の間、料理作りを手伝ってもらうために皆さんを雇いました。今日は私たちがあなた方を研修します。レストランの支配人はまだここにいません。ですから、先に厨房の道具について説明します。彼女の10時のセッションは1時間後に始まります。では、あちらの野菜カッターから始めましょう。

ビジネス

研修日程 （1 日目）	
午前 10 時	安全
午前 11 時	道具
午後 1 時	メニュー
午後 3 時	手順

正解 ＆ 解説

49. 正解 **(B)**

難易度 ■■□ 難

聞き手たちの「仕事」が問われています。設問の hire「(人を)雇う」が受動態になっていることに注目。聞き手が「雇われる」従業員、話し手がおそらく雇い主であることを予想しながら聞くと、理解が深まります。話し手は the chef here at the Shelton Hotel と自己紹介しています。続いて、You've all been hired to help make dishes とあります。設問と同じ hired to の後の情報を聞き取りましょう。help make dishes（料理作りの手伝い）を Prepare food（食べ物を用意する）と言い換えた (B) が正解です。誤りの選択肢にもレストランに関する頻出表現が使われています。レストランの開店前の作業 (D) Arrange tables. や、接客での (A)Take orders. も覚えましょう。(C) の receptionist は reception「レセプション、受付」にいる人、つまり「受付係」のことです。

50. 正解 **(B)**

難易度 ■■■ 難

表のタイトルが Training Schedule (Day 1) となっており、左列に時間、右列に研修で扱う内容に関する情報が並んでいます。設問の選択肢には時間が並んでいることから、会話では研修内容（表の右列の）に関する情報が述べられると予想しながら、トークを聞くとよいでしょう。トークの後半で、レストランの支配人がいないと分かります。So（だから）の後に I'll explain the tools in the kitchen first. と、先に今話しているシェフが「道具」に関する説明を行うと述べています。表を見ると、tools のセッションは11:00 A.M. に予定されていますが、これが前倒しで行われることになります。続いて、Her ten o'clock session will start an hour later. と述べられます。her は manager を指しており、もともと 10:00 A.M. に予定されていたセッションが an hour later（1 時間遅く）後ろ倒しで行われるので (B) が正解です。

問題文	問題文の訳

51. My roommate ____ several bills this month.

(A) receive
(B) to receive
(C) received
(D) receiving

私のルームメイトは今月いくつかの請求書を受領した。

(A) 動～を受領する
(B) receive の不定詞
(C) receive の過去・過去分詞形
(D) receive の動名詞／現在分詞

---

52. Gina ____ the costume on October 25.

(A) created
(B) creating
(C) creatively
(D) creation

ジーナは10月25日に衣装を制作した。

(A) 動 create（～を制作する）の過去形・過去分詞
(B) create の動名詞／現在分詞
(C) 副創造的に
(D) 名創造

---

53. All students must ____ their assignment by Friday.

(A) achieve
(B) put
(C) apply
(D) submit

全ての生徒は金曜日までに課題を提出しなくてはいけない。

(A) ～を達成する
(B) ～を置く
(C) ～を適用する
(D) ～を提出する

---

54. ____ starting his own company, Jim was a waiter.

(A) Also
(B) Before
(C) Within
(D) Instead

会社を立ち上げる前は、ジムはウエイターだった。

(A) 副～もまた
(B) 前～より前は
(C) 前～以内に
(D) 副代わりに

---

55. The cook spread out the dough ____ on the tray.

(A) flatten
(B) flatness
(C) flatly
(D) flattening

料理人はトレーの上に生地を平らに広げた。

(A) 動～を平らにする
(B) 名平坦
(C) 副平らに
(D) flatten の動名詞／現在分詞

正解 & 解説

51. 正解 **(C)** | 文法問題 | 動詞 | 難易度 ━━◢■ 難

選択肢に動詞の異なる形が並んでいます。My roommate が主語で、空欄には動詞がくると判断できます。動詞として使えるのは (A) と (C) です。(A) は現在形で、もし空所に入れるならば、主語に合わせて 3 単現の s がつくため、不適切です。receives ならば、正解になりえます。主語が単数でも複数でも同じ形になる過去形 (C) が正解です。

52. 正解 **(A)** | 文法問題 | 難易度 ━━◢■ 難

選択肢には異なる品詞が並んでいます。Gina が主語で、the costume が目的語だと判断できるため、空所には動詞が必要だとわかります。選択肢の中で空欄にこのまま入れられる動詞は (A) のみです。(B) 現在進行形を動詞の働きで使う場合は、is[was] creating のように、be 動詞と合わせて用いられます。

53. 正解 **(D)** | 語彙問題 | 動詞 | 難易度 ━━◢■ 難

選択肢には意味の異なる動詞が並んでいます。空欄の後ろにある目的語 assignment は「課題」という意味です。全学生が課題をどうしなければならないのかを考えると、(D) の submit が適切です。(A) は achieve the goal(ゴールを達成する)のように使います。(C) は apply for ～(～に申し込む)という言い回しがよく使われます。

54. 正解 **(B)** | その他 | 前置詞・副詞 | 難易度 ━━◢■ 難

選択肢には副詞や前置詞が並んでいます。後ろに現在分詞（doing）があるため、前置詞が入ると判断できます。(B) Before か (C) Within に絞られます。この文では、会社を立ち上げることとウェイターだったことは順序関係を示していると判断できるため、(B) が正解です。Before doing ～で「～する前」という形を覚えておくと、速く正解にたどり着くことができます。

55. 正解 **(C)** | 文法問題 | 難易度 ━━◢■ 難

選択肢には異なる品詞が並んでいます。The cook が主語、spread out が動詞、the dough が目的語、on the tray という前置詞のカタマリは飾りだと考えると、英文の主要パーツは揃っていると判断できます。そういった英文に副えるのは副詞の役割なので、(C) flatly が正解です。

問題文	問題文の訳

56. You should be proud of ____ for passing the exam.

(A) you
(B) yours
(C) your
(D) yourself

試験に合格したことをあなたは誇りに思うべきです。

(A) あなたは・あなたを（主格・目的格）
(B) あなたのもの（所有代名詞）
(C) あなたの（所有格）
(D) あなた自身（再帰代名詞）

---

57. Although the climb was ____ , Akiko went to the top of the mountain.

(A) danger
(B) dangerous
(C) dangerously
(D) dangers

登ることは危険だったがアキコは山頂に登った。

(A) 名危険
(B) 形危険な
(C) 副危なく
(D) 名危険

---

58. After working in Australia, Li Yueh ____ to Taiwan.

(A) began
(B) returned
(C) visited
(D) planned

オーストラリアで働いた後、リーユーエイは台湾へ戻った。

(A) ～を始めた
(B) 戻った
(C) ～を訪れた
(D) ～を計画した

---

59. Does anyone know ____ channel the tournament is on?

(A) what
(B) where
(C) when
(D) why

どのチャンネルで選手権が放送されているか誰か知っている？

(A) どの
(B) どこ
(C) いつ
(D) なぜ

---

60. Rachel prepared the main course and dessert ____ .

(A) separated
(B) separating
(C) separately
(D) separation

レイチェルはメインコースとデザートを別々に用意した。

(A) separate の過去形・過去分詞
(B) separate の動名詞／現在分詞
(C) 副別々に
(D) 名分離

正解 & 解説

56. 正解 **(D)**　　文法問題　　代名詞　　　　　　難易度 ◼◼◻◻ 難

代名詞の格が問われている問題です。主語が You で、入れる代名詞も同じ人を表すと判断できるため、再帰代名詞の (D) yourself が正解です。主語がする行為が自分に再び帰ってくることから、再帰代名詞と呼ばれています。

57. 正解 **(B)**　　文法問題　　　　　　　　　　　　難易度 ◼◼◼◻ 難

選択肢には異なる品詞が並んでいます。空欄の後にコンマがあるため、そこまでで文構造が一旦完結することを意識しましょう。接続詞 Although の後には文（主語＋動詞）がくるため、主語が the climb で、動詞が was だとわかります。be 動詞の後は主語の内容を補う補語が続くことが多く、形容詞を一番手に考えます。(B) を入れると、the climb「登ること」が dangerous「危険であった」という状態を表し、意味が通じますのでこれが正解です。

58. 正解 **(B)**　　語彙問題　　動詞　　　　　　　　難易度 ◼◼◼◻ 難

選択肢には意味の異なる動詞が並んでいます。リーがオーストラリアで働いた後に台湾へどうしたかが問われています。空欄後ろの to を伴った動詞の意味で考えましょう。return to ～「～に戻る」で、オーストラリアから台湾に戻ったという自然な文になりますので、正解は (B) returned です。(A) begin to と (D) plan to の場合、to は前置詞ではなく to 不定詞を作る働きをするため、後ろには動詞の原形がきます。(C) visit は他動詞なので、後ろにすぐ場所がきます。

59. 正解 **(A)**　　語彙問題　　疑問詞　　　　　　　難易度 ◼◼◼◻ 難

選択肢には疑問詞が並んでいます。選手権が放送されているチャンネルが「どれか」を尋ねているとわかります。「どのチャンネル」を what channel で表す (A) が正解です。(B) where は場所に関する疑問詞です。(C) when は時間に関する疑問詞です。(D) why は理由に関する疑問詞です。

60. 正解 **(C)**　　文法問題　　　　　　　　　　　　難易度 ◼◼◼◻ 難

選択肢には異なる品詞が並んでいます。Rachel が主語、prepared が動詞、the main course and dessert が目的語だと分かるため、英文の主要パーツは揃っていると判断できます。そういった英文に添えるのは副詞の役割なので、(C) が正解です。

Reading
PART 1

61. Auditions for the show are taking place _____ afternoon today.

  (A) all
  (B) each
  (C) whole
  (D) every

番組のためのオーディションは今日の午後いっぱい行われている。

  (A) 形 **すべての**
  (B) 形 それぞれの
  (C) 形 すべての
  (D) 形 あらゆる

---

62. No one _____ the director can sign a contract.

  (A) among
  (B) apart
  (C) except
  (D) other

管理者を除いて、誰も契約にサインできない。

  (A) 前 ～の間で
  (B) 副 離れて
  (C) 前 **～を除いて**
  (D) 形 他の

---

63. You can purchase tickets daily _____ a one-week pass.

  (A) so
  (B) if
  (C) but
  (D) or

1日券または1週間券を購入できます。

  (A) だから
  (B) もし
  (C) しかし
  (D) または

---

64. Many houses _____ electric power during the storm.

  (A) fell
  (B) kept
  (C) missed
  (D) lost

嵐の間、多くの家で電力を失った。

  (A) fall（落ちる）の過去形
  (B) keep（保つ）の過去形・過去分詞
  (C) miss（逃す）の過去形・過去分詞
  (D) lose（失う）の過去形・過去分詞

---

65. The scientists agreed that the research project had gone _____ .

  (A) smoothen
  (B) smoothly
  (C) smoother
  (D) smooth

科学者たちは、研究プロジェクトは順調に進んだということで一致した。

  (A) 動 なめらかにする
  (B) 副 **順調に**
  (C) 名 なめらかにする人
  (D) 形 順調な

正解 & 解説

61. 正解 (A)　語彙問題　形容詞
難易度 ■■■ 難

選択肢には名詞を飾る単語が並んでいます。オーディションが行われているタイミングを表す語句を afternoon と一緒に作ります。「午後全体（＝午後いっぱい）」を表せばよいため、ひとくくりの「全部」を意味する (A) all が正解です。(B) each は「それぞれ」と個々に目を向ける単語。(C) は「全部」を表す際に the whole 〜の形が多いです。(D) は each と同様、個々に目を向けて「すべて」を表します。

62. 正解 (C)　その他
難易度 ■■■ 難

選択肢には前置詞や副詞、形容詞が並んでいます。文の形を見ると、No one が主語で、the director という名詞があるため、これらをつなげる単語が必要です。前置詞の (A) among と (C) except が候補になります。前置詞を入れて意味を考えると、「管理者を除いて、誰も〜ない」で意味が通じるため、(C) except が正解です。

63. 正解 (D)　語彙問題　接続詞
難易度 ■■■ 難

選択肢には意味の異なる接続詞が並んでいます。購入できるチケットについて daily(1日) と one-week (1週間) のものを選択させようとしています。よって、選択肢を出す (D) or が正解です。(A) so は「文（＝原因）, so 文（＝結果）」のように使われることが多いです。(B) は「条件」を提示する際に使われます。(C) は「逆接」を意味します。

64. 正解 (D)　語彙問題　動詞
難易度 ■■■ 難

選択肢には意味の異なる動詞が並んでいます。Many houses (主語) が、electric power(目的語)をどうしたのかを考えます。during the storm(嵐の間)に「電力を失った」と考えるのが自然なので、(D) lost が正解です。(A)はthe number of tourists fell(観光客の数が減った) のように使います。(C) は miss the last train (最終電車を逃す) のように使います。

65. 正解 (B)　文法問題
難易度 ■■■ 難

選択肢には異なる品詞が並んでいます。まず、that 節内は完結した文がくることを意識しましょう。すると、the reseach project が主語、had gone が動詞だとわかります。go は自動詞なので、ここで文のパーツは揃っていると判断できるため、英文に副えるのは副詞を入れればよいとわかります。よって、正解は (B) smoothly です。

Questions 66–68 refer to the following text message.

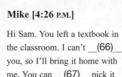

Mike [4:26 P.M.]

Hi Sam. You left a textbook in the classroom. I can't __(66)__ you, so I'll bring it home with me. You can __(67)__ pick it up at my place or get it during our Thursday class. Let me know which is best __(68)__ you.

設問

66. (A) found
(B) to find
(C) finding
(D) find

設問の訳

(A) find（見つける）の過去・過去分詞形
(B) find の不定詞
(C) find の動名詞／現在分詞
(D) 動 見つけるの原形・現在形

67. (A) both
(B) either
(C) whether
(D) each

(A) 接 どちらも
(B) 接 どちらでも
(C) 接 ～かどうか
(D) 形 それぞれの

68. (A) for
(B) to
(C) of
(D) from

(A) ～にとって
(B) ～へ
(C) ～の
(D) ～から

問題文の訳

設問 66-68 は、次のテキストメッセージに関するものです。

L PART 1
L PART 2
L PART 3
L PART 4
R PART 1
R PART 2
R PART 3

テキスト
メッセージ

マイク　[午後4時26分]

やあ、サム。教室に教科書を忘れていたよ。君が見つからないから、僕が家に持って帰るよ。僕の所に取りに来るか、木曜日の授業で受け取るか、どちらでもいいよ。どちらがいいか教えてね。

正解 & 解説

66. 正解 **(D)**

難易度 ▬▬ 難

選択肢には異なる動詞の形が並んでいます。空欄の前に can't という助動詞があるため、後ろには動詞の原形が続きます。そのため、(D) find が正解です。(A) found は the lost and found「遺失物取扱所」、(C) finding は複数形で research findings「研究結果」などの使い方があります。

67. 正解 **(B)**

難易度 ▬▬ 難

選択肢にはセットになる接続詞が主に並んでいます。(A) は both A and B で「A と B の両方」。(B) は either A or B で「A か B のどちらか」という意味で、語句を並べます。(C) は whether A or B で「A か B のどちらか」という意味で、文を並べることが多いです。(D) は each ＋単数名詞のように使います。空欄から先を読むと、pick it up ~ or get it と語句が並んでいるため、(B) either が正解です。

68. 正解 **(A)**

難易度 ▬▬ 難

選択肢には意味の異なる前置詞が並んでいます。空欄の前には「どちらがベストか」という内容があり、空欄の後には you という対象が書かれています。よって、対象を表す前置詞の (A) for が正解です。(B) to は方向を表し、すでに到達することを意味します。(C) は I'm proud of you.（あなたを誇りに思います）のように、前の単語に人の説明を加えるだけです。(D) は I'd like to hear from you.（あなたからのご連絡をお待ちしています）のように、起点を意味します。

Questions 69–71 refer to the following label.

Ironing Instructions

For a smooth surface, iron this tablecloth after washing __(69)__ in cold water. The material should be ironed before it is __(70)__ dry. We also __(71)__ using a high heat setting and the iron's steam function.

設問

69. (A) it
   (B) one
   (C) either
   (D) another

設問の訳

(A) それ
   (B) 一つ
   (C) どちらか
   (D) もう一つ

70. (A) complete
   (B) completely
   (C) completing
   (D) completion

(A) 形完全な 動〜を完成させる
(B) 副**完全に**
(C) 動 complete の動名詞／現在分詞
(D) 名完成

71. (A) believe
   (B) remember
   (C) instruct
   (D) recommend

(A) 〜を信じる
(B) 〜を覚えている
(C) 〜を教える
(D) 〜をすすめる

問題文の訳

設問 69-71 は、次のラベルに関するものです。

ラベル

アイロンがけの説明

表面をすべすべに保つために、このテーブルクロスを冷たい水で洗った後にアイロンがけしてください。完全に乾く前にアイロンがけしてください。高温で蒸気機能をご利用いただくことをおすすめします。

正解 & 解説

69. 正解 **(A)**

難易度 ◢◣◢ 難

意味の異なる代名詞が並んでいます。「アイロンをかける」と言われているものは this tablecloth です。「洗う」ものも同じものであるはずなので、this tablecloth を指す (A) it が正解です。(B) one も同じものを指す際に使いますが、同一のものではなく、同じ種類のものを表す時に使います。

70. 正解 **(B)**

難易度 ◢◣◢ 難

選択肢には異なる品詞の単語が並んでいます。空欄の周辺を見ると、接続詞 before の後に文が続いています。it is dry という文は主要なパーツが揃っています。そのため、そういった英文に副えるのは副詞の役割なので、(B) completely が正解です。

71. 正解 **(D)**

難易度 ◢◣◢ 難

選択肢には意味の異なる動詞が並んでいます。空欄の後には「蒸気機能を使うこと」とあります。前で「アイロンがけしてください」とあるため、オススメすることを述べていると判断できます。よって、(D) recommend が正解です。〈recommend doing〉という形をとることを覚えておきましょう。(B) の remember も〈remember doing〉という形をとることができますが、「(この文を書いている) 私たちが覚えている」という不自然な意味になってしまいます。

Questions 72–74 refer to the following e-mail.

To:	Kyle Rhodes
From:	Marissa Zhao
Date:	July 6
Subject:	Lunch

Hello Kyle.

I can't meet you for lunch today. __(72)__. So, I agreed to take his shift. We could meet tomorrow instead. I'll be free all day __(73)__ my five o'clock aerobics class. I'm sorry about __(74)__.

Marissa

設問

72. (A) I'm not very hungry.
(B) Take-out is available.
(C) It's on Walnut Street.
(D) My coworker is sick.

設問の訳

(A) お腹が空いていないの。
(B) 持ち帰りが可能だよ。
(C) ウォルナット通りにあるよ。
(D) 私の同僚が体調不良なの。

73. (A) over
(B) before
(C) onto
(D) during

(A) ～を超えて
(B) ～の前に
(C) ～の上へ
(D) ～の間

74. (A) cancelling
(B) staying
(C) forgetting
(D) leaving

(A) cancel（中止する）の動名詞／現在分詞
(B) stay（泊まる）の動名詞／現在分詞
(C) forget（忘れる）の動名詞／現在分詞
(D) leave（出発する）の動名詞／現在分詞

問題文の訳

設問 72-74 は、次の E メールに関するものです。

Eメール

受信者：　カイル・ローズ
送信者：　マリッサ・ヂャオ
日付：　　7 月 6 日
件名：　　昼食

こんにちは、カイル。今日はお昼にあなたに会えないわ。私の同僚が体調不良なの。だから、彼のシフトを代わることにしたの。代わりに明日会えるわ。5 時のエアロビクスの教室の前なら 1 日空いているよ。中止にしてごめんね。

マリッサより

正解 & 解説

72. 正解 **(D)**　　　難易度 ▬▬▬ 難

空欄の前には「今日はお昼にあなたに会えない」と伝えています。その理由が続くと予想できますが、空欄の後に目を向けると、「（空欄のことがあったから）彼のシフトを代わることにした」とあります。空欄には会えない理由やシフトを代わる理由になりうるネガティブな内容が入ります。よって、正解は (D) My coworker is sick. が正解です。

73. 正解 **(B)**　　　難易度 ▬▬▬ 難

選択肢には意味の異なる前置詞が並んでいます。空欄の前の「1 日空いている」と空欄の後の「5 時のエアロビクスの教室」は前後関係を表していると考えられます。「教室の前に空いている」とすれば、自然な流れになるため、(B) before が正解です。

74. 正解 **(A)**　　　難易度 ▬▬▬ 難

選択肢には異なる意味の動詞の ing 形が並んでいます。謝っている内容が空欄にくるため、「会えないこと＝中止したこと」だと考えられるため、正解は (A) canceling です。

問題文

Questions 75–77 refer to the following notice.

Gallery News

The Francis Art Gallery __(75)__ a new autumn exhibit yesterday. It features fourteen sculptures by Carmen Gray. __(76)__. His works have been shown in many museums worldwide. The new exhibit will be on __(77)__ until the end of November.

設問

75. (A) opens
(B) is opening
(C) opened
(D) will open

設問の訳

(A) 動 open（公開する）の三人称単数現在形
(B) 開いている
(C) 動 open の過去形・過去分詞
(D) 助動詞 will+open の原形

76. (A) Both will arrive tomorrow.
(B) This will be his first show.
(C) He is a well-known artist.
(D) Everyone loved the film.

(A) どちらも明日到着する予定です。
(B) これは彼の初めての展示です。
(C) 彼は有名な芸術家です。
(D) みんなその映画を気に入りました。

77. (A) watch
(B) display
(C) show
(D) outlook

(A) 腕時計
(B) 展示
(C) ショー
(D) 見解

問題文の訳

設問 75-77 は、次のお知らせに関するものです。

お知らせ

美術館情報

フランシス美術館では、昨日新しく秋展示を公開しました。カーマン・グレイによる 14 の彫刻が目玉です。彼は有名な芸術家です。彼の作品は世界中の多くの美術館で展示されてきました。この新たな展示は 11 月の終わりまで開催されます。

正解 & 解説

75. 正解 **(C)**

難易度 ━━◢█ 難

選択肢には動詞の異なる形が並んでいます。空欄を含む文の文末に yesterday があるため、動詞は過去形になるとわかります。よって、正解は (C) opened です。

76. 正解 **(C)**

難易度 ━━◢█ 難

空欄の前で「カーマン・グレイ」という人物が紹介されています。彼の説明が続くと予想しながら、空欄の後に目を通すと、「彼の作品は世界中の多くの美術館で展示された」とあるため、彼がどのような人物かを説明する内容が空欄に入るとわかります。正解は (C) He is a well-known artist. です。

77. 正解 **(B)**

難易度 ━━◢█ 難

選択肢には異なる意味の名詞が並んでいます。新しい展示がどのような状態なのかを on を使って述べています。be on display（展示されている）という表現を知っていれば、すぐに (B) display が正解だとわかります。(D) outlook は、out（外）+look（見る）の成り立ちで、「見通し」や「眺望」など幅広い意味で使われます。

問題文

Questions 78–80 refer to the following Web page.

Sailor Sam's offers a __(78)__ range of boats for rent in Capeville. __(79)__ you want a small sailboat or a big yacht, we have what you are looking for. Our business also runs different boat tours. __(80)__. For bookings, call 555-0139.

設問

78. (A) widen
(B) width
(C) wide
(D) widely

設問の訳

(A) 動 広くする
(B) 名 幅
(C) 形 多様な
(D) 副 広く

79. (A) Although
(B) Because
(C) While
(D) Whether

(A) 〜だけれども
(B) 〜だから
(C) 〜する一方で／〜している間に
(D) 〜かどうか

80. (A) Weather permitting, the trips are made daily.
(B) We hope you will attend tomorrow's event.
(C) Our flight details have been sent by e-mail.
(D) Ferry passengers can expect delays this week.

(A) 天気が許せば、小旅行は毎日行われます。
(B) あなたが明日のイベントに出席してくれると嬉しいです。
(C) フライトの詳細はEメールで送られています。
(D) フェリーの乗客は今週の遅延が予期できます。

問題文の訳

設問 78-80 は、次のウェブページに関するものです。

ウェブページ

セイラーサムは、ケープビルで多様なボートの貸し出しをしています。小型のボートでも大きなヨットでも、あなたが探しているものの全てがあります。私たちは、さまざまなボートツアーも展開しています。天気が許せば、ツアーは毎日行われます。予約は 555-0139 までお電話ください。

正解 & 解説

78. 正解 **(C)**

難易度 ━━◣ 難

選択肢には異なる品詞の単語が並んでいます。空欄の前に冠詞の a があり、空欄の後に range という名詞があることから、名詞を修飾する形容詞が入るとわかります。よって、正解は (C) wide です。a wide range of ~ は「多様な、さまざまな」という意味です。ひとまとまりの表現として知っていれば、すぐに正解を選ぶことができます。

79. 正解 **(D)**

難易度 ━━◣ 難

選択肢には意味の異なる接続詞が並んでいます。空欄の後には A or B という形があることから、(D) Whether が正解だとわかります。whether A or B で「A か B か」という意味の表現です。

80. 正解 **(A)**

難易度 ━━◢ 難

空欄の前で「さまざまなボートツアー」に触れられており、空欄の後で「予約」について書かれています。空欄にはボートツアーの詳細が入ると判断できるので、(A) Weather permitting, the trips are made daily. が正解です。weather permitting「天気がよければ」という条件はよく使われますので、このままの形で覚えておきましょう。

Questions 81–82 refer to the following text message.

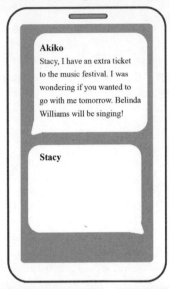

Akiko
Stacy, I have an extra ticket to the music festival. I was wondering if you wanted to go with me tomorrow. Belinda Williams will be singing!

Stacy

設問

設問の訳

81. What will Akiko probably do tomorrow?

　(A) **Watch a performance**
　(B) Listen to an album
　(C) Sell some tickets
　(D) Play an instrument

アキコはおそらく明日何をしますか？

　(A) **公演を観る**
　(B) アルバムを聴く
　(C) チケットを販売する
　(D) 楽器を演奏する

82. Select the best response to Akiko's message.

　(A) "Of course I told them."
　(B) "Does she think so?"
　(C) "Yes, I heard her clearly."
　(D) **"I'd love to go, thanks!"**

アキコのメッセージに対する最も適当な返答を選びなさい。

　(A) 「もちろん彼らには言ったよ。」
　(B) 「彼女はそう思うかな？」
　(C) 「うん、彼女の声をはっきり聞いたよ。」
　(D) **「ぜひ行きたいよ、ありがとう！」**

L PART 1
L PART 2
L PART 3
L PART 4
R PART 1
R PART 2
R PART 3

問題文の訳

設問 81-82 は、次のテキストメッセージに関するものです。

テキストメッセージ

アキコ
ステイシー、音楽フェスティバルのチケットがもう一枚あるの。あなたが私と一緒に明日行きたいかと思っていたの。ベリンダ・ウィリアムが歌うのよ！

ステイシー

正解 & 解説

81. 正解 **(A)**

難易度 ━━━ 難

メッセージ送信者の「予定」が問われています。extra は「余分な」という意味で、必要な枚数を除き、チケットが1枚余っている、つまりもう1枚ある、ということがわかります。wonder は「〜かしらと思う」という動詞です。I was wondering「〜かしらと思っていた」と過去進行形で使われる場合、続く if 節の動詞も過去形になりますので慣れておきましょう。送信者 Akiko の手元には、music festival のチケットが余っており、明日行きたいかと誘っている、という2つの情報から、(A) が正解です。music festival が performance に言い換えられています。performance は、音楽や劇の公演の他、sales performance「販売業績」のように「業績」の意味で使われることもあります。チケットを売っているわけではありませんので (C) は誤りです。(B) や (D) は music や singing から連想される選択肢ですが、このような情報が出てきていないので誤りです。

82. 正解 **(D)**

難易度 ━━━ 難

登場人物の立場と状況を読み取りましょう。Akiko は I was wondering という表現で、フェスティバルに一緒に行くよう誘ってくれていることを意識して、自然な返答を選びましょう。誘いを受け入れている (D) が正解です。正解の選択肢 "I would love to 〜 ." は誘いを受け入れる時の決まり文句で、to の後の動詞は省略されることもあります。誘いを断る時の決まり文句、"I wish I could." 「できたらいいんだけど」も覚えておきましょう。(A) は代名詞 them が誰を指すのか不明です。(B) は代名詞 she は歌手 Belinda Williams を指すと推測できますが、彼女がどう思うのかという情報がなく、文意が通りません。(C) は heard と過去形になっていますが、festival にまだ行っていないので、誤りです。

Questions 83–84 refer to the following information.

Information for Visitors

A membership card is all you need to take out a book. First, search our catalog for the item you want. Next, write down the call number you see there and then locate the book on our shelves. Finally, check out the item at the front desk.

設問

設問の訳

83. What does the information explain?

(A) When a library is open
(B) Who to ask for assistance
(C) How to borrow a book
(D) Where to make a purchase

案内は何を説明していますか？

(A) 図書館が開いている時間
(B) 誰に手伝いを頼むべきか
(C) どのように本を借りるか
(D) どこで購入できるか

---

84. Why should people check a catalog?

(A) To see some pictures
(B) To find a number
(C) To read a review
(D) To search for a sale

なぜ目録を調べるべきなのですか？

(A) 写真を見るため
(B) 番号を見つけるため
(C) レビューを見るため
(D) 安売りセールを探すため

問題文の訳

設問 83-84 は、次の情報に関するものです。

情報

来訪者への案内

本を借りるのに必要なのはメンバーシップカードだけです。まず、目録から欲しい物を探してください。次に、そこに載っている図書整理番号を書き取り、その本を棚から見つけてください。最後に、受付でその物を借りてください。

L PART 1

L PART 2

L PART 3

L PART 4

R PART 1

R PART 2

R PART 3

正解 & 解説

83. 正解 **(C)**

難易度 ▬▬◢◣ 難

案内の「内容」が問われています。まず、タイトルに注目しましょう。Information for visitors から、その施設を訪れる人への案内ということを意識しながら読むようにすると内容がつかみやすくなります。1文目の主語 a membership card が、take out a book するために必要なものと書いてあります。take out「借りる」を1語で borrow「借りる」に言い換えた (C) が正解です。開館時間についての情報はありませんので (A) は誤りです。スタッフや問合せに関する情報はありませんので (B) は誤りです。購入するという情報はありませんので (D) は誤りです。

84. 正解 **(B)**

難易度 ▬▬◢◣ 難

設問は Why と理由を聞いていますが、実際に問われているのは「目録を使ってできること」です。文書では、本を借りる手順が説明されています。First, 〜 . Next, 〜 and then 〜 . Finally, 〜 .（始めに〜。次に〜、そして〜。最後に〜。）と、それぞれの段階で必要な手順を、順番に読みましょう。最初に search our catalog for the item you want「目録内で欲しい品物を探す」とあります。選択肢には、この部分と同じ意味のものがないので、続きを読みましょう。次に、write down the call number you see there「あなたがそこに見る図書整理番号を書き留める」とあります。ここまでの2つの情報をシンプルに言い換えた (B) が正解です。call number は図書館などでの整理番号のことですが、そのものを知らなくても、number から推測できると情報のイメージがつかみやすくなりますね。文中に出てくる item は貸し出し用の本を指し、販売しているわけではありませんので、(D) は不正解です。

Questions 85–86 refer to the following text message.

Tony
Good news! My supervisor rearranged my schedule at the grocery store. Starting this week, I won't be working on Saturdays anymore. I can join your baseball team.

Aaron
That is good news! We really need another player. I'll let everyone know. Our next practice will be at Highland Park this week.

Tony

設問	設問の訳

85. Why is Tony happy?

  (A) He was hired for a job.
  (B) He will take a vacation.
  (C) His favorite team won.
  (D) His schedule changed.

なぜトニーは喜んでいるのですか？

  (A) 仕事に採用されたから。
  (B) 休暇を取るから。
  (C) 彼の好きなチームが勝利したから。
  (D) 彼の予定が変更されたから。

---

86. Select the best response to Aaron's message.

  (A) "Probably by bicycle."
  (B) "OK, I'll be there."
  (C) "Thanks for coming!"
  (D) "They all played well."

アーロンのメッセージに対する返答として最も適切なものを選びなさい。

  (A) 「おそらく自転車で。」
  (B) 「わかった、参加するよ。」
  (C) 「来てくれてありがとう！」
  (D) 「みんなよくやったよ。」

設問 85-86 は、次のテキストメッセージに関するものです。

テキスト
メッセージ

トニー

よい知らせだよ！上司が食料品店での僕の
日程を再調整してくれた。今週から、もう
土曜日に働かなくてよくなった。君の野球
チームに参加できるよ。

アーロン

それはいいね！本当にもう一人必要なん
だ。みんなに知らせるよ。次の練習は、今
週の土曜日にハイランド公園であるよ。

トニー

正解 & 解説

85. 正解 **(D)**　　　　　　　　　難易度 ▰▰▰ 難

メッセージ送信者 Tony が喜んでいる「理由」が聞かれています。冒頭に Good news!
「よい知らせだよ」とあり、続いて My supervisor rearranged my schedule at the
grocery store. と伝えています。これをシンプルに言いかえた (D) が正解です。実は、
このメッセージにはさまざまな情報が隠れています。supervisor「上司」とあることから
Tony が grocery store で働いていること、また、rearrange「再調整する」とあること
から、調整前には次の文で示される情報 (working on Saturdays 土曜日に働く) が予
定されていたことが推測できます。I won't be working on Saturdays「土曜日に働く
ことはない」とありますが、vacation「長期休暇」とまでは言えないので、(B) は誤りです。
野球チームの話がありますが、試合や勝ち負けに関する情報はないので (C) は誤りです。

86. 正解 **(B)**　　　　　　　　　難易度 ▰▰▰ 難

登場人物の状況を意識しながら会話の流れをつかみましょう。Tony は I can join
your baseball team. と野球チームに入ることができると伝えています。それを受けた
Aaron は That is good news! と一緒に喜んでいます。その後に出てくる Our next
practice will be at Highland Park this week. という情報は、Tony が次の練習に
参加できるように情報を共有したものです。この誘いに対する返答なので (B) が正解で
す。練習への交通手段を聞かれているわけではないので (A) は誤りです。(C)"Thanks for
coming!" は、イベントの主催者が、来てくれた参加者に対して伝えるお礼の決まり文句
です。

Questions 87–88 refer to the following invoice.

T&M Professionals
45 Ellis Road,
Victoria, V8W 2C2,
Canada

Invoice: #79345
Invoice date: February 12
Client:
Adventure Tours & Travel 2757 Wharf Street, V8W 3H9
Victoria, Canada

Description of service:
Washing windows and walls on February 10: $218.00
Carpet shampooing on February 11: $375.00

Subtotal: $593.00
Tax (12%): $71.16
Total: $664.16
Payment due by: February 19

Thank you for choosing T&M!

設問

設問の訳

87. What does T&M Professionals provide?

(A) Travel services
(B) Construction services
(C) Decorating services
(D) Cleaning services

T&M プロフェッショナル社は何を提供していますか？

(A) 旅行事業
(B) 建設事業
(C) 装飾事業
(D) 清掃事業

88. When does the total charge have to be paid?

(A) By February 10
(B) By February 11
(C) By February 12
(D) By February 19

合計料金はいつまでに支払わなければなりませんか？

(A) 2月10日までに。
(B) 2月11日までに。
(C) 2月12日までに。
(D) 2月19日までに。

問題文の訳

設問 87-88 は、次の請求書に関するものです。

請求書

**T&M プロフェッショナル
エリス通り 45 番地
ビクトリア、V8W 2C2
カナダ**

請求書： 79345 番
請求日： 2 月 12 日

依頼人：
アドベンチャーツアーアンドトラベル社
V8W 3H9 ワーフ通り 2757 番
ビクトリア　カナダ

サービス内容：
2 月 10 日　窓・壁の清掃：218 ドル
2 月 11 日　カーペット洗浄：375 ドル

小計：593 ドル
税 (12%)：71 ドル 16 セント
合計：664 ドル 16 セント

支払期限：2 月 19 日

T&M をご利用いただきありがとうございます。

正解 & 解説

87. 正解 **(D)**　難易度 ▰▰▰ 難

T&M Professionals 社の「業種」が問われています。設問に対する答えのヒントがどこにあるか、という情報に絞って読むようにしましょう。企業の発行する invoice「請求書」や手紙の場合、letter head「レターヘッド」と呼ばれる部分に、会社の情報 (会社名、住所など) が入っています。ここでは、Professional だけでは何のプロかわからず、業種を特定するヒントにはなりません。Description of service「サービス内容」についての記載がヒントになることに気づけば、あまり時間をかけず、正解が選べます。washing や shampooing を cleaning と言い換えた (D) が正解です。windows や carpet とありますが、新たに作るといった情報ではないので (B) や (C) は誤りです。

88. 正解 **(D)**　難易度 ▰▰▰ 難

設問は、受動態で、料金がいつまでに払われなければならないか、つまり、「支払期限はいつか」が問われています。文書内、Payment due「支払期日」に February 19 とあるので (D) が正解です。by ＋時で「時 (いつ) までに」を示します。due は「締切」の意味で、deadline と言い換えられることも覚えておきましょう。(A) と (B) はクリーニングサービスが行われた日、(C) は invoice が作成された日で、誤りです。このように図や表から答えを探す問題に取り組む時には、必要でない情報を読むのに時間を取られないよう気を付けてください。

Questions 89–91 refer to the following Web page.

https://www.champssuperstore.com/news

Exciting News!

Our annual spring sale will start on Saturday. Every winter, we fill our stores with brand-new merchandise. At the end of the season, we make room for summer items. So, from March 20 to April 3, we will be offering big discounts on skis, snowboards, and skates. To find a Champs Superstore near you, see the About page of this Web site.

設問

89. What does the business do in the winter?

(A) **It makes more space.**
(B) It hires extra staff.
(C) It holds a competition.
(D) It stays open later.

90. What will NOT be on sale?

(A) Skis
(B) Snowboards
(C) **Shoes**
(D) Skates

91. How can people find a store location?

(A) By calling a salesperson
(B) **By visiting another page**
(C) By checking a mall directory
(D) By entering an address

設問の訳

この会社では、冬に何をしますか？

(A) **場所を空ける。**
(B) 追加の店員を採用する。
(C) 大会を開催する。
(D) 夜遅くまで営業する。

特売される予定でないのはどれですか？

(A) スキー用品
(B) スノーボード用品
(C) **靴**
(D) スケート用品

店舗の場所をどのように見つけることができますか？

(A) 販売員に電話をすることで
(B) **別のウェブページを閲覧することで**
(C) モールの案内板を確認することで
(D) 住所を入力することで

問題文の訳

設問 89-91 は、次のウェブページに関する質問です。

ウェブページ

素晴らしいニュース

私たちの恒例の春セールが土曜日に始まります。毎冬、たくさんの新作を入荷します。その季節の終わりに、夏の商品のための場所を空けます。そこで、3 月 20 日から 4 月 3 日に、スキー、スノーボード、スケート商品の大幅値下げを実施いたします。お近くのチャンプススーパーストアをお探しになるには、このウェブサイトの概要ページをご覧ください。

正解 & 解説

89. 正解 **(A)**　　　　　　　　　　　　　　難易度 ▬▬■ 難

この business（会社）で冬に行われることが「何か」が問われています。文書内での every winter「毎冬」の後にヒントがあります。fill A with B「A を B で埋める」という表現で、we fill our stores with brand-new merchandise とあり、毎年多くの新製品を入荷していることがわかります。続く、At the end of the season は、冬から春への変わり目の時期を指しています。we make room for summer items とは、夏の製品のために場所を空ける、という意味です。room を space に言い換えた (A) が正解です。その他の選択肢は、セールを盛り上げるために行われるかもしれませんが、文書内にはそのような情報はありませんので、すべて誤りです。

90. 正解 **(C)**　　　　　　　　　　　　　　難易度 ▬▬■ 難

セール対象外の商品が「何か」が問われています。文書内で on sale（特売される）対象となる品物の情報を集めましょう。述べられていないものが、この問題の正解になります。we will be offering big discounts on の後に、skis, snowboards, and skates. と品物のカテゴリーが挙げられています。書かれていない (C) が正解です。discount と on sale は似た意味を持つ言葉としてセットで覚えておきましょう。他にも half price「半額」や 20%off「20%割引」のように、より具体的な内容で割引の情報が表現されることもあります。

91. 正解 **(B)**　　　　　　　　　　　　　　難易度 ▬▬■ 難

店舗を探す「方法」が問われています。文書内、最終文 To find a Camps Superstore near you の後の情報がヒントです。see the About page of this Web site と指示されています。see を visit に、the About page を another page に言い換えた (B) が正解です。(C) の directory は、地図や店舗一覧などがわかりやすく示されている「案内板」の意味です。元になった direction「方向」「指示」という言葉から、directory は、多くの情報に何らかの方向付けをしてまとめたものというイメージを持っておくと、日本語では「名簿」や「電話帳」が同じ単語で表されることも納得できますね。

R
PART
3

Questions 92–94 refer to the following article.

Discovery on Sycamore Avenue

PALMETTO, May 19 — A local resident recently found something interesting in his garden. While planting flowers, he dug up a very old bowl. Jack Lawrence, who made the discovery, said: "I thought it was a rock. Then I realized it was filled with dirt. After I got that out, I saw that I was holding a bowl." According to the Palmetto Museum, native people made the bowl three thousand years ago. Mr. Lawrence donated it to the museum, where it is now on display.

設問

設問の訳

92. What is the article mainly about?

(A) An ancient container
(B) A vegetarian dish
(C) A gardening project
(D) An antique market

これは主に何についての記事ですか？

(A) 古代の入れ物
(B) 菜食主義者の料理
(C) 庭園計画
(D) 骨董品市場

93. What did Mr. Lawrence suggest?

(A) He broke a rock.
(B) He lost a shovel.
(C) He removed some dirt.
(D) He sent some flowers.

ローレンス氏は何を示唆していますか？

(A) 彼は石を壊した。
(B) 彼はシャベルを失くした。
(C) 彼は土を取り除いた。
(D) 彼は花を送った。

94. What is stated about the museum?

(A) It opened three years ago.
(B) It will increase a fee.
(C) It is often crowded.
(D) It set up a display.

博物館について何が述べられていますか？

(A) 3年前に開館した。
(B) 入場料を値上げする予定である。
(C) しばしば混雑している。
(D) 展示を始めた。

問題文の訳

設問 92-94 は、次の記事に関するものです。

記事

シカモア通りでの発見

5月19日　パルメット州―最近、地元の住人が興味深いものを庭で見つけました。花を植えていると、彼はとても古い椀を掘り出しました。この発見をしたジャック・ローレンス氏は、「それは石だと思いました。その後、土で塞がっていることに気が付きました。その土を取り除いてみると、私が持っていたのは椀だったのです」と話しています。パルメット博物館によると、その椀は3千年前に先住民が作ったとのことです。ローレンス氏はそれを博物館に寄贈し、現在は展示されています。

正解 & 解説

92. 正解 (A)

難易度 ▰▰▰ 難

記事の「トピック」が問われています。タイトルにある Discovery（発見）に関する情報を探っていきましょう。1文目に found something interesting とあり、2文目に he dug up a very old bowl. から、男性が見つけて掘り出したものが「古い椀」であったことが分かります。old を ancient に、bowl を container に言い換えた (A) が正解です。container「容器」は小さなお椀から船に載せる大型コンテナまで含んでおり、中に何か入れる用途のものを表すのに幅広く使われる単語です。見つけた場所が garden であったという記載はありますが、プロジェクトという情報はないので (C) は誤りです。old bowl は antique と言えますが、市場に関する情報はないので (D) は誤りです。

93. 正解 (C)

難易度 ▰▰▰ 難

ローレンス氏が「行ったこと」が問われています。3文目に Jack Lawrence について、who made the discovery と言い換えられていることから、ローレンス氏は発見者であることがわかります。続く発言内容で、Then I realized it was filled with dirt. After I got that out, I saw that I was holding a bowl. という情報から、get out が remove に言い換えられた (C) が正解です。fill with ～は「～でいっぱいである、詰まっている」の意味です。椀を取り出すために、内側に詰まっていた土を取り除いたとあり、石に見えたものを壊したわけではないので (A) は誤りです。花を植えていた時に椀を発見したという記載はありますが、花を送ったという情報はないので (D) は誤りです。

94. 正解 (D)

難易度 ▰▰▰ 難

博物館に関する情報を集めましょう。Museum は本文に2か所登場します。5～6行目には、the Palmetto Museum による、発見された椀の歴史が述べられていますが、この情報に対応する選択肢はありません。最終文に Mr. Lawrence donated it to the museum, where it is now on display. とあります。この文の it は、いずれも発見された椀を指すので、現在、椀は museum で展示されていることがわかります。この情報を言い換えた (D) が正解です。文書内に three thousand years ago と出てくるのは、発見された椀が作られた年の推定です。急いで読んで (A) を選ばないようにしましょう。(B) や (C) の内容を示す記述はありませんので、誤りです。

Reading
PART 3

Questions 95–97 refer to the following notice.

Public Notice

The Marzetta Bridge will be closed for the 62nd Daffodil Parade today, which begins at 11:00 A.M. If you are planning to drive in or out of downtown Jerrell City, we recommend using Harrods Street. Traffic will also not be permitted on Wilkinson Road, which will be the route for the event. Metered parking along Branson Avenue is available. Additionally, the convention hall on Apple Boulevard is charging its usual fee of $20.00 for all-day parking. To ensure you get a space, you should arrive at least one hour before the parade begins. Drivers should also expect traffic delays throughout the day.

設問 | 設問の訳

95. According to the notice, what will be closed?

(A) A shop
(B) A road
(C) A park
(D) A hall

お知らせによると、何が閉鎖されますか？

(A) 店
(B) 道路
(C) 公園
(D) 公会堂

---

96. Where will the parade be held?

(A) On Harrods Street
(B) On Wilkinson Road
(C) On Branson Avenue
(D) On Apple Boulevard

パレードはどこで開かれますか？

(A) ハロッズ通り
(B) ウィルキンソン通り
(C) ブランソン大通り
(D) アップル大通り

---

97. What are people advised to do?

(A) Arrive by 10:00 A.M.
(B) Buy tickets at 11:00 A.M.
(C) Read some instructions
(D) Listen for traffic updates

人々は何をするよう勧められていますか？

(A) 午前 10 時までに到着する
(B) 午前 11 時までにチケットを購入する
(C) 指示書を読む
(D) 最新の交通情報を聞く

問題文の訳

設問 95-97 は、次のお知らせに関するものです。

お知らせ

公示

本日、マルツェッタ橋は午前 11 時から始まる第 62 回ダッフォディルパレードのため閉鎖されます。ジェレル市街へお越しの際、またはお出かけの際は、ハロッズ通りをご利用ください。イベントの道筋になっているウィルキンソン通りも通行は禁止されています。ブランソン大通りのメータ式駐車場はご利用いただけます。また、アップル大通りのコンベンションセンターでは、終日駐車には通常通り 20 ドルが課されます。駐車場所を確保するためには、遅くともパレードの始まる 1 時間前に到着することをおすすめします。運転者は、終日、交通渋滞を念頭においてください。

正解 & 解説

95. 正解 **(B)**

難易度 ◢◢◣ 難

イベントによる交通への影響で、閉鎖されるもの、つまり、「使えなくなるもの」が問われています。1 文目、The Marzetta Bridge will be closed とあり、橋が通れなくなることがわかりますが、設問の選択肢に「橋」がありません。Traffic will also not be permitted on Wilkinson Road. (ウィルキンソン通りでも交通は許されない) という記載から、(B) が正解です。permit は「許す、許可する」の意味です。設問の closed と文書内の not permitted は、どちらも「通れない、使えない」という状況を示しています。

96. 正解 **(B)**

難易度 ◢◢◣ 難

パレードが行われる「場所」が問われています。設問の parade が event と言い換えられている、文書内の the route for the event の前後にヒントがあります。「イベントの道筋になっている」という説明は、Wilkinson Road の後に述べられていることから、(B) が正解です。文書内と設問に出てくる road、street、avenue、boulevard はすべて「道」を表す単語です。road は最も広い意味で使われ、「カントリーロード」のように田舎道を表すこともあります。avenue は両脇に並木のある整備された大通りを指します。

97. 正解 **(A)**

難易度 ◢◢◣ 難

設問の people はこの文書の読み手を指しています。文書内の提案表現を探しましょう。前半は交通規制に関する詳細で、この設問のヒントは後半に書かれています。8 行目に you should「～すべきだ」という提案表現がありますね。続く部分に arrive at least one hour before the parade begins とあり、パレード開始時刻の少なくとも 1 時間前には着くことがすすめられています。at least は「少なくとも」の意味です。パレードの開始時刻は、2 行目に begins at 11:00 A.M. という形で示されています。ここから 10 時までに到着する (A) が正解です。文書内の料金は駐車代で、チケット購入についてではありませんので (B) は誤りです。traffic「交通」は文書内に複数回登場しますが、update「更新された情報」や listen for「～を聞く」に関連する記載はありませんので (D) は誤りです。

Questions 98–100 refer to the following online chat conversation.

 Miguel's Messages

Arlene [3:26 P.M.]
Miguel, I'm in my room on the ninth floor. I can't connect to the wireless Internet. Have you tried to?

Miguel [3:27 P.M.]
Yes, but it's not working here either. When I called the front desk, they told me the problem will be fixed by tonight.

Arlene [3:28 P.M.]
OK. Are you hungry? There's a pizzeria across the street. I can read their big sign from my window. It says they offer free Internet access.

Miguel [3:29 P.M.]
Great. We'll go online there and check what sightseeing spots we can visit tomorrow. Let's meet in the lobby at six.

設問 | 設問の訳

98. Why does Arlene write to Miguel?

(A) To request a password
(B) To ask about a problem
(C) To ask for directions
(D) To explain a decision

なぜアーリーンはミゲルにメッセージを書いていますか？

(A) パスワードを要求するため
(B) 問題について尋ねるため
(C) 指示を仰ぐため
(D) 決定について説明するため

99. What does Arlene say she can see?

(A) A menu
(B) A wire
(C) A sign
(D) A tool

アーリーンは何が見えると言っていますか？

(A) メニュー
(B) 電線
(C) 看板
(D) 道具

100. Why will Arlene and Miguel meet at six o'clock?

(A) They will make a complaint.
(B) They will have a meal.
(C) They will do online shopping.
(D) They will watch a movie.

なぜアーリーンとミゲルは6時に会うのですか？

(A) 苦情を申し立てるため。
(B) 食事をするため。
(C) オンラインショッピングをするため。
(D) 映画を観るため。

問題文の訳

設問 98-100 は、次のオンラインチャットでの会話に関するものです。　**オンラインチャット**

アーリーン [午後 3 時 26 分]
ミゲル、私は今 9 階の部屋にいるのだけど、無線インターネットに接続できないの。あなたは試してみた？

ミゲル [午後 3 時 27 分]
うん、でもここでも作動していないよ。受付に電話した時には、今日の夜までに解決するって言っていたよ。

アーリーン [午後 3 時 28 分]
了解。お腹は空いている？　通りの向こうにピザ屋があるの。大きな看板が窓から見えるわ。無料インターネット接続を提供しているって。

ミゲル [午後 3 時 29 分]
いいね。そこで回線に接続して、明日行ける観光場所について調べてみよう。ロビーで 6 時に会おう。

正解 & 解説

98. 正解 (B)　　　　　　　　　　　　　　難易度 ◢◢◣ 難

チャットの「目的」が問われています。アーリーンの I can't「私は〜できない」という表現で、問題があることがわかります。connect to the wireless Internet（ワイヤレスインターネットに繋げる）ことができない、Have you tried to?（あなたは繋げてみましたか？）と聞いています。これらの発言の目的は (B) To ask about a problem. です。もし、チャットの相手がホテルのフロント係であれば、(A) や (C) の可能性もありますが、冒頭でアーリーンが Miguel と呼びかけていることから、2 人は下の名前で呼び合う友人で、ミゲルは it's not working here either. と言っていますので、困っている友人に対して (A) のようにパスワードを要求したり、(C) のように指示を仰いだりすると考えるのは不自然です。

---

99. 正解 (C)　　　　　　　　　　　　　　難易度 ◢◢◣ 難

アーリーンの発言を読み、「見えるもの」のヒントを探します。I can read their big sign（彼らの大きなサインが読める）と言っています。read は看板に書いてあることがはっきり見えて読めると解釈できますので、(C) が正解です。続いて It says they offer free Internet access. とありますが、wire や tool が直接見えるわけではありませんので、(B) や (D) は誤りです。

---

100. 正解 (B)　　　　　　　　　　　　　　難易度 ◢◢◣ 難

アーリーンとミゲルが会う「目的」が聞かれています。まず、アーリーンとミゲルはホテルで別々の部屋にチェックインしたこと、2 人ともワイヤレスインターネットに繋げることができていないことがわかります。設問のポイントである Let's meet in the lobby at six.（6 時にロビーで会いましょう。）という情報は文書の最後に出てきますので、この前に答えのヒントがあると予想しましょう。アーリーンはミゲルに Are you hungry? と聞いています。脈絡のない情報に思えますが、続いて、There's a pizzeria across the street. It says they offer free Internet access. とあります。ここでアーリーンはミゲルに「お腹がすいていたら、無料インターネットの使えるピザ屋で食事をしませんか。」と誘っていることに気付けたでしょうか。ミゲルは Great.（いいね）と返していることから、(B) が正解です。ピザ屋で go online（ネットに接続する）ようですが、shopping や movie を利用する情報はありませんので (C) と (D) は誤りです。

第3回テスト

最低3回は受験をしてください。
そして、間違った問題を以下のチェックリストに記入していきましょう。
くり返し間違っている問題があれば、それはあなたの苦手問題です。

[チェックリスト]

No.	正解	チェック	No.	正解	チェック	No.	正解	チェック	No.	正解	チェック
1	B	☐☐☐	26	B	☐☐☐	51	B	☐☐☐	76	C	☐☐☐
2	C	☐☐☐	27	C	☐☐☐	52	B	☐☐☐	77	A	☐☐☐
3	A	☐☐☐	28	A	☐☐☐	53	C	☐☐☐	78	D	☐☐☐
4	D	☐☐☐	29	D	☐☐☐	54	D	☐☐☐	79	A	☐☐☐
5	A	☐☐☐	30	B	☐☐☐	55	D	☐☐☐	80	D	☐☐☐
6	C	☐☐☐	31	C	☐☐☐	56	A	☐☐☐	81	B	☐☐☐
7	B	☐☐☐	32	B	☐☐☐	57	A	☐☐☐	82	C	☐☐☐
8	C	☐☐☐	33	D	☐☐☐	58	B	☐☐☐	83	A	☐☐☐
9	A	☐☐☐	34	C	☐☐☐	59	C	☐☐☐	84	D	☐☐☐
10	D	☐☐☐	35	B	☐☐☐	60	C	☐☐☐	85	B	☐☐☐
11	A	☐☐☐	36	A	☐☐☐	61	B	☐☐☐	86	A	☐☐☐
12	D	☐☐☐	37	C	☐☐☐	62	A	☐☐☐	87	D	☐☐☐
13	B	☐☐☐	38	B	☐☐☐	63	A	☐☐☐	88	B	☐☐☐
14	C	☐☐☐	39	A	☐☐☐	64	A	☐☐☐	89	D	☐☐☐
15	D	☐☐☐	40	D	☐☐☐	65	B	☐☐☐	90	B	☐☐☐
16	C	☐☐☐	41	C	☐☐☐	66	B	☐☐☐	91	C	☐☐☐
17	B	☐☐☐	42	D	☐☐☐	67	A	☐☐☐	92	C	☐☐☐
18	D	☐☐☐	43	B	☐☐☐	68	C	☐☐☐	93	D	☐☐☐
19	A	☐☐☐	44	A	☐☐☐	69	D	☐☐☐	94	B	☐☐☐
20	A	☐☐☐	45	C	☐☐☐	70	A	☐☐☐	95	C	☐☐☐
21	C	☐☐☐	46	A	☐☐☐	71	C	☐☐☐	96	C	☐☐☐
22	D	☐☐☐	47	C	☐☐☐	72	B	☐☐☐	97	D	☐☐☐
23	B	☐☐☐	48	D	☐☐☐	73	B	☐☐☐	98	A	☐☐☐
24	B	☐☐☐	49	B	☐☐☐	74	D	☐☐☐	99	A	☐☐☐
25	C	☐☐☐	50	B	☐☐☐	75	C	☐☐☐	100	C	☐☐☐

正解一覧

全100問の正解一覧です。答え合わせにご利用ください。

LISTENING TEST

LISTENING TEST							
Part1		Part2				Part3	Part4
No.	ANSWER (A B C D)	No.	ANSWER (A B C D)	No.	ANSWER (A B C D)	No. / ANSWER (A B C D)	No. / ANSWER (A B C D)
1	B	11	C	21	A	31 C	41 C
2	C	12	D	22	D	32 C	42 C
3	D	13	C	23	C	33 D	43 B
4	D	14	C	24	C	34 C	44 A
5	C	15	D	25	C	35 B	45 C
6	C	16	C	26	C	36 A	46 A
7	D	17	C	27	C	37 C	47 C
8	C	18	D	28	A	38 B	48 D
9	A	19	C	29	D	39 B	49 B
10	D	20	A	30	B	40 D	50 B

READING TEST

READING TEST									
Part1				Part2		Part3			
No.	ANSWER A B C D	No.	ANSWER A B C D	No.	ANSWER A B C D	No.	ANSWER A B C D	No.	ANSWER A B C D
51	Ⓐ Ⓑ Ⓒ Ⓓ	61	Ⓐ Ⓑ Ⓒ Ⓓ	71	Ⓐ Ⓑ Ⓒ Ⓓ	81	Ⓐ Ⓑ Ⓒ Ⓓ	91	Ⓐ Ⓑ Ⓒ Ⓓ
52	Ⓐ Ⓑ Ⓒ Ⓓ	62	Ⓐ Ⓑ Ⓒ Ⓓ	72	Ⓐ Ⓑ Ⓒ Ⓓ	82	Ⓐ Ⓑ Ⓒ Ⓓ	92	Ⓐ Ⓑ Ⓒ Ⓓ
53	Ⓐ Ⓑ Ⓒ Ⓓ	63	Ⓐ Ⓑ Ⓒ Ⓓ	73	Ⓐ Ⓑ Ⓒ Ⓓ	83	Ⓐ Ⓑ Ⓒ Ⓓ	93	Ⓐ Ⓑ Ⓒ Ⓓ
54	Ⓐ Ⓑ Ⓒ Ⓓ	64	Ⓐ Ⓑ Ⓒ Ⓓ	74	Ⓐ Ⓑ Ⓒ Ⓓ	84	Ⓐ Ⓑ Ⓒ Ⓓ	94	Ⓐ Ⓑ Ⓒ Ⓓ
55	Ⓐ Ⓑ Ⓒ Ⓓ	65	Ⓐ Ⓑ Ⓒ Ⓓ	75	Ⓐ Ⓑ Ⓒ Ⓓ	85	Ⓐ Ⓑ Ⓒ Ⓓ	95	Ⓐ Ⓑ Ⓒ Ⓓ
56	Ⓐ Ⓑ Ⓒ Ⓓ	66	Ⓐ Ⓑ Ⓒ Ⓓ	76	Ⓐ Ⓑ Ⓒ Ⓓ	86	Ⓐ Ⓑ Ⓒ Ⓓ	96	Ⓐ Ⓑ Ⓒ Ⓓ
57	Ⓐ Ⓑ Ⓒ Ⓓ	67	Ⓐ Ⓑ Ⓒ Ⓓ	77	Ⓐ Ⓑ Ⓒ Ⓓ	87	Ⓐ Ⓑ Ⓒ Ⓓ	97	Ⓐ Ⓑ Ⓒ Ⓓ
58	Ⓐ Ⓑ Ⓒ Ⓓ	68	Ⓐ Ⓑ Ⓒ Ⓓ	78	Ⓐ Ⓑ Ⓒ Ⓓ	88	Ⓐ Ⓑ Ⓒ Ⓓ	98	Ⓐ Ⓑ Ⓒ Ⓓ
59	Ⓐ Ⓑ Ⓒ Ⓓ	69	Ⓐ Ⓑ Ⓒ Ⓓ	79	Ⓐ Ⓑ Ⓒ Ⓓ	89	Ⓐ Ⓑ Ⓒ Ⓓ	99	Ⓐ Ⓑ Ⓒ Ⓓ
60	Ⓐ Ⓑ Ⓒ Ⓓ	70	Ⓐ Ⓑ Ⓒ Ⓓ	80	Ⓐ Ⓑ Ⓒ Ⓓ	90	Ⓐ Ⓑ Ⓒ Ⓓ	100	Ⓐ Ⓑ Ⓒ Ⓓ

Listening
PART 1

| 問題文 | 問題文の訳 |

1. 🇬🇧 **W** A man is throwing a ball.　　男性がボールを投げている。

(A) 　(B) 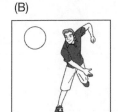　(C) 　(D)

2. 🇨🇦 **M** They're seated at a table.　　彼らはテーブルに着席しています。

(A) 　(B) 　(C) 　(D)

3. 🇺🇸 **W** A closed window.　　閉まっている窓。

(A) 　(B) 　(C) 　(D)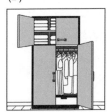

正解 & 解説

1. 正解 **(B)**

難易度 ━━◣▨▧ 難

主語は単数を表す A man で、動作は is throwing「投げている」。throw a ball で「ボールを投げる」です。ボールを投げている 1 人の男性が描かれた (B) が正解です。(A) はボールをけっている (kicking) ところです。(C) はボールをバットで打っている (hitting a ball) ところです。(D) は走っている (running) ところです。それぞれボールを投げているわけではないので不適切です。

2. 正解 **(C)**

難易度 ━━◣▨▧ 難

主語は複数を表す They で、be seated at ～で「(テーブルなどに) 着席している」という意味です。テーブルに着席している複数の人物が描かれた (C) が正解です。(A) は複数の人物がソファーに (on a sofa) 座っていて、またテーブルはありません。(B) は複数の人物が座っていますがベンチ (on a bench) であり、テーブルはありません。(D) は複数の人物がテーブルの周り (around a table) にいますが、立っていて座ってはいません。

3. 正解 **(A)**

難易度 ━━◣▨▧ 難

closed は「閉じた、閉まっている」という意味の形容詞。1 つの閉まっている窓が描かれた (A) が正解です。(B) は割れたグラス (glass) が描かれていて窓ではありません。(C) は 1 つの開いているドアが描かれています。(D) は洋服タンス (closet) が描かれています。それぞれ閉まっている窓ではなく不適切です。

4. 🇦🇺 **M**　He's getting in a car.

彼は乗用車に乗り込んでいる。

(A) 　(B) 　(C) 　(D)

5. 🇬🇧 **W**　Some fruit on display.

陳列された果物。

(A) 　(B) 　(C) 　(D)

6. 🇨🇦 **M**　She's shopping for clothes.

彼女は衣服の買い物をしている。

(A) 　(B) 　(C) 　(D)

正解 & 解説

4. 正解 **(D)**

難易度 ■■■ 難

主語は単数を表す He。get in ~は「(乗用車など) に乗り込む」。乗用車に乗り込んでいる 1 人の男性が描かれた (D) が正解です。(A) は 1 人の男性がバスに乗り込んでいるところですが、乗用車ではありません。(B) は 1 人の男性が乗用車を洗っている (washing a car) ところ、(C) は 1 人の男性が乗用車を運転している (driving a car) ところで、どちらも乗り込んでいるところではありません。

人

5. 正解 **(A)**

難易度 ■■■ 難

on display は「陳列されて」。some fruit (いくつかの果物) を on display (陳列されて) が後ろから修飾していて、Some fruit on display. で名詞のかたまりとなっています。陳列された果物が描かれた (A) が正解です。(B) は果物であるオレンジが木になっていますが、陳列されてはいません。(C) は果物である 1 つのリンゴが描かれているだだけです。(D) は洋服 (clothes) が陳列されていますが、果物ではありません。

物

6. 正解 **(C)**

難易度 ■■■ 難

主語は単数を表す She で、動作は is shopping「買い物をしている」。shop for clothes で「衣服の買い物をする」です。衣服の買い物をしている 1 人の女性が描かれた (C) が正解です。(A) は 1 人の女性が買い物をしていますが、食料品 (food, groceries) であり衣服ではありません。(B) は 1 人の女性がドアを閉めている (closing a door) ところです。(D) は 1 人の女性が手を洗っている (washing her hands) ところです。それぞれ不適切です。

人

Listening
PART 2

▶ T3_P2_Q7 ▶ T3_P2_Q11

問題文	問題文の訳

7. W What time is your flight?
あなたの飛行機は何時発ですか？

M (A) A window seat.
(A) 窓側の席です。

(B) It leaves at seven.
(B) 7 時に出発します。

(C) Earlier is better.
(C) 早いほうがよいです。

(D) It was long.
(D) それは長かったです。

---

8. M Where is Melany from?
メラニーはどこの出身ですか？

W (A) Yes, that's correct.
(A) はい、その通りです。

(B) It's my school.
(B) それは私の学校です。

(C) Hong Kong, I think.
(C) 香港出身だと思います。

(D) She just called.
(D) 彼女がちょうど電話をしました。

---

9. W Could I use your printer?
あなたのプリンターを借りてもよろしいですか？

M **(A) Sure, help yourself.**
(A) もちろん、ご自由にどうぞ。

(B) You, too.
(B) あなたもね。

(C) Yeah, we're fine.
(C) はい、私たちは元気です。

(D) The new printer.
(D) 新しいプリンターです。

---

10. M When is your next sale?
次の特売はいつですか？

W (A) On 22nd Street.
(A) 22 番通りです。

(B) I love summer.
(B) 夏が大好きです。

(C) This is cheaper.
(C) こちらのほうが安いです。

(D) In early January.
(D) 1 月の初旬です。

---

11. W Does the bus often come late?
バスはよく遅れるのですか？

M **(A) No, not usually.**
(A) いいえ、いつもはそんなことはありません。

(B) See you on Thursday.
(B) 木曜日にまた会いましょう。

(C) Oh, I'm sorry.
(C) あら、すみません。

(D) All the way home.
(D) 家までずっとです。

正解 & 解説

7. 正解 (B) 　WH疑問文　what

難易度 ◢◤◤ 難

what time で始まる WH 疑問文で、飛行機が出発する「時間」を尋ねています。leave (出発する) を使って出発時間を答えている (B) が正解です。(A) には飛行機に関連する席の種類が含まれていますが、時間の答えにはなっていません。(C) は Earlier (早い方) を使って時間について述べていますが、時間帯が早いか遅いかを尋ねているわけではありません。(D) は現在形の問いかけ文に対して、過去形で答えるのは不自然です。

8. 正解 (C) 　WH疑問文　where

難易度 ◢◤◤ 難

where で始まる WH 疑問文で、出身の「場所」を尋ねています。「香港」と場所を答えている (C) が正解です。I think は今回のように、名詞に付け足す意識で使われることもあります。(A) は WH 疑問文に対して Yes と答えているため、不自然な回答です。(B) は It が何を指しているのかがわからず、不適切です。(D) は She が Melany を指しているものの、call が噛み合わない上に、過去形で答えているのも不自然です。

9. 正解 (A) 　Yes/No疑問文

難易度 ◢◢◤ 難

助動詞 could を用いた Yes/No 疑問文で、Could I ～ ? で「～してもよろしいですか」という許可を求める表現です。これに対して、「もちろん (いいですよ)」と受け入れている (A) が自然な応答です。help yourself は「自分を助ける」という意味から、「ご自由にどうぞ」という意味で使われます。(B) は発言に同調する時に使うため、不自然です。(C) は Yeah で受け入れるのはよいですが、それ以降が問いかけ文と噛み合いません。(D) は問題文と同じ単語 printer が用いられていますが、応答が不自然です。

10. 正解 (D) 　WH疑問文　when

難易度 ◢◢◤ 難

when で始まる WH 疑問文で、特売の「時期」を尋ねています。In を使って「1 月初旬」と時期を答えている (D) が正解です。時間幅が意識される場合は in で時間を表します。(A) は場所に関する返答で不自然です。(B) は summer と時期を答えていますが、sale の時期を表す返答としては不適切です。(C) は問いかけ文の sale に関連する語句として cheap を使っていますが、時期の答えになっていません。

11. 正解 (A) 　Yes/No疑問文

難易度 ◢◢◤ 難

バスがよく遅れるのかを尋ねる Yes/No 疑問文です。(A) は「No= 遅れない」＋「いつもはそんなことはない」という自然なつながりで適切な応答になっています。(B) は曜日を答えていますが、遅れることとは関係がありません。(C) は謝罪をしていますが、遅れたことに対する不満を述べているわけではないので、不適切です。(D) は問いかけ文の bus に関連する語句として way を使っていますが、遅れるかどうかの答えになっていません。all the way は「ずっと、はるばる」という意味の語句です。

L PART 1

L PART 2

L PART 3

L PART 4

R PART 1

R PART 2

R PART 3

問題文	問題文の訳

12. **M** Is your brother good at tennis?

W (A) He's at work now.
(B) It isn't over there.
(C) Sixteen years old.
(D) He practices daily.

あなたの弟はテニスが得意なのですか？

(A) 彼は今仕事中です。
(B) それは向こうにありません。
(C) 16歳です。
(D) 彼は毎日練習しています。

---

13. **W** Will you take the train to Prague?

M (A) Over thirty euros.
(B) I decided to fly.
(C) No, it's sunny now.
(D) Thank you so much.

プラハまで電車で行くのですか？

(A) 30ユーロ以上です。
(B) 飛行機で行くことに決めました。
(C) いいえ、今は晴れています。
(D) どうもありがとうございます。

---

14. **M** Who are you inviting to the party?

W (A) You're welcome.
(B) About ten times already.
(C) Everyone in my science class.
(D) Next Saturday.

誰をパーティーに招待しているのですか？

(A) どういたしまして。
(B) すでに約10回です。
(C) 科学の授業にいるみんなです。
(D) 次の土曜日です。

---

15. **W** You can give me a ride, can't you?

M (A) From a travel agent.
(B) Have as many as you want.
(C) After that, turn right.
(D) Mary said she would.

君の車に乗せてもらえるんだよね？

(A) 旅行業者からです。
(B) 欲しいだけ持って行きなよ。
(C) そのあと、右に曲がって。
(D) メアリーが乗せてくれると言っていたよ。

---

16. **M** Be careful with that box.

W (A) Yes, please wrap them.
(B) Next to the sofa.
(C) Oh, what's in it?
(D) Of course it is.

その箱には注意してください。

(A) はい、包装してください。
(B) ソファの隣です。
(C) あら、何が入っているのですか？
(D) もちろんそうです。

12. 正解 **(D)**　Yes/No疑問文　難易度 ◢◢◢ 難

弟はテニスが得意なのかを尋ねる Yes/No 疑問文です。得意である理由として「毎日練習している（から得意）」ことを述べている (D) が正解。daily は「毎日」という意味です。(A) は問いかけ文の your brother を指して He と述べているのはよいですが、at work (仕事中で) が噛み合いません。(B) は over there (向こう) と場所を答えていて、不適切です。(C) は年齢を答えており、得意かどうかの答えになっていません。

13. 正解 **(B)**　Yes/No疑問文　難易度 ◢◢◢ 難

電車で行くかを尋ねる Yes/No 疑問文です。電車ではなく飛行機を選択したことを表す (B) が自然なつながりです。fly は「飛ぶ」という意味から「空路で行く＝飛行機で行く」という意味で使われます。(A) は金額に関する回答で不適切です。数字の前に置かれる over は「〜以上」という意味で使われます。(C) は No はよいものの、その後で天気について答えているのは不自然です。(D) はお礼を言っていて、Yes/No 疑問文に対しては不適切な回答です。

14. 正解 **(C)**　WH疑問文 who　難易度 ◢◢◢ 難

who で始まる WH 疑問文で、パーティーに招待した人を尋ねています。(C) は具体的な人名は答えていないものの、招待する人を集団で示す自然なつながりです。(A) は Thank you. などのお礼に対する返答です。ここでは不適切です。(B) は回数を述べており、不自然です。数字の前に置かれる about は「約〜」という意味で使われます。(D) は時期について答えており、不自然な回答です。

15. 正解 **(D)**　付加疑問文　難易度 ◢◢◢

付加疑問文で、相手が車に乗せてくれることを確認しています。give 〜 a ride で「〜を乗せていく」という意味の表現。(D) は「（私ではなく）メアリーが乗せてくれる」という第三者を提示している自然なつながりです。(A) は問いかけ文の ride に関連している内容ではありますが、from が何を意味しているのかがわかりません。(B) は問いかけ文とはまったく噛み合わない返答です。食事の会場でバイキングの際に言われるようなセリフです。(C) は道順について述べていますが、ここでは関係がありません。

16. 正解 **(C)**　命令文　難易度 ◢◢◢

問いかけ文は注意を促す命令文です。注意の対象となっている箱の中身が気になって、それを尋ねている (C) が自然なつながりです。(A) は Yes で対応するのはよいものの、取り扱い方の指示を出し返しているのは不自然です。(B) は next to 〜 (〜の隣) を使って場所を表しているものの、場所は気にしていないので不適切です。(D) は Of course で応じるのはよいものの、「そうです」が何を意味しているのかがわかりません。

L PART 1
L PART 2
L PART 3
L PART 4
R PART 1
R PART 2
R PART 3

問題文	問題文の訳

17. 🇺🇸 **W** Would you bring me six plates?

🇦🇺 **M** (A) Go ahead, take some.
(B) The big ones?
(C) I also tried some.
(D) No, not at all.

皿を 6 枚持ってきていただけますか？

(A) どうぞ、いくつかお取りください。
(B) 大きい皿ですか？
(C) 私もいくつか試しました。
(D) いいえ、まったく。

18. 🇨🇦 **M** When did you get here?

🇬🇧 **W** (A) The bag over there.
(B) Actually, we all did.
(C) She said she's OK.
(D) A minute before you.

あなたはいつここに着いたのですか？

(A) あそこのカバンです。
(B) 実は私たち全員がやりました。
(C) 彼女は大丈夫だと言っていました。
(D) あなたが着くほんの少し前です。

19. 🇬🇧 **W** Weren't you supposed to call your doctor?

🇨🇦 **M (A) I did this morning.**
(B) I totally agree.
(C) A nearby hospital.
(D) I've never tried that.

医者に電話することになっていません でしたか？

(A) 今朝電話しました。
(B) 完全に同意します。
(C) 近所の病院です。
(D) 私は試したことがありません。

20. 🇨🇦 **M** You haven't seen my wallet, have you?

🇬🇧 **W (A) Check the kitchen counter.**
(B) Yes, twenty dollars.
(C) The painting is on the wall.
(D) To pick up a pizza.

私の財布を見かけてないよね？

(A) キッチンカウンターを確認してみて。
(B) はい、20 ドルです。
(C) 壁に掛かっている絵画です。
(D) ピザを受けとるために。

21. 🇺🇸 **W** Whose car is in the driveway?

🇦🇺 **M** (A) Don't worry, I will.
(B) An hour ago.
(C) That's my cousin's.
(D) For a short trip.

誰の車が私道に停まっていますか？

(A) 心配無用です、私がやります。
(B) 1 時間前です。
(C) 私のいとこの車です。
(D) ちょっとした旅行のためです。

17. 正解 (B)　Yes/No疑問文
難易度　━━▰▰　難

助動詞 would を用いた Yes/No 疑問文です。この Would you ～？は「～していただけますか」と丁寧に依頼する表現です。「大きいものですか」と皿の種類について聞き返している (B) が自然なつながりです。one は前に出てきた名詞 (plate) の繰り返しを避けています。(A) の go ahead は「どうぞ」と相手が言ったことを促す表現で、不適切です。(C) の some は plates を指していると考えられますが、「お皿を試した」では意味が通りません。(D) は Would you mind …ing? (…していただくことは構いませんか) という依頼表現に対する回答としては適切ですが、Would you の回答では使われません。

18. 正解 (D)　WH疑問文　when
難易度　━━▰▰　難

when で始まる WH 疑問文で、着いたのは「いつ」なのかを尋ねています。「少し前」と具体的なタイミングを答えている (D) が自然なつながりです。before の後は you (got here) という形になっていると考えれば、わかりやすいでしょう。(A) は問いかけ文の there に関連する here を使って答えていますが、答えとしてはカバンのことを答えており、不適切です。(B) は文法的には間違っていませんが、肝心の「いつ」に対する答えがありません。(C) は She が誰を指しているのかがわからず、話が噛み合いません。

19. 正解 (A)　Yes/No疑問文
難易度　━━▰▰　難

Yes/No 疑問文ですが、否定疑問文で「電話することになっていたかどうか」を尋ねています。すでに「今朝やった（電話した）」と述べている (A) が自然なつながりです。did は called my doctor を一語で表しています。(B) は相手の言ったことの賛同するときによく使われる表現ですが、同意する場面ではありません。(C) は問いかけ文の doctor に関連する hospital が使われていますが、病院については尋ねられていません。(D) は「やっていない」ではなく、「やったことがない」という意味で不適切です。

20. 正解 (A)　付加疑問文
難易度　━━▰▰　難

否定で始まる付加疑問文で、相手が財布を見かけていないことを確認しています。これに対して、財布がありそうな場所を「確認してみて」と伝えている (A) が自然なつながりです。(B) は Yes と答えるのは良いものの、その後で金額を答えるのが不自然です。(C) は問いかけ文の wallet に音が似ている wall を使った引っ掛けです。(D) は目的を述べていますが、財布とピザは関係がありません。

21. 正解 (C)　WH疑問文　whose
難易度　━━▰▰　難

whose で始まる WH 疑問文で、私道 (driveway) に停まっている車が「誰のもの」かを尋ねています。「いとこの車」だと答えている (C) が自然なつながりです。(A) は相手の心配を解消する Don't worry. から始まっていますが、I will が何を意味するかがわかりません。(B) は時間を答えており、不適切な回答です。(D) は問いかけ文の car に関連する trip を使って、目的を述べていますが、車を使う目的は尋ねられていません。

Listening
PART 2

問題文	問題文の訳

22. M My lunch break is in fifteen minutes.

あと 15 分でお昼休憩です。

W (A) No, they won't mind.
(B) Just tea, thanks.
(C) We ordered too many.
(D) Let's go out.

(A) いいえ、彼らは気にかけないです。
(B) 紅茶だけでいいです、ありがとうございます。
(C) 私たちは注文しすぎました。
(D) ぜひ外出しましょう。

---

23. W Who lent you this book, Brian or Sheila?

誰がこの本をあなたに貸したの？ ブライアン？ それともシェイラ？

M (A) That's exactly right.
(B) I got it from the library.
(C) About starting a business.
(D) Two bookings.

(A) まさにその通りです。
(B) 図書館から借りました。
(C) 事業を始めることについてです。
(D) 2 件の予約です。

---

24. M Why is the clock on the table?

なぜ時計が机の上に置いてあるのですか？

W (A) No, I locked it.
(B) It needs a new battery.
(C) Anytime you want.
(D) A different label.

(A) いいえ、私は鍵を掛けました。
(B) 新しい電池が必要です。
(C) あなたが欲しいときにいつでも。
(D) 違う荷札です。

---

25. W Which ski slope is best for beginners?

どのスキー斜面が初心者に適していますか？

M (A) It begins at 7:30.
(B) Yes, they're still open.
(C) They're marked on this map.
(D) Here, use my key.

(A) 7 時半に始まります。
(B) はい、まだ開いています。
(C) この地図に印されています。
(D) はい、私の鍵を使ってください。

---

26. M How much was that pencil case?

あの筆箱はいくらだったのですか？

W (A) Five and two pens.
(B) It was a gift.
(C) In the display case.
(D) At least a couple of hours.

(A) 5 本と 2 本のペンです。
(B) それは貰い物です。
(C) 陳列棚にあります。
(D) 少なくとも数時間です。

正解 & 解説

22. 正解 (D) 　平叙文　　難易度 ▰▰▱ 難

問いかけ文は「あと 15 分で休憩」と述べています。<u>休憩をする場所として「外出しよう」と提案している</u> (D) が自然なつながりです。(A) は No と答えているものの、they が誰を指しているのかがわかりません。mind は「気にする」という意味の動詞です。(B) は飲食するものを指定しているものの、必要なものが尋ねられている場面ではありません。(C) は order（注文する）がすでに過去形になっており、休憩の前の発言として噛み合いません。

23. 正解 (B) 　WH疑問文　who　　難易度 ▰▰▱ 難

who で始まる WH 疑問文で、who に当たる人物を選択疑問文で尋ねています。<u>どちらの人からでもなく、「図書館から借りた」と自然なつながりで述べている</u> (B) が適切です。(A) は相手の発言に同調する表現で、ここでは不適切です。(C) は問いかけ文の book の内容のようですが、問いかけ文では本の内容を尋ねてはいません。(D) は問いかけ文の book に似た booking を使ったひっかけです。

24. 正解 (B) 　WH疑問文　why　　難易度 ▰▰▰ 難

why で始める WH 疑問文で、時計が机の上に置いてある「理由」を尋ねています。<u>時計をIt で受けて、新しい電池が必要（だから置いた）と理由を述べている</u> (B) が自然なつながりです。(A) は WH 疑問文に No と回答しているので、不自然です。(C) は「いつでも」とタイミングを答えており、理由にはなっていません。(D) は問いかけ文の table に音が似た label を使ったひっかけです。

25. 正解 (C) 　WH疑問文　which　　難易度 ▰▰▰ 難

which で始まる WH 疑問文で、どのスキー斜面が最適かを尋ねています。<u>（複数の）斜面を They で指して、「この地図に印されている」と答えている</u> (C) が自然なつながりです。(A) は問いかけ文の beginners に似た begin を使った音の引っかけです。(B) は WH 疑問文に対して Yes/No で答えているので不適切です。(D) は Here はよいものの、鍵は関係ないので、この答えは不自然です。

26. 正解 (B) 　WH疑問文　how　　難易度 ▰▰▰ 難

how で始まる WH 疑問文で、筆箱がいくらだったのかを尋ねています。<u>「貰い物（だからわからない）」と答えている</u> (B) が自然なつながりです。問いかけに対して、直接的に答えないことがあることに注意しましょう。(A) は数字について述べていますが、ペンの本数は尋ねられていません。(C) は場所について答えており、不自然な流れです。display は「展示」という意味の名詞で、動詞として「展示する」という意味で使われることもあります。(D) は時間について答えており、不適切です。

Questions 27 and 28 refer to the following conversation.

W Was there heavy traffic on the highway today, Tod?

M Yes, that's why I was late for my guitar lesson.

W I thought so. Your instructor called earlier to ask where you were.

設問

設問の訳

27. Why was Tod late?

(A) A schedule was wrong.
(B) A car broke down.
(C) Traffic was bad.
(D) Trains were delayed.

トッドはなぜ遅れたのですか？

(A) 予定表が間違っていた。
(B) 車が故障した。
(C) 渋滞があった。
(D) 電車が遅延した。

28. Who called the woman?

(A) A teacher.
(B) A coworker.
(C) A salesperson.
(D) A performer.

誰が女性に電話したのですか？

(A) 先生。
(B) 同僚。
(C) 販売員。
(D) 演者。

問題文の訳

設問 27 と 28 は、次の会話に関するものです。

女性：トッド、今日は幹線道路は混んでいたの？
男性：うん、だからギターのレッスンに遅れてしまったんだ。
女性：そうだと思ったわ。先生が先ほど電話をかけてきて、あなたがどこにいるか聞いてきたわ。

日常会話

正解 & 解説

27. 正解 **(C)**

難易度 ▰▰▰ 難

会話の流れをつかみましょう。まず女性が、traffic「交通」を用いた表現で、Was there heavy traffic「道路は混んでいたか」と聞いています。最後に Tod と呼びかけていることから、話している相手の男性がトッドだとわかります。男性は女性の質問に対し、Yes. と応え、that's why I was late for my guitar lesson.「それがなぜ私がギターのレッスンに遅れたかの理由です」と述べています。この that が示す、there was heavy traffic という状況を言い換えた (C) が正解です。highway とあるので、車を運転していたようですが、それが故障したという情報はありませんので (B) は誤りです。

28. 正解 **(A)**

難易度 ▰▰▰ 難

話題の人物の「職業」に関するキーワードをキャッチしましょう。女性は Your instructor called と発言しています。instructor「インストラクター」を言い換えた (A) が正解です。instructor の語源は instruct「指導する」なので instructor は「指導する人」、teacher は teach「教える」人になります。似たような成り立ちで役職を表す単語では、manager は manage「管理」する人、director は direct「指示」する人、など、語源でイメージをつかむようにすると効果的に単語習得が目指せます。coworker は co「一緒に」work「働く」人、performer は perform「演じる」人で、いずれも会話に情報はありません。

Questions 29 and 30 refer to the following conversation.

🇨🇦 **M** Should I go get office supplies at a store or order them online?

🇬🇧 **W** We do that online. But Maryanne already placed an order today.

🇨🇦 **M** Oh, did she? I wonder if she ordered staples. She's at her desk. I'll go ask her.

設問

設問の訳

29. Where most likely are the speakers?

(A) At a station.
(B) At a restaurant.
(C) At a store.
(D) At an office.

話し手たちはどこにいますか？

(A) 駅。
(B) レストラン。
(C) 店。
(D) 職場。

30. What will the man do next?

(A) Make a payment.
(B) Ask a question.
(C) Deliver an order.
(D) Leave a building.

男性は次に何をしますか？

(A) 支払いをする。
(B) 質問をする。
(C) 注文品を配達する。
(D) 建物から出発する。

問題文の訳

設問 29 と 30 は、次の会話に関するものです。

男性：事務用品を買うために店に行くべきですか、それとも<u>オンラインで注文する</u>べきですか？

女性：オンラインで注文していますよ。でもマリアンヌが今日既に注文していました。

男性：本当ですか？　ホッチキスの針を注文してくれたかな。彼女は席にいますね、<u>聞いてきます</u>。

仕事での会話

L PART 3

正解 & 解説

29. 正解 **(D)**

難易度 ____ 難

この会話が行われている「場所」につながるヒントを聞き取りましょう。office supplies「事務用品」が聞き取れたでしょうか。<u>事務用品の order「注文」に関する話題ですので、同僚たちによる職場での会話</u>と推測しましょう。(D) が正解です。supplies の発音は、日本語のイメージでのサプライではなく、スゥプライズになります。単数形では supply ですが、事務用品を表す場合、通常、複数形で使われます。place an order「発注する」はビジネスシーンでの正式な注文を表します。レストランでの注文ではありませんので (B) は誤りです。

30. 正解 **(B)**

難易度 ____ 難

後半の男性の発言から、特に未来形の動詞をキャッチしましょう。I'll go ask her.「<u>彼女に聞きにいく</u>」と伝えていますので (B) が正解です。その前に She's at her desk.「（聞きに行く）女性は席にいる」と述べており、建物外にいるわけではありませんので (D) は誤りです。I wonder if 〜「〜かしらと思う」は断定できない発言の前置きです。staple はホチキスの針、ホチキス本体は stapler（読み方「ステープラー」）です。ホチキスは日本に最初にその道具を持ち込んだ企業名で、創業者に由来しています。身の回りの和製英語に騙されないようにしましょう。

Questions 31 and 32 refer to the following conversation.

W Did you hear that Steven Preston will be giving a talk at the library on Wednesday?

M Really? That's exciting. He's my favorite author. What time will he speak?

W It starts at six, but I'll get there an hour early to save a seat.

設問

設問の訳

31. What is the man excited about?

    (A) A book.
    (B) A business.
    (C) An event.
    (D) An invitation.

男性は何を楽しみにしていますか？

    (A) 本。
    (B) 事業。
    (C) 催し物。
    (D) 招待。

32. When will the woman probably arrive at the library?

    (A) At four o'clock.
    (B) At five o'clock.
    (C) At six o'clock.
    (D) At seven o'clock.

女性はおそらく何時に図書館に着きますか？

    (A) 4時。
    (B) 5時。
    (C) 6時。
    (D) 7時。

問題文の訳

設問 31 と 32 は、次の会話に関するものです。

女性：スティーブン・プレストンが水曜日に図書館で講演するって聞いた？
男性：本当？　それは楽しみだ。彼は僕のお気に入りの作家なんだ。何時に講演するの？
女性：6 時開始よ、でも私は席を確保するために 1 時間前に行くわ。

日常会話

正解 & 解説

31. 正解 (C)

難易度 難

会話の場面を想像しながら、流れをつかみましょう。まず女性は Did you hear「あなたは聞いた？」と質問しています。有名な人が give a talk「講演する」というのが話題になっています。これを受けて、男性は That's exciting. と応えています。That は前の talk を指し、これを event と言い換えた (C) が正解です。library や author と、本に関連する情報が聞こえますが、本そのものを楽しみにしているわけではありませんので (A) は誤りです。

32. 正解 (B)

難易度 難

女性の最後の発言にヒントが出てきます。女性によると talk は starts at six「6 時に始まる」ようです。その後、逆接を表す but に続き、I'll get there an hour early「1 時間前にそこに着くでしょう」と述べています。設問の arrive at「そこに到着する」と get there「そこに着く」が同じ意味だと気付けたでしょうか。開始時間 6 時の 1 時間前なので (B) が正解です。逆接を表す but や however の後は、答えのヒントになるような重要な情報がくることが多いので、特に注意して聞くようにしましょう。

Questions 33 and 34 refer to the following conversation and list.

M Akiko, who'll give the speech at Mr. Howard's retirement party?

W Well, I was going to, but we don't know each other well. Here's a list with other people who could do it.

M You should ask Eva Stephens. They work in the same department.

W That's true. I'll send her an e-mail about it now.

List

Akiko Murai   — *Marketing*

Josh Bromley   — *Accounting*

Eva Stephens   — *Administration*

Tim Pritchett   — *Research*

設問 | 設問の訳

33. What did the woman plan to do?

(A) Invite a coworker.
(B) Reserve a room.
(C) Pay a deposit.
(D) Give a speech.

女性は何をする予定でしたか？

(A) 同僚を招待する。
(B) 部屋を予約する。
(C) 保証金を支払う。
(D) スピーチをする。

34. Look at the list. In which department does Mr. Howard work?

(A) Marketing.
(B) Accounting.
(C) Administration.
(D) Research.

リストを見なさい。ハワードさんはどの部署で働いていますか？

(A) 市場戦略部。
(B) 経理部。
(C) 管理部。
(D) 研究部。

問題文の訳

設問 33 と 34 は、次の会話とリストに関するものです。

男性：アキコ、誰がハワードさんの退職パーティーでスピーチをするの？

女性：ええと、私がする予定だったのだけど、あまり付き合いがなくて。これが他にスピーチできる人のリストだよ。

男性：うーん、エヴァ・ステファンに頼むべきじゃないかな。同じ部署で働いているでしょう。

女性：その通りだね。今彼女にメールを送るよ。

仕事での会話

```
            リスト
アキコ・ムライ      ― 市場戦略部
ジョシュ・ブロムリ   ― 経理部
エヴァ・ステファン   ― 管理部
ティム・プリチェット ― 研究部
```

正解 & 解説

33. 正解 **(D)**

難易度 難

女性の予定や行動に関する情報をキャッチしましょう。男性が who'll give the speech 「誰がスピーチをするのか」と聞いており、女性は I was going to と応えています。女性は自分がスピーチをするつもりだったとわかりますので (D) が正解です。ハワードさんや他同僚のリストも情報としては出てきますが、(A) は a coworker が誰なのか不明です。部屋やお金の話はありませんので (B) と (C) は誤りです。

34. 正解 **(C)**

難易度 難

図のリストは左に人物名、右に所属部署名が対応して並んでいます。この設問の選択肢には、部署名が並んでいますので、会話では、人物名で情報が述べられると予想して聞くようにしましょう。設問のハワードさんとは Mr. Howard's retirement party 「ハワードさんの退職パーティー」とある通り、主題となっているパーティーの主役です。そこでスピーチをする人の選出ですが、男性は You should ask Eva Stephens. と、リスト内の人を提案します。They work in the same department. 「彼らは同じ部署で働いている」から適任だということです。この they は Mr. Howard と Eva Stephens を指しますので、Eva Stephens が所属する Administration にハワードさんも所属しているとわかります。(C) が正解です。

Questions 35 and 36 refer to the following conversation and chart.

🏴 **W** Hi, I'd like a fruit tree. I already have a peach tree in my backyard, so I want something different.

🍁 **M** Have you checked our size chart here on the wall?

🏴 **W** Not yet. Anything over seven meters would block the view from my second floor. That leaves me with one option. Do you deliver?

🍁 **M** Yes. We can also plant it for free.

Fruit Tree Size Chart

Peach:	5 meters
Cherry:	7 meters
Pear:	9 meters
Apple:	10 meters

設問

35. Look at the chart. Which tree will the woman choose?

(A) Peach.
(B) Cherry.
(C) Pear.
(D) Apple.

36. What service does the man offer?

(A) Planting.
(B) Cleaning.
(C) Watering.
(D) Designing.

設問の訳

表を見なさい。女性はどの木を選びますか？

(A) 桃。
(B) さくらんぼ。
(C) 梨。
(D) リンゴ。

どのサービスを男性は提供していますか？

(A) 植え込み。
(B) 清掃。
(C) 水やり。
(D) 設計。

問題文の訳

設問 35 と 36 は、次の会話と表に関するものです。

女性：こんにちは、果物の木が欲しいのですが。裏庭には桃の木があるので、何か違うものが欲しいのです。

男性：壁に貼ってあるサイズ表は確認されましたか？

女性：まだです。7メートルを超える木は2階からの眺めを遮ってしまいます。つまり1つしか選択肢は残りませんね。配達もしていますか？

男性：はい。植え込みも無料で行います。

店員などとの会話

果樹サイズ表	
桃	5メートル
さくらんぼ	7メートル
梨	9メートル
リンゴ	10メートル

正解 & 解説

35. 正解 **(B)**

難易度 ◢◢◣■

図の表は左に果樹の種類、右にそれぞれの大きさがメートルで示されています。この設問の選択肢には、木の種類が並んでいますので、会話では、大きさに関する情報が述べられると予想して聞きましょう。女性の発言から、a peach tree はすでに植えてある木だとわかります。I want something different「違うものが欲しい」と言っていますので (A) は不正解です。Anything over seven meters would block the view from my second floor. That leaves me with one option.「7メートルを超える木は2階からの眺めを遮ってしまいます。つまり1つしか選択肢は残りませんね。」とあり、選択肢 (C) と (D) は7メートルより大きいため (B) が正解です。

36. 正解 **(A)**

難易度 ◢◢◣ 難

男性は果樹を扱う店員です。他に行っているサービスに関する情報を聞き取りましょう。女性の Do you deliver?「配達するか」という質問に、男性は Yes. と応え、We can also plant it for free.「その植え込みも無料で行う」と伝えています。delivery「配達」と planting「植え込み」をしてくれるとわかりますので、(A) が正解です。also「～も」は追加情報を表します。for free「無料で」、at no extra cost「ゼロの余分な費用で」つまり「追加料金なしで」と言い換えることができます。(C) の watering は、会話で述べられていませんので正解とは言えません。plant「木」が動詞「植え込む」という意味になるように、water「水」が動詞になると「(植物に) 水をやる」の意味になります。

問題文

Questions 37 and 38 refer to the following announcement.

w Attention, passengers. We will soon be arriving in Boston, the final stop on this railway line. Heavy snow is in the forecast for the whole city tonight, so please be careful on the roads. Thank you for traveling with us.

設問	設問の訳

37. Where are the listeners?

  (A) On a plane.
  (B) On a boat.
  (C) On a train.
  (D) On a bus.

このアナウンスはどこで行われていますか？

  (A) 飛行機内。
  (B) 客船内。
  (C) 電車内。
  (D) バス車内。

38. What does the speaker tell the listeners?

  (A) Roads are busy.
  (B) Snow is expected.
  (C) Luggage can fall over.
  (D) Some stairs are steep.

話し手は聞き手に何と言っていますか？

  (A) 道路が渋滞している。
  (B) 雪が予想されている。
  (C) 荷物が落下する。
  (D) 階段が一部急である。

問題文の訳

設問 37 と 38 は、次のアナウンスに関するものです。

乗客の皆様にご案内です。間もなく、この鉄道の終点ボストンに到着します。今夜は市内全体に大雪の天気予報が出ていますので、足元にご注意ください。ご利用ありがとうございました。

機内・車内
放送

正解 & 解説

37. 正解 (C)

難易度 ━━◣▬ 難

アナウンスが流れている「場所」が問われています。1 文目、passengers「乗り物の利用客」に呼びかけていることから、何か乗り物の中でのアナウンスだとわかります。続く 2 文目後半で、Boston が、the final stop on this railway line「この鉄道路線の終着駅」と補足されています。railway「鉄道」を走るのは train ですので (C) が正解です。他の選択肢は乗り物が並んでいますが、関連する情報はありませんので誤りです。

38. 正解 (B)

難易度 ━━◣▬ 難

設問では、聞き手が careful「気を付ける」べきことが問われています。Heavy snow is in the forecast「重い雪が予報にある」つまり、「大雪の予報である」とわかります。「予報」を expected「予想されている」を使って言い換えた (B) が正解です。be careful on the roads「道に気を付ける」の部分は、雪による道の状態に気を配ることをすすめる表現です。交通渋滞が起こるという意味ではありませんので、(A) は誤りです。アナウンス内最後の Thank you for traveling with us. は、設問には関連のない情報ですので、聞き流して構いません。ただ、覚えておくと、実際に乗り物内のアナウンスで流れた時に聞き取れるようになります。

🔊 T3_P4_39-40 ▶ T3_P4_Q39-40

Questions 39 and 40 refer to the following telephone message.

🏴󠁧󠁢󠁥󠁮󠁧󠁿 w　Hi, Marla. My cat knocked a full glass of tomato juice off the table. Now my new carpet has several red stains. Do you have any tips for getting them out? Please call me back to let me know. Thanks.

39. What does the speaker mention?

- **(A)** **A drink spilled.**
- (B)　A table cracked.
- (C)　A container leaked.
- (D)　A window broke.

話し手は何について言及していますか？

- **(A)** **飲み物がこぼれた。**
- (B)　机にひびが入った。
- (C)　容器が漏れた。
- (D)　窓が割れた。

40. Why is the speaker calling?

- (A)　To request a service.
- (B)　To explain a decision.
- (C)　To assign a task.
- **(D)** **To ask for advice.**

なぜ話し手は電話をかけていますか？

- (A)　サービスを要請するため。
- (B)　決定について説明するため。
- (C)　仕事を割り振るため。
- **(D)** **助言を求めるため。**

問題文の訳

設問 39 と 40 は、次の電話のメッセージに関するものです。

やあ、マーラ。うちの猫がトマトジュースがいっぱいに入ったグラスを倒してテーブルから落としてしまったの。いまや、私の新しいカーペットにいくつもの赤いシミができてしまったわ。それを取るコツを知ってる？　折り返し電話をちょうだい。よろしくね。

電話の
メッセージ

L
PART
1

L
PART
2

L
PART
3

L
PART
4

R
PART
1

R
PART
2

R
PART
3

正解 & 解説

39. 正解 **(A)**

難易度 ◢◢◣ 難

トークの流れをつかみましょう。My cat knocked a full glass of tomato juice off the table.「猫がトマトジュースを倒し、テーブルから落とした」がヒントになり困っているとわかります。トマトジュースは a drink に言い換えられ、倒されて落ちてしまった状態を spill「こぼれる」と表現している (A) が正解です。グラスが倒れテーブルから落ちてしまったという情報はありますが、それにより机にひびが入ったかは不明ですので (B) は正解とは言えません。a glass は飲み物を注ぐグラスを指し、窓ガラスのことではありません。glasses と複数形の場合、「眼鏡」の意味で使われることもあります。

40. 正解 **(D)**

難易度 ◢◢◣ 難

電話をかけている「目的」が聞かれています。話し手から聞き手への「お願い」なので、依頼表現をキャッチしましょう。話し手は定番の依頼表現 please の後、call me back「電話を折り返す」ことを求めています。to let me know「私に教えるために」です。please の前で述べられたのは、If you have any tips「もしコツを持っているなら」とあります。コツを教えてほしくて、この電話をかけているのだと分かりますので、tips を advice と言い換えた (D) が正解です。〈let+ 人 +do（動詞の原形）〉（人に do をさせる）の形は、発音 let の t が弱くなる特徴も合わせて、覚えておきましょう。tips「コツ」は複数形ですが、advice「助言」は数えられない名詞に分類されるため、advices とはなりません。

問題文

Questions 41 and 42 refer to the following recorded message.

M Thank you for calling the Brisbane Toy Museum. We are on Tailor Street, next door to Yates Tower. Our collection of antique toys can be seen Tuesday through Saturday between 10 A.M. and 7 P.M. If you'd like to know about our special exhibitions, please press 1 now.

設問 **設問の訳**

41. Where is the museum?

(A) In front of a gallery.
(B) Across from a hotel.
(C) Next to a tower.
(D) Near a toy store.

博物館はどこにありますか？

(A) 回廊の前。
(B) ホテルの向かい。
(C) 塔の隣。
(D) 玩具屋の近く。

42. Why would listeners press 1?

(A) To reserve tickets.
(B) To receive directions.
(C) To leave a message.
(D) To hear about exhibitions.

聞き手はなぜ 1 を押しますか？

(A) チケットを予約するため。
(B) 指示を受けるため。
(C) 伝言を残すため。
(D) 展示について聞くため。

L PART 1

L PART 2

L PART 3

L PART 4

R PART 1

R PART 2

R PART 3

問題文の訳

設問 41 と 42 は、次の録音メッセージに関するものです。

ブリスベンおもちゃ博物館へお電話いただき、ありがとうございます。テイラー通りのイェーツ塔の隣に位置しています。私どもの年代物玩具の所蔵品は、火曜日から土曜日の午前 10 時から午後 7 時まで見ることができます。特別展について知りたい方は、今、1 を押してください。

録音
メッセージ

正解 & 解説

41. 正解 (C)
難易度 ━━━ 難

状況を把握しながら、「場所」や「目印」に関する情報をキャッチしましょう。問題番号の情報と、冒頭の Thank you for calling「お電話いただき、ありがとうございます」から、こちらが電話をかけており、自動録音音声案内に繋がっている設定になります。続く1文がヒントです。We are...next door to Yates Tower. という部分から、(C) が正解です。博物館はおもちゃをテーマにしているようですが、おもちゃ屋が近くにあるかは不明ですので、(D) は正解とは言えません。

42. 正解 (D)
難易度 ━━━ 難

ダイヤル1を押すことで「できること」が問われています。最終文 please press 1 now の前半が聞き取れたでしょうか。If you'd like to know about our special exhibitions「もしあなたが私どもの特別展示会についてもっと知りたければ」と述べられていました。これをシンプルに言い換えた (D) が正解です。このまま、音声で詳細情報が紹介されるという前提のもと、動詞 know「知る」が hear「聞く」に言い換えられています。hear「聞く」と似た表現で、listen「(注意を向けて) 聞く」があります。似た意味の単語は、意味や語法の違いを意識しながら習得するよう心掛けてください。

T3_P4_43-44 ▶ T3_P4_Q43-44

問題文

Questions 43 and 44 refer to the following announcement.

🇨🇦 M Listen up, everyone! I'm excited to announce that the school will hold a show in November. Since all of you study music, you should participate. It will last three hours with a break in the middle. You can perform in a group or solo. If you're interested, please read the notice about auditions, which is posted in the cafeteria.

設問

43. Who are the listeners?

(A) Cafeteria workers.
(B) Music students.
(C) Theater directors.
(D) College teachers.

設問の訳

聞き手は誰ですか？

(A) 食堂で働く人たち。
(B) 音楽学生。
(C) 劇場支配人たち。
(D) 大学の教員たち。

44. What are listeners encouraged to do?

(A) Review a notice.
(B) Purchase a ticket.
(C) Take a break.
(D) Post a message.

聞き手は何をするよう推奨されていますか？

(A) 告知についてよく読むこと。
(B) チケットを購入すること。
(C) 休憩すること。
(D) メッセージを投稿すること。

L PART 1
L PART 2
L PART 3
L PART 4
R PART 1
R PART 2
R PART 3

問題文の訳

設問 43 と 44 は、次のアナウンスに関するものです。

聞いてください、みなさん！ 11 月に学校で発表会が行われることをお知らせできて、ワクワクしています。みなさんは音楽を学んでいるのですから、参加するべきでしょう。それは、途中に休憩を挟んで 3 時間続きます。グループでもソロでも発表可能です。興味がある人は、食堂に貼ってあるオーディションについての告知を読んでください。

**店内・館内
放送**

正解 & 解説

43. 正解 **(B)**　　　　　　　　　　　　　難易度 ◢◣◤ 難

聞き手の「職業」が問われています。アナウンス内、聞き手は you で表されていますね。3 文目、all of you study music「あなたたちは皆音楽を勉強している」という部分から、職業（属性）を導きましょう。(B) が正解です。school でショーが開かれるという情報はありますが、聞き手が教える立場にある人々という情報はありませんので (D) は誤りです。It will last three hours の last は、形容詞「最終の」の使い方がありますが、ここでは動詞「続く、長持ちする」の意味で使われています。

44. 正解 **(A)**　　　　　　　　　　　　　難易度 ◢◣◤ 難

話し手が聞き手に「すすめていること」が問われています。まず、you should participate「あなたたちは参加するべきだ」と参加を促されていますが、それに対応する選択肢がありません。アナウンス後半で、If you're interested, please read the notice about auditions「オーディションに興味があるなら、オーディションについての告知を読んでください」と述べられます。read「読む」を review「よく読む」と言い換えた (A) が正解です。review は re（再び）＋ view（眺める）から成り立つ単語で、「批評する、見直す、復習する」など、場面に応じて多くの解釈ができます。休憩はショーの合間に取られるよう決まっており、推奨されているわけではありませんので (C) は誤りです。

Questions 45 and 46 refer to the following talk.

M I'm honored to introduce our guest speaker, Michelle Ramsey. She has been a director at the Medina Zoo for sixteen years. And she has done a lot of research on tropical birds. You may have read her new book, which covers her latest research. Today, she'll be talking about her work and will take questions afterward. Now, let's all give her a warm welcome.

設問

設問の訳

45. What is the purpose of the talk?

  (A) To congratulate an employee.

  (B) To explain a schedule.

  (C) To introduce a speaker.

  (D) To present an award.

この話の目的は何ですか？

  (A) 従業員を表彰するため。

  (B) 日程について説明するため。

  (C) 講演者を紹介するため。

  (D) 賞を贈呈するため。

46. What did Ms. Ramsey do?

  (A) She published a book.

  (B) She traveled overseas.

  (C) She changed her job.

  (D) She studied a plant.

ラムジーさんは何をしましたか？

  (A) 彼女は本を出版した。

  (B) 彼女は海外を旅した。

  (C) 彼女は転職した。

  (D) 彼女は植物について研究した。

問題文の訳

設問 45 と 46 は、次の話に関するものです。

来賓講演者としてミシェル・ラムジーさんを紹介できることを光栄に思います。彼女は16年間にわたってメディナ動物園の園長を務められてきました。そこでは熱帯の鳥に関する多くの研究をされてきました。彼女の最新の研究も扱った新刊をみなさんも読んだかもしれません。本日は、彼女の功績についてお話しいただき、その後質問を受け付けてくださいます。では、みんなで温かくお迎えしましょう。

イベントなどでの案内

正解 & 解説

45. 正解 **(C)**　　　　　　　　　　難易度 ◢◣◤ 難

トークが行われている状況をつかみ、その「目的」に繋がる表現を聞き取りましょう。冒頭で、I'm honored to introduce our guest speaker「ゲストスピーカーを紹介するのは光栄だ」と述べられています。この部分を短く言い換えた (C) が正解です。他人を紹介するスピーチでは、その場の挨拶から始まり、ゲストの現在や過去の功績が述べられ、ゲストを舞台へと迎える表現で終わります。流れのパターンはある程度決まっていますので、設問に繋がる情報に的を絞り、しっかりと聞き取れるよう頑張ってください。講演者は従業員ではありませんので (A) は誤りです。受賞式という情報は出てきませんので (D) は誤りです。

46. 正解 **(A)**　　　　　　　　　　難易度 ◢◣◤ 難

ラムジーさんに関し、she や her という言葉で表わされている情報を整理しましょう。a director at the Medina Zoo「動物園の園長」として done a lot of research「多くの研究を行ってきた」と述べられています。続いて、You may have read「あなたは読んだかも知れない」という前置きをして、her new book on birds「鳥に関する彼女の新刊」を、という情報が出てきます。つまり、ラムジーさんは本を出していることがわかりますので (A) が正解です。研究対象は tropical birds「熱帯の鳥」で植物ではないので (D) は誤りです。職業については、現在完了形で、She has been a director「ずっと、そして今も動物園のディレクターをやっている」と表されており、仕事をしながら本を書いたと考えられますので、(C) は誤りです。

Questions 47 and 48 refer to the following telephone message and list.

🇨🇦 **M** This is Roy Cheung from Webster Insurance. We met at the technology conference on Saturday. After your presentation, we spoke about the solar panels your company sells. I'm calling because my company is interested in your products for our office building. Could you e-mail me your latest catalog? You mentioned it would become available this week. After that, perhaps we could meet to discuss which model is best for us. Thank you.

New Technology Talks

Michael Galasso	Virtual Reality
Nina Kallgren	Cyber Security
Norman Turner	Solar Energy
Tina Stowell	Artificial Intelligence

設問 | 設問の訳

47. Look at the list. Who is the speaker calling?

(A) Michael Galasso.
(B) Nina Kallgren.
(C) Norman Turner.
(D) Tina Stowell.

リストを見なさい。話し手は誰に電話していますか？

(A) マイケル・ギャラッソ。
(B) ニーナ・カルグレン。
(C) ノルマン・ターナー。
(D) ティーナ・ストウェル。

48. What does the speaker ask for?

(A) An address.
(B) A contract.
(C) A schedule.
(D) A catalog.

話し手は何を求めていますか？

(A) 住所。
(B) 契約書。
(C) 予定表。
(D) カタログ。

問題文の訳

設問 47 と 48 は、次の電話のメッセージとリストに関するものです。

ウェブスター保険のロイチュンと申します。土曜日の技術会議でお会いしました。あなたのプレゼンテーションのあと、御社が販売する太陽光パネルについて話しました。お電話を差し上げているのは、オフィスの建物用に、弊社が御社の製品に関心を持っているためです。E メールで最新のカタログを送っていただけますか？　今週から入手可能だと仰っていました。その後、もしかすると、お会いして、どの型番が弊社に適しているかお話しできるかもしれません。よろしくお願いします。

電話のメッセージ

最新技術についての講話	
マイケル・ギャラッソ	仮想現実
ニーナ・カルグレン	サイバーセキュリティ
ノルマン・ターナー	太陽エネルギー
ティーナ・ストウェル	人工知能

正解 & 解説

47. 正解 (C)

難易度 ◢◢◢■

電話の受け手が「誰か」が問われています。トークが流れる前に、表に目を通しておきましょう。表のタイトルが New Technology Talks となっており、左列に人物名、右列にタイトルやトピックに関するキーワードが並んでいます。設問の選択肢には人物名が並んでいることから、会話では講演トピックに関する情報、つまり、表の右列の情報が登場すると予想をしてから、トークを聞きましょう。まず、冒頭 This is[自分の名前] と、電話の発信者の情報と、受け手との関係が述べられます。we spoke about the solar panels your company sells 「あなたの会社が売る太陽光パネルについて話した」という情報から、Solar Energy について講演を行った人物 (C) に向けた電話だとわかります。

48. 正解 (D)

難易度 ◢◢◢ 難

発信者の「欲しい」という発言や、依頼表現をキャッチしましょう。丁寧な依頼をする場合に使う Could you ～「～していただけませんか」の後には、e-mail me your latest catalog 「あなたの最新のカタログを私にメールで送る」と述べられます。(D) が正解です。発信者は e-mail をすることは求めていますが、住所やアドレスを送るといった表現はありませんので (A) は誤りです。トーク後半の perhaps「おそらく」という断定を避けた表現や、we could meet「私たちは会うことができる」と過去形になっているのは、電話の発信者と受信者の関係がまだ薄いことを示しています。この話が商談に発展するかどうかはわからない部分が多いこともあり、(B) は正解とは言えません。

Questions 49 and 50 refer to the following talk and floor plan.

🏴󠁧󠁢󠁥󠁮󠁧󠁿 w First, thank you for your hard work. Salazar Fashions is always busy in December, and I really appreciate all the extra hours you've worked. The store is doing well because of your efforts. We'll be opening soon. Before that, we need to put the new sweaters on shelves. They're in the pile of boxes between the cash registers and men's section. All of them are for young children, so you'll be taking them to the same place. Let's get started.

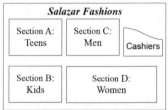

Salazar Fashions

| Section A: Teens | Section C: Men | Cashiers |
| Section B: Kids | Section D: Women | |

設問

49. Why does the speaker thank the listeners?

(A) For submitting some ideas.
(B) For working more hours.
(C) For putting away clothes.
(D) For clearing off shelves.

設問の訳

話し手は聞き手になぜ感謝していますか？

(A) いくつかの案を出してくれたから。
(B) より長時間働いているから。
(C) 服を片付けているから。
(D) 棚を空にしているから。

50. Look at the floor plan. Where will the sweaters go?

(A) Section A.
(B) Section B.
(C) Section C.
(D) Section D.

間取りを見なさい。セーターはどこへ運ばれますか？

(A) 区画 A。
(B) 区画 B。
(C) 区画 C。
(D) 区画 D。

L PART 1
L PART 2
L PART 3
L PART 4
R PART 1
R PART 2
R PART 3

問題文の訳

設問 49 と 50 は、次の話と間取りに関するものです。

まず、あなた方の懸命な働きに感謝します。サラザファッションは 12 月はいつも忙しく、皆さんの時間外労働には本当に感謝しています。皆さんの頑張りのおかげで、店は順調です。まもなく開店です。その前に、新しいセーターを棚に並べる必要があります。レジとメンズ区画の間に積んである箱の中にあります。全て子供用なので、全部同じ場所に運んでください。では取り掛かりましょう。

サラザファッション

ビジネス

| 区画 A:
10 代 | 区画 C:
メンズ | レジ |
| 区画 B:
キッズ | 区画 D:
レディース | |

正解 & 解説

49. 正解 **(B)**

難易度 ■■□ 難

状況をつかみながら、設問にある thank「感謝する」対象を絞りましょう。thank you for your hard work とあるので、職場であれば、管理者から従業員へ向けたトークと予想がつきます。Salazar Fashions という会社名から、アパレル業が舞台となっており、always busy in December から 12 月が繁忙期であるとわかります。続く、I really appreciate の後がヒントです。all the extra hours you've worked. とあるので、当初の予定より長い時間働いていたと推測できます。(B) が正解です。appreciate「感謝する」は thank you のように目的語に「人」を取れません。appreciate you という表現はできないことに注意しておきましょう。extra は「余分な、臨時の」という意味で、予定より多いことを示します。

50. 正解 **(B)**

難易度 ■■■ 難

フロア図上の細かな情報が聞かれています。それぞれのセクションごとに、扱う商品の対象が異なることが読み取れたでしょうか。選択肢はセクション名が入っていますので、設問の「セーター」の対象者をキャッチするようにしましょう。put the new sweaters on shelves の後、All of them are for young children と述べられています。them は new sweaters を指しています。Children は kids と言い換えることができますので、子供向け商品を扱うセクション B へ運ばれるとわかり、(B) が正解です。Teens は 10 代のうち、後ろに teen のつかない、eleven と twelve を除いた thirteen「13」から nineteen「19」の子供を指しますので young children とは言えません。

Reading
PART 1

51. Anita has ____ some reports.

(A) preparing
(B) to prepare
(C) prepares
(D) prepare

アニタはいくつかの報告書を用意しなくてはならない。

(A) prepare の動名詞／現在分詞
(B) prepare の不定詞
(C) prepare の三人称単数現在形
(D) 動〜を用意する

52. This path ____ to the hotel's pool.

(A) does
(B) leads
(C) starts
(D) takes

この小道はホテルのプールに通じている。

(A) 動 do（〜する）の三人称単数現在形
(B) 動 lead（通ずる）の三人称単数現在形
(C) 動 start（〜を始める）の三人称単数現在形
(D) 動 take（〜を連れていく）の三人称単数現在形

53. My travel guide is filled ____ useful information.

(A) for
(B) up
(C) with
(D) from

私の旅行案内書は有益な情報でいっぱいだ。

(A) 前〜のために
(B) 副〜の上に 前〜の上へ
(C) 前〜で
(D) 前〜から

54. Brennen Styles sells ____ priced business attire.

(A) reason
(B) reasoning
(C) reasonable
(D) reasonably

ブレナンスタイルは手頃な価格の背広を販売している。

(A) 名理由
(B) 名推理
(C) 形手頃な
(D) 副適度に

55. Mr. Davison is the ____ qualified candidate for the job.

(A) already
(B) rather
(C) much
(D) most

デイヴィソンさんはこの職に最も適任の候補者である。

(A) 副すでに
(B) 副むしろ
(C) 副大いに
(D) 副最も

正解 & 解説

51. 正解 (B) 　文法問題　動詞
難易度 ■■■□ 難

選択肢には動詞の異なる形が並んでいます。空欄の前には has という他動詞があり、さらに動詞を続けるためには、動詞の形を変える必要があります。ここでは have[has] to の形を使うと考えて、(B) to prepare を選びます。

52. 正解 (B) 　語彙問題　動詞
難易度 ■■■□ 難

空欄には意味の異なる動詞が並んでいます。空欄の後に＜ to ＋名詞＞が続いていることから、lead to ～で（～に通ずる）という意味を成す (B) leads が正解だとわかります。(C) は start to do のように、＜ to ＋動詞の原形＞を続けることはありますが、ここでは不適切です。(D) は＜ take 人 to 場所＞のように、「人を場所に連れていく」という意味で使われることはありますが、ここの形には合いません。

53. 正解 (C) 　その他　前置詞・副詞
難易度 ■■■□ 難

選択肢には異なる意味の前置詞や副詞が並んでいます。前置詞は直感で選ぶか、熟語の可能性を考えると、正解しやすくなります。ここでは、be filled with ～で「～でいっぱいである」という形を見抜くことができるかどうかがポイントでした。正解は (C) with です。前置詞を選ぶ問題は迷うものもあるため、あまり時間をかけすぎないことが重要です。

54. 正解 (D) 　文法問題
難易度 ■■■□ 難

選択肢には異なる品詞が並んでいます。選択肢の前には sells という他動詞があるため、後には目的語になる名詞が続くことがわかります。その目的語が attire（背広）だとわかるため、その前にある語句 (priced) は名詞を修飾する形容詞的な働きだと判断できます。すると、形容詞を説明する語句として、副詞が必要だとわかるため、(D) reasonably を選択します。reasonably priced は「手頃な価格の」という意味で、よく使われる言い回しなので、セットで押さえておきましょう。

55. 正解 (D) 　語彙問題　副詞
難易度 ■■■□ 難

選択肢にはさまざまな単語が並んでいます。解答の切り口が見えにくいため、まずは空欄前後の形を見ます。すると、冠詞 the があるのと、形容詞 qualified（適任の）があります。形容詞を修飾する単語としては、(B) rather と (C) much、(D) most が挙げられます。ただ、形容詞が修飾する名詞は candidate という数えられる名詞なので、(C) は不適切です。すると、＜ the most ＋形容詞＞で「最も～な」という意味だと考えると、文法的にも意味的にも適切なので、(D) most を選択します。(B) rather は意味が通りません。

Reading
PART 1

56. Steve Liu asked that ＿＿ be given a promotion.

(A) **he**
(B) his
(C) him
(D) himself

スティーブ・リューは昇進を要求した。

(A) **彼は・彼を（主格・目的格）**
(B) 彼の（所有格・所有代名詞）
(C) 彼を（目的格）
(D) 彼自身（再帰代名詞）

---

57. Over the ＿＿ few years, Julia Green has studied chimpanzees.

(A) **last**
(B) lasts
(C) lastly
(D) lasted

ここ数年にわたって、ジュリア・グリーンはチンパンジーについて研究してきた。

(A) 形**最近の、**動 **last（続く）の原形**
(B) 動 last（続く）の三人称単数現在形
(C) 副最後に
(D) 動 last（続く）の過去形・過去分詞

---

58. The new accountant was late ＿＿ leaving home at six.

(A) although
(B) **despite**
(C) instead
(D) even

その新しい会計係は、家を6時に出たにも関わらず遅刻した。

(A) 接～にもかかわらず
(B) **前～にもかかわらず**
(C) 副代わりに
(D) 副～すら

---

59. The dishwasher is scheduled to be delivered ＿＿ on Monday.

(A) clearly
(B) hardly
(C) **early**
(D) strictly

その食洗器は月曜日の早朝に配達される予定だ。

(A) 副明らかに
(B) 副ほとんど～ない
(C) **副早くに**
(D) 副厳しく

---

60. Sam ＿＿ Bill a ride home after school.

(A) offer
(B) to offer
(C) **offered**
(D) offering

放課後、車で送るとサムはビルに提案した。

(A) 動～を提案する
(B) offer の不定詞
(C) **offer の過去形・過去分詞**
(D) offer の動名詞／現在分詞

正解 & 解説

56. 正解 **(A)**　文法問題　代名詞　難易度 ▰▰▱ 難

選択肢には代名詞が並んでいます。空欄の前の that は、動詞 ask に続ける接続詞だと判断できるため、後ろには＜主語＋動詞＞が並ぶとわかります。よって、(A) he が主語の位置にくるものとして適切です。なお、that 節内の動詞が be という原形になっているのは、ask の内容がまだ起こっていないことなので、時制が関係ない原形が使われています。

57. 正解 **(A)**　文法問題　難易度 ▰▰▰ 難

選択肢には異なる品詞が並んでいます。空欄の前には冠詞 the が、空欄の後には few years という名詞が続いているため、名詞を修飾する形容詞が入ると判断できます。よって、(A) last が正解です。last は「最後の」という意味が強いですが、最後とは最も新しいことだとも言い換えられるので、「最近の」という意味もあります。over the last ～ years は「ここ～年にわたって」という意味でよく使われる言い回しなので、ここで押さえておきましょう。

58. 正解 **(B)**　その他　前置詞・副詞　難易度 ▰▰▱ 難

選択肢には接続詞や前置詞、副詞が並んでいます。このような品詞がごちゃまぜになっている場合には、空欄の後にくる形を見ます。leaving という動詞の ing 形がきているため、＜前置詞＋動詞 ing ＞の形だとわかります。よって、前置詞の (B) が正解となります。(A) although は接続詞なので、後に＜主語＋動詞＞が続きます。(C) instead は文末で「その代わりに」という意味で使ったり、instead of ～で「～の代わりに」と前置詞のように使ったりすることもあります。(D) even は副詞で、強調語句として使われることが多いです。

59. 正解 **(C)**　語彙問題　副詞　難易度 ▰▰▱ 難

選択肢には異なる意味の副詞が並んでいます。副詞の意味を選ぶ場合には、修飾される語句との意味関係を考えると良いです。ここでは「配達される」という動詞句を修飾するため、この内容に合う副詞を探すと、(C) early を使って「早い時間帯に配達される」という意味となり、自然なつながりです。(B) hardly はよく出てくる副詞ですが、「ほとんど～ない」と否定的な意味を含んでいることに注意しましょう。

60. 正解 **(C)**　文法問題　動詞　難易度 ▰▰▱ 難

選択肢には動詞の異なる形が並んでいます。空欄の前には主語の Sam があり、空欄の後には目的語として Bill と a ride という 2 つの名詞があります。「A に B をあげる」という give のような形だと判断すると、空欄には動詞を入れれば良いとわかります。(A) offer と (C) offered が候補です。主語が Sam だと現在形の場合、動詞には三単現の s(es) がつくため、それがない (A) offer は不適切です。よって、残った (C) offered が正解だとわかります。

Reading

PART 1

61. You should decide ____ you are going to wear tomorrow.

(A) where
(B) what
(C) how
(D) when

あなたは明日何を着るか決めるべきです。

(A) どこ
(B) 何
(C) どのように
(D) いつ

---

62. Because Jane arrived after nine, we are ____ schedule.

(A) behind
(B) ahead
(C) about
(D) over

ジェーンが9時過ぎに到着したので、私たちは予定よりも遅れている。

(A) ～に遅れて
(B) 進んで
(C) の近くに
(D) ～を超えて

---

63. The vacuum cleaner will keep your carpet ____ and looking fresh.

(A) clean
(B) cleans
(C) cleanly
(D) cleaned

その電気掃除機は、カーペットをきれいで新品な状態に保つ。

(A) 形 きれいな
(B) 動 きれいにする
(C) 副 きれいに
(D) clean の過去・過去分詞形

---

64. The nurse moved the patient to a ____ room.

(A) different
(B) differently
(C) difference
(D) differences

その看護師は患者を別の部屋に移動させた。

(A) 形 別の
(B) 副 異なって
(C) 名 相違
(D) 名 difference の複数形

---

65. This running shoe is the lightest ____ on the market.

(A) that
(B) one
(C) any
(D) each

このランニングシューズは、市場で最も軽いものです。

(A) あの
(B) ～なもの
(C) 何か
(D) それぞれの

正解 & 解説

61. 正解 **(B)**　　語彙問題　疑問詞　　　　難易度 ▬▬▬ 難

選択肢には意味の異なる疑問詞が並んでいます。空欄の後に「明日着るつもり」とあって、肝心の着るものがないため、ものを問う疑問詞があると良いと判断できます。よって、正解は (B) what です。what の後にはパーツの欠けた文がくるため、「wear の目的語がない（＝パーツが欠けている）ため、what を選ぶ」という考え方でも正解を選ぶことができます。

62. 正解 **(A)**　　語彙問題　前置詞　　　　難易度 ▬▬▬ 難

選択肢には意味の異なる前置詞が並んでいます。意味を考えても良いですが、空欄の後に schedule という単語があり、この単語と相性が良い (A) behind を入れると意味が通るため、これが正解です。behind schedule で「予定よりも遅れて」という意味の言い回しです。(B) も schedule と相性の良い単語ではありますが、ahead of schedule（予定よりも早く）という形で使われるため、ここでは不適切です。

63. 正解 **(A)**　　文法問題　　　　難易度 ▬▬▬ 難

選択肢には異なる品詞が並んでいます。空欄の前には keep your carpet とあり、動詞＋目的語の形に見えます。ただ、keep は「keep ＋目的語＋補語」の形が取れるので、その可能性を確認しておきましょう。補語には名詞か形容詞がくるため、(A) clean を入れると、keep your carpet clean となり、「カーペットをきれいな状態で保つ」という意味で、適切だとわかります。(C) cleanly は文法的には適切ですが、keep を cleanly が修飾する形になり、意味が通りません。

64. 正解 **(A)**　　文法問題　　　　難易度 ▬▬▬ 難

選択肢には異なる品詞が並んでいます。空欄の前には冠詞 a が、空欄の後には名詞 room があることを考えると、名詞を修飾する形容詞が必要だと判断できます。選択肢の中で形容詞は (A) different しかないため、これが正解です。形容詞を見つけたい場合、副詞 (-ly で終わる単語) から ly を取ると、形容詞が見つかることが多いと覚えておきましょう。

65. 正解 **(B)**　　その他　　　　難易度 ▬▬▬ 難

選択肢にはさまざまな単語が並んでいます。空欄の前に the lightest という最上級の形容詞があり、これによって修飾される名詞がないとわかります。意味としては「ランニングシューズ」が入るため、同じ名詞の繰り返しを避けるために (B) one を用いると判断します。(A) that も名詞の繰り返しを避けるために使われますが、that of の形で使われることがほとんどです。

Questions 66–68 refer to the following e-mail.

To:	Amy
From:	Daryl
Date:	April 8
Subject:	Rafting

Hi Amy,

Thank you for __(66)__ Boulder River. I went rafting there this morning. The scenery was beautiful, __(67)__ I had lots of fun. I'll definitely go again __(68)__.

See you at school.

Daryl

設問

66. (A) recommends
(B) **recommending**
(C) recommended
(D) recommendation

67. (A) and
(B) but
(C) for
(D) yet

68. (A) somebody
(B) whenever
(C) **sometime**
(D) everywhere

設問の訳

(A) 動 recommend（〜を勧める）の三人称単数現在形
(B) **recommend の動名詞・現在分詞**
(C) recommend の過去形・過去分詞
(D) 名 推薦

(A) そして
(B) しかし
(C) というのは
(D) けれども

(A) 誰か
(B) いつでも
(C) **いつか**
(D) どこでも

問題文の訳

設問 66-68 は、次の E メールに関するものです。

Eメール

受信者： アミー
送信者： ダリル
日付： ４月８日
件名： ラフティング

やあ、アミー。

ボルダー川をおすすめしてくれてありがとう。今朝ラフティングに行ってきたよ。景色は綺麗だったし、とても楽しかった。絶対いつかまた行きたいな。
また学校で。

ダリル

正解 & 解説

66. 正解 (B)
難易度 ━━ 難

選択肢には異なる品詞が並んでいます。前置詞 for の後には名詞か動詞 ing が続き、空欄の後の形で判断します。空欄の後は名詞がきていることから、〈for 動詞 ing ＋目的語〉という形になると判断できるため、(B) recommending が正解です。文法的には動名詞ですが、動詞の働きと名詞の働きを合わせもったものだと考えてください。動詞 recommend は他動詞であるため、目的語が必要になります。そのため、〈動詞 ing ＋目的語〉という形になると理解しましょう。

67. 正解 (A)
難易度 ━━ 難

選択肢には意味の異なる接続詞が並んでいます。おすすめされた川に行った感想として、「景色が綺麗だった」ことと「楽しかった」ことを並列しています。両方ともポジティブな内容なので、A and B という形でつなげれば、スムーズにつながると判断できます。よって、正解は (A) and です。(C) for は接続詞として文をつなぎ、理由や根拠を表す働きがありますが、ここでは文脈と合いません。

68. 正解 (C)
難易度 ━━ 難

選択肢にはさまざまな単語が並んでいます。空欄の含まれた英文が「絶対また行きたい」という内容であり、文末にはその「時期」を伝えるだろうと考えることができます。よって、正解は (C) sometime だと判断できます。sometimes は「時々」という意味で知っているかと思いますが、最後の s がなくなると、「いつか」という異なる意味になることに注意しましょう。(B) whenever（いつでも）も「時期」を伝えますが、ここでは文意が通りません。

Questions 69–71 refer to the following notice.

Notice

Your garbage was not picked up __(69)__ it contains glass bottles. These are recyclable. Please separate __(70)__ according to material. The city collects plastic and burnable waste on Tuesdays. Recyclables are __(71)__ on Thursdays. Thank you.

設問

69. (A) due to
(B) while
(C) so that
(D) because

設問の訳

(A) 〜のために
(B) 〜する間
(C) 〜するために
(D) 〜なので

70. (A) trash
(B) areas
(C) slices
(D) outfits

(A) ゴミ
(B) 地域
(C) 一切れ
(D) 衣装

71. (A) collects
(B) collector
(C) collected
(D) collection

(A) 動 collect（〜を収集する）の三人称単数現在形
(B) 名 集める人
(C) collect の過去形・過去分詞
(D) 名 収集

問題文の訳

設問 69-71 は、次のお知らせに関するものです。

お知らせ

お知らせ

あなたのゴミはガラス瓶が含まれているため、回収されませんでした。それらはリサイクル可能です。ゴミは原料ごとに分別してください。当市では、プラスチックゴミと可燃ごみを火曜日に収集しています。リサイクル可能なものは木曜日に回収されます。よろしくお願いします。

正解 & 解説

69. 正解 **(D)**

難易度 ▰▰▰ 難

選択肢には前置詞的な役割の語句と接続詞的な役割の語句が並んでいます。空欄の含まれた一文では、「ゴミが回収されなかった」ことに対して、「ガラス瓶が含まれていた」という理由を述べているとわかります。よって、正解には理由を表す接続詞 (D) because が入るとわかります。(C) so that は一語の接続詞のように「目的」を表すものとして覚えておきましょう。

70. 正解 **(A)**

難易度 ▰▰▰ 難

選択肢には異なる意味の名詞が並んでいます。空欄には、動詞 separate (～を分ける) の目的語に当たる単語が入るとわかります。according to material (原料によって) で分けるものは「ゴミ」だと判断できるため、正解は (A) trash です。

71. 正解 **(C)**

難易度 ▰▰▰ 難

選択肢には異なる品詞が並んでいます。空欄には are に続くものが入ります。主語の Recyclables (リサイクルできるもの) が「収集される」という受動態の形にすれば、文法的にも意味的にも自然です。よって、正解は (C) collected です。名詞である (B) collector や (D) collection は文法的に入りますが、後ろの on Thursdays との関連でも、意味が不自然になります。

Questions 72–74 refer to the following text message.

Dustin [5:05 P.M.]

Hi Amira. My friend saw
the picture you __(72)__ for
me. She loves it, so she
wants you to paint one for
her __(73)__. Do you have
time to do that? __(74)__.
Please let me know if that's
enough. Thanks!

設問	設問の訳

72. (A) paint
(A) 動 ～を描く

(B) painted
(B) paint の過去形・過去分詞

(C) painting
(C) paint の動名詞・現在分詞

(D) to paint
(D) paint の不定詞

73. (A) such
(A) そのような

(B) too
(B) ～も

(C) much
(C) とても

(D) both
(D) 両方とも

74. (A) We're at the art gallery.
(A) 私たちは美術画廊にいます。

(B) The red ones are nice.
(B) 赤いのが素敵です。

(C) I waited for ten minutes.
(C) 私は 10 分待ちました。

(D) She'll pay eighty dollars.
(D) 彼女は 80 ドルを支払います。

問題文の訳

設問 72-74 は、次のテキストメッセージに関するものです。

テキスト
メッセージ

ダスティン [午後 5 時 5 分]

こんにちは、アミラ。私の友達が、あなた
が私のために描いてくれた絵を見たの。彼
女はそれがとても気に入って、彼女のため
にも描いてほしがっているよ。その時間は
ある？彼女は 80 ドル払うつもりでいるよ。
もしそれで良かったら私に知らせてね。よ
ろしくね！

正解 & 解説

72. 正解 **(B)**

難易度 ━━■ 難

選択肢には動詞の異なる形が並んでいます。the picture を説明する形で、主語 you と
動詞が並んでいると判断できるため、動詞として働く (A) paint か (B) painted が候補で
す。この文章自体が過去形で展開されているため、この部分も過去形にします。よって、(B)
painted が正解です。

73. 正解 **(B)**

難易度 ━━■ 難

選択肢にはさまざまな単語が並んでいます。読み手 (you) が描いた絵を見た友だちが「自
分にも描いてほしい」と言っていることが読み取れます。one は a picture を表していま
す。「～も」を表すのは (B) too です。

74. 正解 **(D)**

難易度 ━━■ 難

選択肢には異なる文が並んでいます。空欄の前の文で「やる時間はあるか」と尋ねて、
「that's enough であれば知らせて」と続けています。that が何を指しているかを考える
と、絵を描くにあたっての条件だと判断できるため、金額について伝えている (D) が正解
だとわかります。

Questions 75–77 refer to the following sign.

Clyde's Coin Laundry

Note that we are not __(75)__ for damage to clothes. __(76)__. If you do, it will not spin properly. In addition, make sure __(77)__ your laundry as soon as the machine finishes. Thank you.

設問	設問の訳

75. (A) productive
(B) expensive
(C) responsible
(D) considerate

(A) 生産的な
(B) 高価な
(C) 責任がある
(D) 思いやりのある

76. (A) Extra buttons are on the shelf.
(B) Thank you for shopping with us.
(C) Do not put too much in a machine.
(D) You can exchange bills for coins.

(A) 追加のボタンは棚にあります。
(B) 当店でお買い物いただきありがとうございます。
(C) 機械には入れすぎないでください。
(D) 紙幣から硬貨に両替可能です。

77. (A) to remove
(B) remove
(C) removed
(D) removing

(A) remove の不定詞
(B) 動 〜を取り出す
(C) remove の過去形・過去分詞
(D) remove の動名詞・現在分詞

問題文の訳

設問 75-77 は、次の看板に関するものです。

看板

クライドコインランドリー

衣類の破損については当店では責任を負いかねますのでご注意ください。衣類は洗濯機に入れすぎないでください。入れすぎると、正常に回転しなくなります。また、洗濯機が終了しましたら、なるべく早く洗濯物を取り出してください。よろしくお願いします。

正解 & 解説

75. 正解 **(C)**

難易度 ━━◢ 難

選択肢には意味の異なる形容詞が並んでいます。コインランドリーが「衣類の破損」に対してどう捉えているかが空欄に入ります。not と合わせて「責任はない」「責任は負わない」という意味だと判断できるため、(C) responsible が正解です。be responsible for ~ で「~に対して責任がある」という意味です。なお、冒頭の Note that ~ は「~ということをご注意ください」という意味で、頻出の表現です。

76. 正解 **(C)**

難易度 ━━◢ 難

選択肢には異なる文が並んでいます。空欄の前には「責任は負わない」と書かれており、空欄の後で「それをすると、正常に回転しなくなる」と続けています。回転しなくなるような行為が空欄に来ると判断できるため、「機械に衣類を入れすぎる」ことに言及した (C) が正解です。

77. 正解 **(A)**

難易度 ━━◢ 難

選択肢には動詞の異なる形が並んでいます。空欄の前には make sure という動詞のカタマリがあるため、さらに動詞を続けるためには形を変えます。make sure には to do を続けるのが普通なので、(A) to remove が正解です。make sure to do で「必ず~する」という意味です。

問題文

Questions 78–80 refer to the following memo.

To: All managers

__(78)__ Saturn Burger restaurants will soon get a fresh look. We plan to choose six for the renovations. __(79)__. If customers like __(80)__ they look, we will remodel other locations. More details will be provided in February.

Bret McKenzie
Vice President
Saturn Burger

設問

78. (A) Any
(B) Every
(C) Both
(D) Some

設問の訳

(A) どれでも
(B) すべての
(C) 両方の
(D) いくつかの

- -

79. (A) Each will be in a different city.
(B) We hope you can bring it.
(C) That may be the last place.
(D) A dinner is being held.

(A) それぞれが別の都市です。
(B) それを持って来てください。
(C) そこが最後の場所かもしれません。
(D) 晩餐会が開かれています。

- -

80. (A) what
(B) where
(C) which
(D) how

(A) 何
(B) どこ
(C) どちら
(D) どのような

問題文の訳

設問 78-80 は、次の社内文書に関するものです。

社内文書

管理者の皆様

間もなく、いくつかのサターンバーガーレストランの装いが新たになる予定です。新たな 6 店舗を改装のために選ぶ予定です。それぞれ別の都市から選びます。お客様が見た目を気に入れば、他の場所でも改装します。詳細は 2 月に発表されます。

サターンバーガー　副代表
ブレット・マッキンゼー

正解 & 解説

78. 正解 **(D)**

難易度 ▰▰▰ 難

選択肢には名詞を修飾する単語が並んでいます。空欄の後には restaurants という複数形の名詞が続いています。この時点で、単数名詞を続ける (B) Every が候補でなくなります。あとは意味を考えると、look (見た目) が fresh になるのはいくつかのレストランだと考えられるため、(D) Some が正解です。(A) Any は範囲が不明瞭で、意味が不自然です。(C) Both は特定する 2 つのレストランが出てきていないので、これも不適切です。

79. 正解 **(A)**

難易度 ▰▰▰ 難

選択肢には異なる文が並んでいます。空欄の前の文で「6 店舗を選ぶ」とあり、その説明が続くと考えると、「(6 店舗の) それぞれが別の都市」だと述べている (A) が自然なつながりです。前が「6 店舗」という複数のものについて話しているため、(B) の it や (C) の That が何を指しているのかがわかりません。(D) は dinner が急に出てきていて、不自然なつながりです。

80. 正解 **(D)**

難易度 ▰▰▰ 難

選択肢には意味の異なる疑問詞が並んでいます。空欄と they look を合わせて、お客様が気に入るようなものが空欄にくるとわかります。「どのように見えるか」、つまり、「見た目」について話していると考えられるため、(D) how が入ると判断します。

Questions 81–82 refer to the following text message.

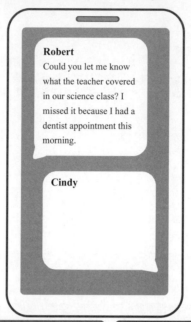

Robert

Could you let me know what the teacher covered in our science class? I missed it because I had a dentist appointment this morning.

Cindy

設問

81. What does Robert ask Cindy to do?

(A) Call him in the morning
(B) Tell him about a lesson
(C) Make an appointment
(D) Teach a science class

82. Select the best response to Robert's message.

(A) "It's already covered."
(B) "OK, I'll inform them."
(C) "I'll give you my notes."
(D) "Until last night."

設問の訳

ロバートはシンディーに何をするよう頼んでいますか？

(A) 午前中に彼に電話をすること
(B) 授業について話すこと
(C) 予約を取ること
(D) 理科の授業をすること

ロバートへの返信として最も適切なものを選びなさい。

(A) 「それはすでに扱われているよ。」
(B) 「分かった、彼らに知らせておくね。」
(C) 「私のメモをあげるね。」
(D) 「昨日の夜までだよ。」

問題文の訳

設問 81-82 は、次のテキストメッセージに関するものです。

テキスト
メッセージ

ロバート

理科の時間に先生が何を扱ったか教えてく
れる？　今朝、歯医者の予約があったから、
出席できなかったんだ。

シンディー

正解 & 解説

81. 正解 **(B)**

難易度 ▰▰▱ 難

文書から依頼表現を探しましょう。Could you ～？「～していただけますか？」は頼み事
をする時の決まり文句です。let 人 know ～「～について (人) に教える」もフレーズで覚
えておきましょう。続く部分を a lesson に言い換えた (B) が正解です。cover は「覆う」
のイメージをさらに広げ、この文では「扱う」の意味になります。理科のクラスの内容につ
いて聞かれていますが、その授業を教えるよう頼んでいるわけではありませんので (D) は
誤りです。

82. 正解 **(C)**

難易度 ▰▰▰ 難

頼まれたことへの、自然な応答を探しましょう。ロバートの頼みは、休んでしまった授業
の内容について教えてくれないか、ということでしたね。内容を記したメモをあげること
で、ロバートの希望に応える (C) が正解です。note は「メモ、覚え書き、正式な文書」など、
書かれたもの全般を指し、動詞「心に留める」の意味でも使われます。(A) は代名詞 it が指
すもの、(B) は代名詞 them が指すものが不明なので誤りです。(D) は、何が昨日の夜まで
なのか不明ですので誤りです。

Questions 83–84 refer to the following notice.

Attention

Skyarc Airline's flight 471 to London has been delayed due to bad weather. The departure is now scheduled for tomorrow at 8:40 A.M. Passengers can receive vouchers at the Skyarc ticket counter for meals and an overnight hotel stay.

設問

設問の訳

83. Where most likely is the notice?

   (A) At an airport
   (B) At a hotel
   (C) At a bus station
   (D) At a restaurant

このお知らせはどこにあると思われますか？

   (A) 空港
   (B) ホテル
   (C) バス停留所
   (D) レストラン

84. Why should people go to a counter?

   (A) To request a refund
   (B) To make reservations
   (C) To choose a meal
   (D) To get vouchers

人々はなぜカウンターに行きますか？

   (A) 返金を要求するため
   (B) 予約を取るため
   (C) 食事を選ぶため
   (D) 引換券をもらうため

問題文の訳

設問 83-84 は、次のお知らせに関するものです。

お知らせ

スカイアーク航空の 471 便ロンドン行は、悪天候のため遅延しています。新たな出発時刻は、明日の午前 8 時 40 分です。乗客の皆様は、スカイアークのチケットカウンターで、食事と一泊分のホテル用の引換券をお受け取りいただけます。

正解 & 解説

83. 正解 **(A)**

難易度 ━━◢ 難

このお知らせが掲げられている「場所」が問われています。文書には「ここは〇〇です」というように書かれた部分はありません。「場所（施設）」を探すヒントになるキーワードを探しましょう。Airline「航空」、flight「フライト」と飛行機に関する言葉が見つかりますね。そして departure「出発」から、飛行機が出発する空港であるとわかりますので (A) が正解です。4 行目に hotel とありますが、お詫びに overnight hotel stays「ホテル一泊」の vouchers「引換券」に関する記述で、場所のキーワードではありませんので (B) は誤りです。

84. 正解 **(D)**

難易度 ━━◢ 難

カウンターで「できること」が問われています。counter「カウンター」は文書内、最後にあります。一文を読むと、Passengers can receive vouchers「乗客は引換券を受け取ることができる」とあります。receive を get に言い換えた (D) が正解です。passenger は「乗り物の利用客」の意味です。passenger と出てくると、乗り物の中やその前後に滞在する場所が舞台となっているとわかります。voucher「引換券」は「バウチャー」と日本語でも使われるようになりました。同じような意味で coupon「クーポン」も頻出単語です。

Questions 85–86 refer to the following information.

Contest Rules

Entries for the Costume Design Contest must be submitted by October 18. Please do not send the costume itself. Instead, provide us with front and back photos. We will also require a written description of your entry. It should include the materials and accessories you used to make it. For more details, visit www.arcfashions.com.

設問

設問の訳

85. According to the information, what must be sent?

(A) One drawing
(B) Two pictures
(C) An entry form
(D) A costume

情報によると、何が送付されなくてはいけませんか?

(A) 1枚のデッサン
(B) 2枚の写真
(C) 申込書式
(D) 衣装

86. Why should people visit the Web site?

(A) To find contest information
(B) To read about fashions
(C) To order accessories
(D) To watch an award show

人々は何のためにウェブサイトにアクセスしますか?

(A) コンテストに関する情報を見つけるため
(B) ファッションについて読むため
(C) アクセサリーを注文するため
(D) 授賞式を見るため

問題文の訳

設問 85-86 は、次の情報に関するものです。

情報

L PART 1 L PART 2 L PART 3 L PART 4 R PART 1 R PART 2

コンテスト規則

衣装デザインコンテストへの応募締め切りは 10 月 18 日です。衣装そのものは送付しないでください。その代わりに、前面と背面の写真を提出してください。また、応募作品に関する書面での説明を求めます。それには素材や付属物など、制作に使ったものを含むようにしてください。詳細は、www.arcfashions.com. にアクセスして下さい。

正解 & 解説

85. 正解 (B)

難易度 ━━ 難

コンテスト規則で、送るように指示されているものを探しましょう。文書内、依頼表現 please が出てきますが、ここは please do not send「送らないでください」とあるので (D) は誤りです。続く instead「代わりに」の後に続く部分がヒントです。provide us with front and back photos とあり、前からと後ろからの 2 枚の写真を送る指示だとわかります。(B) が正解です。〈provide 人 with 物〉（人に物を与える）の形は、〈provide 物 to/for 人〉に言い換えることができます。しっかり覚えておきましょう。

86. 正解 (A)

難易度 ━━ 難

ウェブサイトで「できること」が問われています。文書の最後にウェブサイトの URL に visit「アクセスする」ことが奨励されています。直前の for more details「より詳しい説明のために」とあることから、ウェブサイトにはさまざまな情報が載っていることがわかりますので、(A) が正解です。costume と (B) fashion は関連していますが、ファッション情報がウェブサイトに載っている情報はありません。(D) award は contest の言い換えですが、そちらがウェブで見られるという情報はありません。

R PART 3

Questions 87–88 refer to the following text message.

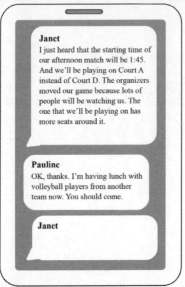

Janet
I just heard that the starting time of our afternoon match will be 1:45. And we'll be playing on Court A instead of Court D. The organizers moved our game because lots of people will be watching us. The one that we'll be playing on has more seats around it.

Pauline
OK, thanks. I'm having lunch with volleyball players from another team now. You should come.

Janet

設問	設問の訳

87. What does Janet say has changed?

  (A) A time
  (B) A restaurant
  (C) A team
  (D) A location

ジャネットは何が変更されたと言っていますか？

  (A) 時間
  (B) レストラン
  (C) チーム
  (D) 場所

88. Select the best response to Pauline's message.

  (A) "It usually does, I think."
  (B) "I've had something already."
  (C) "I believe it took an hour."
  (D) "Yes, it was delicious."

ポリーヌへの返信として最も適切なものを選びなさい。

  (A) 「いつもそうだと思うよ。」
  (B) 「もうお昼は食べたんだ。」
  (C) 「1 時間くらいかかると思う。」
  (D) 「うん、美味しかったよ。」

問題文の訳

設問 87-88 は、次のテキストメッセージに関するものです。

テキスト
メッセージ

L PART 1

ジャネット

私たちの午後の試合の開始時刻が 1 時 45 分だと今聞いたところよ。あと、D コートではなくて、A コートで試合することになったよ。多くの人が観に来るから、主催者が動かしたのよ。私たちの試合のコートにはより多くの座席があるよね。

ポリーヌ

分かった、ありがとう。今、他のチームのバレーボール選手たちとお昼を食べているよ。あなたもおいでよ。

ジャネット

正解 & 解説

87. 正解 **(D)**

難易度 ━━━■ 難

文書内で「変更点」に関わる情報を探しましょう。2 文目 instead of「代わりに」がヒントになります。「新たな情報」が instead of の前、「古い情報」が後ろに示されています。play on Court A instead of Court D「コート D の代わりにコート A でプレーする」とあり、試合を行う「場所」の変更があったことがわかります。(D) が正解です。2 行目で1:45 と、時間に関する記述がありますが、変更したという情報はありませんので (A) は誤りです。

88. 正解 **(B)**

難易度 ━━━■ 難

直前のポリーヌのメッセージを見てみましょう。I'm having lunch with volleyball players from another team now. You should come. と、他のチームのメンバーとのランチに来るよう、誘ってくれていることに気付けたでしょうか。(B)"I've had something already." を入れると、この提案を「承諾しない」、つまり「行かない」意図を含んだ発言として応答が成り立ち、正解になります。(A)や(C)はitを指すものが不明です。(D) は it を lunch と解釈して成り立ちそうにも思えますが、You should come. という質問文でない誘いに対し、Yes で応えるのは不自然です。

問題文

Questions 89–91 refer to the following sign.

REEVE's DINER
The Best Burgers in Town

We're open every day from 11 A.M. to 11 P.M.

Weekday Specials
Regular burger...$7.80
Cheeseburger $8.50
Double burger...$9.90

Weekend Specials
Chicken burger $8.50
Bacon burger $9.20

These special prices include fries and a beverage.

Try our new shrimp burger, which we are offering at all
our locations until the end of August!

設問

89. What is NOT offered at a special price on Fridays?

(A) The regular burger
(B) The cheeseburger
(C) The double burger
(D) The bacon burger

設問の訳

金曜日に特別価格で提供されていないのはどれですか？

(A) レギュラーバーガー
(B) チーズバーガー
(C) ダブルバーガー
(D) ベーコンバーガー

90. What is included with the specials?

(A) A dessert
(B) A drink
(C) A coupon
(D) A toy

特別価格に含まれているのは何ですか？

(A) デザート
(B) 飲み物
(C) クーポン
(D) おもちゃ

91. What is suggested about the business?

(A) It sometimes closes earlier.
(B) It sells hotdogs.
(C) It has several shops.
(D) It serves shrimp burgers all year.

事業について何が示唆されていますか？

(A) 時々早く閉店する。
(B) ホットドッグを販売している。
(C) いくつか店舗を所有している。
(D) エビバーガーを年中提供している。

問題文の訳

設問 89-91 は、次の看板に関する質問です。

看板

リーブスダイナー
街一番のバーガー店

毎日午前 11 時から午後 11 時まで営業中

平日特別メニュー
レギュラーバーガー	7.80 ドル
チーズバーガー	8.50 ドル
ダブルバーガー	9.90 ドル

週末特別メニュー
チキンバーガー	8.50 ドル
ベーコンバーガー	9.20 ドル

この特別価格には、フライドポテトと飲み物が含まれています。
8 月末まで全店で提供されている新しいエビバーガーをぜひお試しください。

正解 & 解説

89. 正解 (D)

難易度 ◢◤◤ 難

設問に大文字 NOT がついていることに気を付けましょう。掲示は、ハンバーガー店のメニューの値段に関するものです。問われている Friday は weekday に分類され、(A)、(B)、(C) は、すべて Weekday Specials に記載があります。残った (D) が正解です。(D) The bacon burger は Weekend Specials で、土曜日と日曜日に特価で提供されるものになります。

90. 正解 (B)

難易度 ◢◤◤ 難

設問にもある include「含む」という表現を文書で探しましょう。These special prices include fries and a beverage. とあり、セットで提供されることがわかります。beverage を drink に言い換えた (B) が正解です。フライドポテトは fries「揚げ物」です。日本語のイメージで「ポテト」と言うと、「ジャガイモ」そのものの意味になってしまいますので気を付けましょう。他の選択肢は、いずれも文書内に記載がありませんので、誤りです。

91. 正解 (C)

難易度 ◢◤◤ 難

設問の suggest「示唆する」は、明記されていない情報が聞かれています。最終文の Try our new shrimp burger と、新作エビバーガーをお勧めする一文で、all our locations「私どもの全店舗」という部分がヒントになります。locations「場所」の複数形になっていますので、リーブスダイナーは 1 店舗ではなく、複数の店舗を展開していることがわかります。これを several「いくつかの」で表した (C) が正解です。営業時間は 1 行目に、from 11 A.M. to 11 P.M.「午前 11 時から午後 11 時まで」と常に同じようですので (A) は誤りです。エビバーガーは until the end of August「8 月末まで」の期間限定メニューですので、(D) は誤りです。

Questions 92–94 refer to the following online chat discussion.

 Wendy's Messages

Nathan [3:56 P.M.]
Wendy, the sandwiches for Watkins Advertising are ready. Are you still out making a delivery?

Wendy [3:57 P.M.]
Patrick is driving. After our delivery, he went down the wrong street, and he didn't know where we were. But we're on our way back now.

Nathan [3:58 P.M.]
Good! I'll need help loading the food into the van. After that, you'll have to leave immediately.

Wendy [3:59 P.M.]
Don't worry, Nathan. Watkins isn't far, and we have until five to get there.

設問	設問の訳

92. Where do the writers probably work?

(A) At a moving company
(B) At an advertising agency
(C) At a catering company
(D) At a car rental agency

書き手たちはおそらくどこで働いていますか？

(A) 引っ越し業者
(B) 広告代理店
(C) ケータリング業者
(D) レンタカー会社

93. What problem does Wendy tell Nathan?

(A) An order was canceled.
(B) An address was wrong.
(C) An employee was late.
(D) A driver got lost.

ウェンディはネイサンに何を言っていますか？

(A) 注文が取り消しされた。
(B) 住所が間違っていた。
(C) 従業員が遅刻した。
(D) 運転手が道に迷った。

94. What will happen at around five o'clock?

(A) A party
(B) A delivery
(C) A repair
(D) A presentation

5時ごろに何がありますか？

(A) 祝宴
(B) 配達
(C) 修理
(D) プレゼンテーション

問題文の訳

設問 92-94 は、次のオンラインチャットディスカッションに関するものです。

オンラインチャット

ネイサン [午後 3 時 56 分]
ウェンディ、ワトキンス広告社へのサンドイッチの準備ができたよ。まだ配達中かい？

ウェンディ [午後 3 時 57 分]
パトリックが運転中です。配達した後に、彼が間違った通りに入ってしまって、どこにいるか分からなくなっていました。でも、今は戻る途中です。

ネイサン [午後 3 時 58 分]
良かった。バンに食べ物のもを積み込むのを手伝ってほしいんだ。その後、きみたちはすぐに出発しなくてはならない。

ウェンディ [午後 3 時 59 分]
心配ありません、ネイサンさん。ワトキンスは遠くないので、5 時までに着けばよいのです。

正解 & 解説

92. 正解 **(C)**　　難易度 ▰▰▰ 難

登場人物 2 人は同じビジネスで働いています。業種に関わる情報を探しましょう。sandwiches「サンドイッチ」を準備し、delivery「配達」するところは、(C) の a catering company「ケータリング業者」です。3 番目の発言で、load the food「食べ物を積み込む」というのもヒントになります。文書内 1 行目 advertising は配達先の会社の名前で、書き手たちの業種を示してはいませんので、(B) は誤りです。配達や車に関する表現は出てきますが、食べ物との関連がないので (A) や (D) は誤りです。

93. 正解 **(D)**　　難易度 ▰▰▰ 難

設問にある通り、ウェンディの発言で、困っていることを探しましょう。he went down the wrong street、そして、he didn't know where we were. とあります。he は、前述で運転している Patrick を指します。この状況を get lost「道に迷う」とまとめた (D) が正解です。間違った道に入ったのは配達の後で、住所が間違っていたり、遅刻したりといった情報はありませんので、(B) と (C) は誤りです。

94. 正解 **(B)**　　難易度 ▰▰▰ 難

文書内、時間に関する表現を探しましょう。最終文 we have until five to get there とあります。日本語に直すと意味が取りづらい表現ですが、have until [時刻] to [動作] で、「[時刻] までに [動作] する」と考え、時間の猶予があり、締切の時間が示されていると解釈しましょう。there は直前に出てくる Watkins で、1 文目から Watkins Advertising へのサンドイッチが準備できていることがわかっています。5 時にワトキンスに着き、ケータリングの注文の配達が行われるとわかりますので、(B) が正解です。

Questions 95–97 refer to the following article.

Come Out to Applaud the Dolphins

Myersville (Oct. 17) — The Myersville Dolphins won the County Cup on Saturday. To celebrate, there will be a parade on October 28. It will start at Town Square and end at Tilbury College, exactly where the team practices. The school's coaches, cheerleaders, and a marching band will join the event too. Some of them will hand out team caps to fans.

City mayor Riana Vernon made the announcement today. "Our city's top football team has never won the trophy before," she said. "I hope lots of locals come out to show them how delighted we are!"

設問	設問の訳

95. Where will the parade most likely end?

(A) On a shopping street
(B) On a public beach
(C) On a sports field
(D) On an outdoor stage

パレードはおそらくどこで終わりますか？

(A) 商店街
(B) 公共ビーチ
(C) スポーツ場
(D) 屋外ステージ

96. What will some people receive on October 28?

(A) A trophy
(B) A ticket
(C) A hat
(D) A shirt

人々は、10月28日に何を受け取りますか？

(A) トロフィー
(B) チケット
(C) 帽子
(D) シャツ

97. What does Ms. Vernon hope people will do?

(A) Watch a football game
(B) Read an article
(C) Show the trophy
(D) Attend the parade

バーノンさんは人々がどうすることを望んでいますか？

(A) サッカーの試合を観戦する
(B) 記事を読む
(C) トロフィーを見せる
(D) パレードに参加する

問題文の訳

設問 95-97 は、次の記事に関するものです。

記事

ドルフィンズに喝采を送りに行きましょう

マイアーズビル (10月17日) ―土曜日、マイアーズビルドルフィンズが全国大会で優勝しました。優勝を祝い、10月28日にパレードが開催されます。タウン広場を出発し、まさに<u>チームが練習している場所</u>である、ティルブリー大学で終わります。学校の指導者、チアリーダー、マーチングバンドも催しに参加します。<u>彼らの一部がチームの帽子をファンのみなさんに配布します。</u>

リアナ・バーノン市長が本日声明を出しました。「私たちの市のサッカーチームは今まで優勝したことがありませんでした。チームに、私たちがどれほどの喜んでいるかということを見せるために、<u>多くの地元の皆さんがパレードに出てきてくれることを期待しています</u>。」

正解 & 解説

95. 正解 **(C)**

難易度

設問でキーワードになっているパレードに関する情報を探しましょう。第2文に、there will be a parade. と書かれています。続く文に、It will start at Town Square and end at Tilbury College とありますが、対応する選択肢がありません。ティルブリー大学の後の説明がヒントになります。カンマの後、<u>exactly where the team practices</u> と補足説明があります。選択肢で、スポーツ練習に適した (C) が正解です。

96. 正解 **(C)**

難易度

設問内の October 28 を文書内で探すと、2文目にあり、パレードが開催される日だとわかります。続いて、大学の関係者がイベントに加わること、そして、some of them will hand out team caps to fans とあります。<u>イベントに参加する人は team caps を受け取れる</u>と解釈し、同じく「帽子」を示す (C) が正解です。トロフィーはサッカーチームが優勝して手に入れたという情報がありますが、パレードで人々が受け取れるわけではありませんので (A) は誤りです。

97. 正解 **(D)**

難易度

設問内の Ms.Vernon を文書内で探しましょう。第2パラグラフ第1文に City mayor Riana Vernon とあり、続く文の声明を出した市長であることがわかります。<u>最終文 I hope lots of locals come out</u> とあり、つまり、人々がパレードに参加することを望んでいるとわかります。(D) が正解です。試合があるかは不明なので (A) は誤りです。トロフィーは、サッカーチームが優勝して初めて手に入れたという情報がありますが、人々に見せるような指示はありませんの (C) は誤りです。

問題文

Questions 98–100 refer to the following e-mail.

To:	Miguel
From:	Tammy
Date:	May 9
Subject:	One Suggestion

Dear Miguel,

I had so much fun living with you and your family last month. Your relatives are all nice, and your house is beautiful. Portugal is amazing, and you showed me some great places.

You mentioned that you wanted to study English in England next summer. Yesterday, I picked up a brochure from a place south of London. Students there enjoy camping while learning English. Since you enjoy doing both, I think you'd love it. I'll send that to you in the mail.

Write me some time to let me know your plans.

Your friend,

Tammy

設問

98. What does Tammy say about Miguel's family?

(A) **She lived with them.**
(B) She sent them a parcel.
(C) They booked a tour for her.
(D) They are visiting England.

99. What is suggested about Miguel?

(A) **He sometimes goes camping.**
(B) He recently moved to London.
(C) He works for a travel agency.
(D) He is a hotel manager.

100. What is Tammy giving Miguel?

(A) A painting
(B) A video of a class
(C) **A brochure**
(D) A school list

設問の訳

タミーはミゲルの家族について何を述べていますか？

(A) 彼女は一緒に住んでいた。
(B) 彼女は彼らに小包を送った。
(C) 彼らは彼女のためにツアーを予約した。
(D) 彼らはイングランドを訪れる予定である。

ミゲルについて何が示唆されていますか？

(A) 彼は時々キャンプに行く。
(B) 彼は最近ロンドンへ引っ越した。
(C) 彼は旅行会社に勤めている。
(D) 彼はホテルの支配人である。

タミーはミゲルに何をあげていますか？

(A) 絵画
(B) 授業のビデオ
(C) パンフレット
(D) 学校の一覧

問題文の訳

設問 98-100 は、次の E メールに関するものです。

Eメール

受信者：ミゲル
送信者：タミー
日付：5 月 9 日
件名：1 つの提案

ミゲルへ
先日は、君と君の家族と一緒に住めてとても楽しかった。君の親戚はみんな良い人たちだったし、君の家はきれいだった。ポルトガルは素晴らしく、いくつもの素敵な場所を紹介してくれたね。
君は来年の夏、イングランドで英語を勉強したいと言っていたね。昨日、ロンドン南部の町のパンフレットを手にしたんだ。そこの学生は、英語を学びながらキャンプを楽しんでいるんだよ。君はどちらも楽しんでいるから、気にいるだろうと思ったんだ。郵便で送るね。そのうち君の予定について書いて教えてね。

あなたの友人、
タミーより

正解 & 解説

98. 正解 (A)

難易度 ■■■ 難

設問内 Tammy は送信者の欄と最後に名前が出ており、e-mail の送り手です。e-mail の受け手 Miguel の家族に関する情報を探しましょう。本文 1 文目、I had so much fun living with you and your family とあり、タミーはミゲルの家族の家に滞在していたことがわかりますので (A) が正解です。小包の送付やツアーの予約については情報がありませんので、(B) と (C) は誤りです。ミゲルは England で英語が勉強したいという情報がありますが、家族については述べられていませんので (D) は誤りです。

99. 正解 (A)

難易度 ■■■ 難

Miguel は e-mail の受け手です。文書内 you で示されている部分が、ミゲルに関する情報になります。I picked up a brochure from a place south of London. → Students there enjoy camping while learning English. → Since you enjoy doing both, I think you'd love it. という流れです。ここから、ミゲルは英語学習とキャンプどちらも楽しんでいるとわかりますので、(A) が正解です。ロンドンへ引っ越したという情報はありませんので (B) は誤りです。

100. 正解 (C)

難易度 ■■■ 難

設問にある give という表現を探してみても、文書内には出てきません。幅を広げて、正解のキーワードを探しましょう。第 2 段落最終文に I'll send that to you in the mail. と述べられています。この that は 3 文前に出てきた、a brochure from a place south of London を指しますので (C) が正解です。ミゲルの英語学習のための学校に関する情報がやり取りされていますが、授業動画や学校一覧が含まれているかは不明ですので、(B) と (D) は誤りです。

出題パターン一覧

LISTENING PART 1
Four Pictures — 画像選択問題

① 人

人の動作を描写しているイラストを選ぶ問題。

② 物

物の状態を描写しているイラストを選ぶ問題。

LISTENING PART 2
Question–Response — 応答問題

① WH 疑問文：what

問いかけ文が what で始まる問題。

② WH 疑問文：who

問いかけ文が who で始まる問題。

③ WH 疑問文：when

問いかけ文が when で始まる問題。

④ WH 疑問文：where

問いかけ文が where で始まる問題。

⑤ WH 疑問文：which

問いかけ文が which で始まる問題。

⑥ WH 疑問文：why

問いかけ文が why で始まる問題。

⑦ WH 疑問文：whose

問いかけ文が whose で始まる問題。

⑧ WH 疑問文：how

問いかけ文が how で始まる問題。

⑨ Yes/No 疑問文

問いかけ文が Yes/No 疑問文の問題。

⑩ 選択疑問文

問いかけ文が選択疑問文の問題。

⑪ 付加疑問文

問いかけ文が付加疑問文の問題。

⑫ 平叙文

問いかけ文が平叙文の問題。

⑬ 命令文

問いかけ文が命令文の問題。

LISTENING PART 3
Conversations — 会話問題

① 日常会話

友人同士などの普段の何気ない会話が本文になっている問題。

② 仕事での会話

同僚同士などの会話が本文になっている問題。

③ 店員などとの会話

店員やウェイター、スタッフなどとの会話が本文になっている問題。

LISTENING PART 4
Talks — 説明文問題

① 電話のメッセージ

電話のメッセージが本文になっている問題。

② 録音メッセージ

録音メッセージが本文になっている問題。

③ 広告

広告が本文になっている問題。

④ ビジネス

ビジネスの場面での話が本文になっている問題。

⑤ 機内・車内放送

機内・車内などでの放送が本文になっている問題。

⑥ 店内・館内放送

店内・館内などでの放送が本文になっている問題。

⑦ イベントなどでの案内

イベントなどでの案内が本文になっている問題。

READING PART I
Sentence Completion
── 短文穴埋め問題

① 文法問題：動詞

核となる動詞の異形で選択肢が構成されている問題。

② 文法問題：代名詞

核となる代名詞の異形で選択肢が構成されている問題。

③ 文法問題

核となる語句の異形で、さまざまな品詞によって選択肢が構成されている問題。

④ 語彙問題：動詞

選択肢がすべて動詞になっていて、文脈や空所前後の語句のつながりを考えて正しいものを選ぶ問題。

⑤ 語彙問題：形容詞

選択肢がすべて形容詞になっていて、文脈や空所前後の語句のつながりを考えて正しいものを選ぶ問題。

⑥ 語彙問題：疑問詞

選択肢がすべて疑問詞になっていて、文脈や空所前後の語句のつながりを考えて正しいものを選ぶ問題。

⑦ 語彙問題：副詞

選択肢がすべて副詞になっていて、文脈や空所前後の語句のつながりを考えて正しいものを選ぶ問題。

⑧ 語彙問題：前置詞

選択肢がすべて前置詞になっていて、文脈や空所前後の語句のつながりを考えて正しいものを選ぶ問題。

⑨ 語彙問題：接続詞

選択肢がすべて接続詞になっていて、文脈や空所前後の語句のつながりを考えて正しいものを選ぶ問題。

⑩ その他：接続詞・前置詞

選択肢が接続詞と前置詞となっていて、そこから適切なものを選ぶ問題。

⑪ その他：前置詞・副詞

選択肢が前置詞と副詞となっていて、そこから適切なものを選ぶ問題。

⑫ その他：接続詞・副詞

選択肢が接続詞と副詞となっていて、そこから適切なものを選ぶ問題。

⑬ その他

選択肢がさまざまな品詞からなっていて、そこから適切なものを選ぶ問題。

READING PART 2
Text Completion — 長文穴埋め問題

① テキストメッセージ

テキストメッセージ（文字データを用いて送受信される情報）が本文になっている問題。

② E メール

E メールが本文になっている問題。

③ お知らせ

イベント開催や営業時間変更、工事作業の通知などのお知らせが本文になっている問題。

④ ラベル

商品などの内容・使用法などのラベルが本文になっている問題。

⑤ 広告

商品などの広告が本文になっている問題。

⑥ ウェブページ

ウェブページが本文になっている問題。

⑦ 社内文書

回覧や連絡票などが本文になっている問題。

⑧ 看板

看板が本文になっている問題。

READING PART 3
Reading Comprehension — 読解問題

① テキストメッセージ

テキストメッセージ（文字データを用いて送受信される情報）が本文になっている問題。
- ....●T1_Q81-82, Q87-88
- ....●T2_Q81-82, Q85-86
- ....●T3_Q81-82, 87-88

② お知らせ

イベント開催や営業時間変更、工事作業の通知などのお知らせが本文になっている問題。
- ....●T1_Q85-86
- ....●T2_Q95-97
- ....●T3_Q83-84

③ 情報

案内、規則などのさまざまな情報が本文になっている問題。
- ....●T1_Q83-84
- ....●T2_Q83-84
- ....●T3_Q85-86

④ ウェブページ

ウェブページが本文になっている問題。
- ....●T1_Q89-91
- ....●T2_Q89-91

⑤ 記事

記事が本文になっている問題。
- ....●T1_Q98-100
- ....●T2_Q92-94
- ....●T3_Q95-97

⑥ オンラインチャット

オンラインでのチャットが本文になっている問題。
- ....●T1_Q95-097
- ....●T2_Q98-100
- ....●T3_Q92-94

⑦ 広告

商品などの広告が本文になっている問題。
- ....●T1_Q92-94

⑧ E メール

E メールが本文になっている問題。
- ....●T3_Q98-100

⑨ 請求書

請求書が本文になっている問題。
- ....●T2_Q87-88

⑩ 看板

看板が本文になっている問題。
- ....●T3_Q89-91

語彙リスト600+

本書に登場した重要語句をリストにまとめました。番号は初出を表しています。マスターした語句にチェックを入れていきましょう。